関白秀吉の九州一統

中野　等

吉川弘文館

はじめに

天正十三年（一五八五）三月十日、羽柴秀吉《はしばひでよし》は正二位内大臣に叙任される。ついで、七月十一日には従一位に陞《のぼ》り、関白任官の宣旨《せんじ》をうける。秀吉を藤原氏の氏長者《うじのちょうじゃ》とする宣旨、内覧《ないらん》を命じる宣旨、随身・兵仗・牛車を許す宣旨なども同じ日付で出されている。関白任官に際して、秀吉は近衛前久《このえさきひさ》の猶子《ゆうし》となっており、それまでの平姓を藤原姓に改めている。本来「氏《うじ》」と「姓《かばね》」とは別のものであるが、次第に同一視されてゆき、この時代には実質的な差違はない。さらに、同十四年十一月の太政大《だいじょうだい》臣《じん》任官を契機として、豊臣《とよとみ》の姓《かばね》を下賜される。

関白は天皇の意志を取り次ぎ、天皇に先立ってすべての文書に目を通すことが許された。公家社会の頂点に位置するものであり、近衛・二条両家に関白職をめぐる確執があったにせよ、武家出身者がこの地位に就くのは、空前の出来事となる。しばらく後のものとはなるが、文禄三年（一五九四）四月十二日付の武家《ぶけ》伝奏《てんそう》充て秀吉朱印状には、次のような件がある。以下、一般書としての性格を鑑み、史料は読み下して引用する。

一、右之両人（近衛・二条）によらず、九条・一条・鷹司両三人の衆も、関白職もたるるよし、承り及び候間、天下の儀、互いに五人として廻り持ち候段はおかしき次第と存じ候、其の子細は右の五人衆、御剱預かり候、これ有らば、天下の儀きりしたがゆべき為のよし聞き及び候、其の下の儀は申すに及ばず、一在所の儀もきりしたがへられず候間、自然秀吉御剱預かり申し候て、国の壱ヶ国もきりしたがへ候はば、右の五人の関白には、少しまし候はんやと存じ候事、

〔『駒井日記』文禄三年四月十三日条〕

この文書は、勅勘《ちよつかん》（勅命による勘当）を蒙《こうむ》った近衛信尹《のぶただ》（信輔《のぶすけ》）の薩摩配流に関連するものであり、いささか厳しい調子になってはいるが、その分、秀吉の主張は明確に伝わってくる。近衛・二条・九条・一条・鷹司家は、いわゆる「五摂家」として関白職についてきたが、この間「天下の儀」を伐り従えるなどということは、いっさいなかった。秀吉が天皇の「御剱」を預かって国内の一カ国でも伐り従えたとすれば、一在所も伐り従えられなかった「五摂家」より幾分か優《まし》ではないか、という。いうまでもなく、この段階での秀吉は国内統一を終えており、伐り従えたのは一カ国どころではない。朝鮮半島にまで軍勢を送り込んでいるわけであり、圧倒的な実績に裏付けられた秀吉の自負に基づく発言である。国内統一戦の段階と大陸侵攻（朝鮮出兵）期では、秀吉と天皇・朝廷との関係性も同様とはいえないが、秀吉の「関白」任官がきわめて異例であり、ある意味画期的であったことは認めてよかろう。

天正十三年七月の関白任官から三カ月ほどして、秀吉は薩摩の島津《しまづ》義久《よしひさ》に充てて、十月二日付の文書を発し、いまだに戦闘の絶えない九州の停戦を命じる。詳細は本編に譲るが、秀吉は「勅諚」に従

ってこの文書を認めていると前書きし、関東・奥羽は「倫命《綸命》」、つまり天皇の命に拠って静謐《せいひつ》となったという。この部分は事実ではなく、秀吉一流の情報操作である。それはともかくとして、九州における戦闘をやめるように促すのも「叡慮」、すなわち天皇の意向であるという。この「叡慮」に従わなければ、断固「御成敗」されることとなるので、よくよく分別して回答するように、という内容である。実質的に島津家の臣従を求めたものといえようが、秀吉は諄《くど》いほど天皇の存在に言及する。

関白となった羽柴秀吉は、天皇の権威に依拠しつつ、国内静謐を実現しようとしたのである。しかしながら、島津義久とその与党はこれに応じず、引き続き勢力圏の拡張を進めていく。このころすでに大陸への派兵（唐入り）を表明していた秀吉は、島津方のこうした行動をむしろ好機と捉え、九州を平らげて大陸への派兵基地とすべく、天正十四年の四月ごろまでに島津攻めを決する。島津勢に対抗する豊後大友家を救援するかたちで、中国の毛利一門や四国勢など先遣による戦いが始まり、翌十五年には秀吉や弟の秀長が率いる軍勢が九州に上陸する。島津義久の降伏によって、いったんは大規模な戦闘も収束し、これによっていわゆる「九州平定」が達成された。

だが、これで秀吉の九州仕置《しお》きが完了するわけではない。島津義久の服従後、秀吉は自ら国分《くにわ》け・国割《くにわ》りをおこない、さまざまな仕置きをおこなっていく。天正十五年六月には、いわゆる「伴天連《バテレン》追《つい》放令《ほうれい》」を発し、また対馬宗氏を介して朝鮮国王に服従を迫っていく。さらに、開陣後に勃発した騒擾平定ののち、天正十六年七月には「刀狩り」や「賊船停止」などを発令する。九州を舞台として秀吉が進めた一連の政策が、政権の本質を考えていく上で、特異かつ重要な位置を占めることはいうまでもない。

九州仕置きの終点をどこにおくか、議論の分かれるところであるが、本書ではひとまず天正十六年八月の日向国割りまでを考察対象としていく。なお、記述の混乱を避けるため、原則として国単位の領国設定については「国分け」、日向のように一国を複数に分割するかたちの領国設定については「国割り」と表現していく。また、ここでは「九州平定」戦を含む一連の政治・軍事過程を「九州一統」と称し、一次史料に拠りつつ、その具体相を明らかにしていくことにする。

ところで、すでに明らかにされているように、秀吉に先行して織田信長も積極的に九州・西国へ干渉し、「豊薩和睦」を成立させるなど、西日本の秩序形成に一定の比重を有していた。一方、九州・西国の諸勢力も、それぞれに固有の歴史過程を経て、秀吉を迎えることとなる。「九州一統」を理解する上で、こうした歴史過程が不可欠の前提となることは、改めていうまでもない。これに鑑み、尽くせぬものではあるが、本書では天正年間をしばらく遡るころから叙述を始め、主題に迫ることとしたい。ささやかな仕事ではあるが、本書が豊臣政権の議論に幾分かでも裨益することがあれば、望外の喜びである。

目　次

第Ⅱ部　九州平定戦の推移

第Ⅲ部　新秩序への反動と体制の再編

第Ⅰ部　九州一統への道

第一章　織田・羽柴政権と九州・西国

一　足利義昭と織田信長の対立

大友宗麟と毛利元就　大友義鎮《おおともよししげ》（のちの「宗麟《そうりん》」）は天文十九年（一五五〇）二月、家督を継いで豊後大友家の二十一代当主となる。義鎮は本国の豊後を固めると同時に、筑後および肥後に進出して、これを平定する。翌二十年、周防の大内義隆《おおうちよしたか》が陶晴賢《すえはるかた》（初名は「隆房《たかふさ》」）の謀叛で滅びると、義鎮の実弟晴英が「大内義長《よしなが》」と名を改め、大内家の名跡を継ぐ。二十一年三月のこととされ、陶晴賢の求めに応じたものといわれる。二十三年になると、義鎮はそれまでの豊後・筑後・肥後に加え、肥前の守護にも補任されている。

弘治元年（一五五五）十月の厳島合戦で、陶晴賢が毛利元就《もうりもとなり》に討たれる。安芸の国衆毛利元就はこの年五十八歳であり、義鎮より三十歳ほどの年長となる。毛利家家督はすでに長男隆元に譲っていたが、実権は掌握し続けていた。翌二年、元就は使者を豊後府内に遣わし、義鎮との交渉をおこなう。

ここで、両者の間に密約が結ばれたという。すなわち、義鎮が中立を保って中国地方に干渉しなければ、元就は豊前・筑前を大友領と認めるというものである。結果的に、元就は三年四月に大内義長を滅ぼし、防長二国を平定する。こうして大内家の旧領を掌握した元就は、義鎮との約条にもかかわらず、秋月・宗像・麻生・高橋といった北部九州の国衆《くにしゅう》と連携し、豊前への進出を開始する。

こののち、大友家と毛利家は北部九州の帰属をめぐって、一〇年以上の間、争い続けることとなる。(1)弘治三年ころからの争いは、豊前国とりわけ関門海峡を押さえる門司城をめぐるものとなる。永禄二年（一五五九）六月ころ、毛利元就は門司城を奪取するが、これに対し大友義鎮は豊前と筑前の守護職補任という名分的な裏付けを得て、反撃を開始する。義鎮はさらに十一月には、九州探題に任じられる。九州探題への補任を欲したのは、対明貿易参画の意図があったためともいわれるが、結果的にこの企ては成功してはいない。それはさておき、かねてより禅宗に深く帰依していた義鎮は、永禄五年年の六月か七月に剃髪して「宗麟」と号している。こののち「三非斎」「円斎」「府蘭」「宗滴」「休庵」などとも称するが、煩を避けるためここでの記述も以下は「宗麟」で統一する。

足利義輝の和睦斡旋　豊前をめぐる争いが続くなか、このころ（永禄五年・一五六二）、将軍足利義輝《あしかがよしてる》が、大友家と毛利家の和睦に乗り出してくる。毛利家は山陰支配をめぐって尼子家と戦っており、一方の大友家は元就の調略によって一門や国衆の離反が相次いでいた。たとえば、元就は筑前の宝満・岩屋城督《じょうとく》の高橋鑑種《たかはしあきたね》（三河守）の調略に成功する。城督は預けられた城を拠点に、軍事動員を含むもろもろの公的な権力を執行する。高橋氏は本来筑前原田《はらだ》氏の一門であるが、大友宗麟は筑前における支配強化をはかるため、大友家庶流一万田《いちまだ》氏を出自とする鑑種に家を継がせていた。明確な時期は定かではないが、高橋鑑種は弘治年間に筑前の宝満・岩屋城（現・太宰府市）の城督となっている。[2]

大友家にとって筑前支配の要ともいうべき、この高橋鑑種が大友家を離反して、毛利家に通じた。永禄五年（一五六二）のこととされる。高橋鑑種に続いて、秋月種実《あきづきたねざね》も毛利に通じて大友家に叛旗を翻す。秋月家は筑前の国衆で、種実の父文種も弘治三年に謀反し、敗死している。父の敗死後、幼少の種実は毛利家を頼って筑前を逃れ、その後に許されて故地の古《こ》処山城《しょざんじょう》（現・朝倉市）に戻っていた。[3]

永禄六年三月、義輝は聖護院道増を豊後に下し、毛利家との和睦を調停する。課題となったのは豊前規矩（企救）郡・田川（田河）郡の帰属や、高橋鑑種の処遇などである。交渉は遅々として進まな

図１　足利義輝画像（国立歴史民俗博物館所蔵）

かったが、翌年正月にようやく合意に達し、七月に両家において起請文が取り交わされる。ここで、規矩郡・門司城を毛利方とし、そのほかは大友家に属すること、また謀反した高橋鑑種については不問に付すことが決した（豊芸和睦）。なお、このころ宗麟は臼杵丹生島城《にうじまじょう》（現・臼杵市）を築いてここに本拠を移し、府内を嫡子義統《よしむね》に委ねた。

しかしながら、こののちも元就と豊前・筑前の国衆の連携は継続しており、和睦はあくまで表面的なものに過ぎなかった。永禄九年十一月には尼子義久《あまこよしひさ》が月山富田城を開いて、元就に降伏する。尼子氏の降伏によって、毛利家が大友家との和睦を継続する必要性はなくなり、北部九州国衆に対する調略が再開される。

豊芸和睦の破綻　永禄九年（一五六六）になると、再び筑前の高橋鑑種が宗麟に謀反し、肥前の筑紫広門《つくしひろかど》・龍造寺隆信《りゅうぞうじたかのぶ》などがこれに呼応する。龍造寺隆信については後述するので（八〜九頁参照）、ここで肥前の筑紫広門についてみておこう。(4)

筑紫氏は少弐氏あるいは大内氏に従った筑前の国衆であるが、肥前東部にも支配を拡げていた。広門の父の筑紫惟門は大友宗麟に抗って敗れ、広門は宗麟の後援によって家督となる。こうした経緯から当初は宗麟（義鎮）の偏諱《へんき》（実名の漢字一文字）をうけ「鎮恒」を実名としていた。

宗麟は豊後の軍勢を筑前に、筑後の兵を肥前に展開させて、謀反の鎮圧に当たる。こうして将軍義輝の斡旋による豊芸和睦は破れ、さらに反大友陣営には秋月種実が加わることとなる。

しかしながら、その後も大友領国の動揺は続き、永禄十一年には、筑前立花山城《たちばなやまじょう》（現・福岡市および糟屋郡）に拠る大友一門の立花鑑載が、高橋鑑種の誘いに応じて叛起している。鑑載は間もなく討ち取られるが、秋月種実が筑前休松で大友勢を破るなどの戦果をあげ、八月に豊前三岳城の長野弘勝を滅ぼした吉川元春《きっかわもとはる》・小早川隆景《こばやかわたかかげ》ら毛利勢が立花山城に迫り、九月にはここを包囲する。翌年十二年閏五月、立花山城は開城し、毛利勢がここに入った。この前年、将軍となった足利義昭《よしあき》は亡兄義輝に倣い、このころ頻りに豊芸和睦の再興をはかるも、元就に深い疑念を抱く宗麟がこれを容れることはなかった。義輝の段階とは異なり、将軍家の権威も有効には機能しない。

宗麟は大内義隆の従兄弟輝弘を周防に上陸させ、山口を襲わせている。輝弘はほどなく自刃するが、毛利勢の後方を攪乱するという宗麟の戦略は的中し、十一月に立花山城の毛利勢も撤退する。支えを失った高橋鑑種も和睦の上、下城する。こうして九州における毛利方の拠点は、結果的に豊前の門司城のみとなった。

大友領国の全盛　その後、元亀二年（一五七一）六月に毛利元就が没すると、これをひとつの契機として毛利家は九州から退くこととなる。一方で東から迫る織田勢との対峙を余儀なくされたからである。しかしながら、その後も大友宗麟は反毛利の連携を西国一帯に拡げて、毛利家への圧力をかけ続ける。こうした連携は「対毛利包囲網」といってもよい。宗麟が与同を呼びかけたのは、備前の浦上・美作の三浦・村上水軍の能島さらに山中幸盛（鹿介）らが擁立した尼子勝久といった面々である。

毛利家を退けた大友家は九州六カ国（豊前・豊後・筑前・筑後・肥前・肥後）に勢力を拡げて、領国支配も比較的安定し、大友領国は全盛の時代を迎える。この間、宗麟は加判衆をつとめた吉弘鑑理《よしひろあきまさ》の長男鎮信《しげのぶ》（号は「宗鳳」また「宗仭」）に筑前立花山城を委ね、立花西城督とする。また、降伏し帰順した高橋鑑種を筑前から豊前小倉に移し、吉弘鑑理の次男に高橋家を継がせて宝満・岩屋城を任せた。これが高橋鎮種《しげたね》（のちに「紹運《じょううん》」と号す）である。以下、必要に応じて、豊前に移った鑑種の家を実家の苗字に拠って「一万田系高橋家」、同様に新に宝満・岩屋城に入った鎮種の家を「吉弘系高橋家」として記述を進める。

図2　大友家略系図

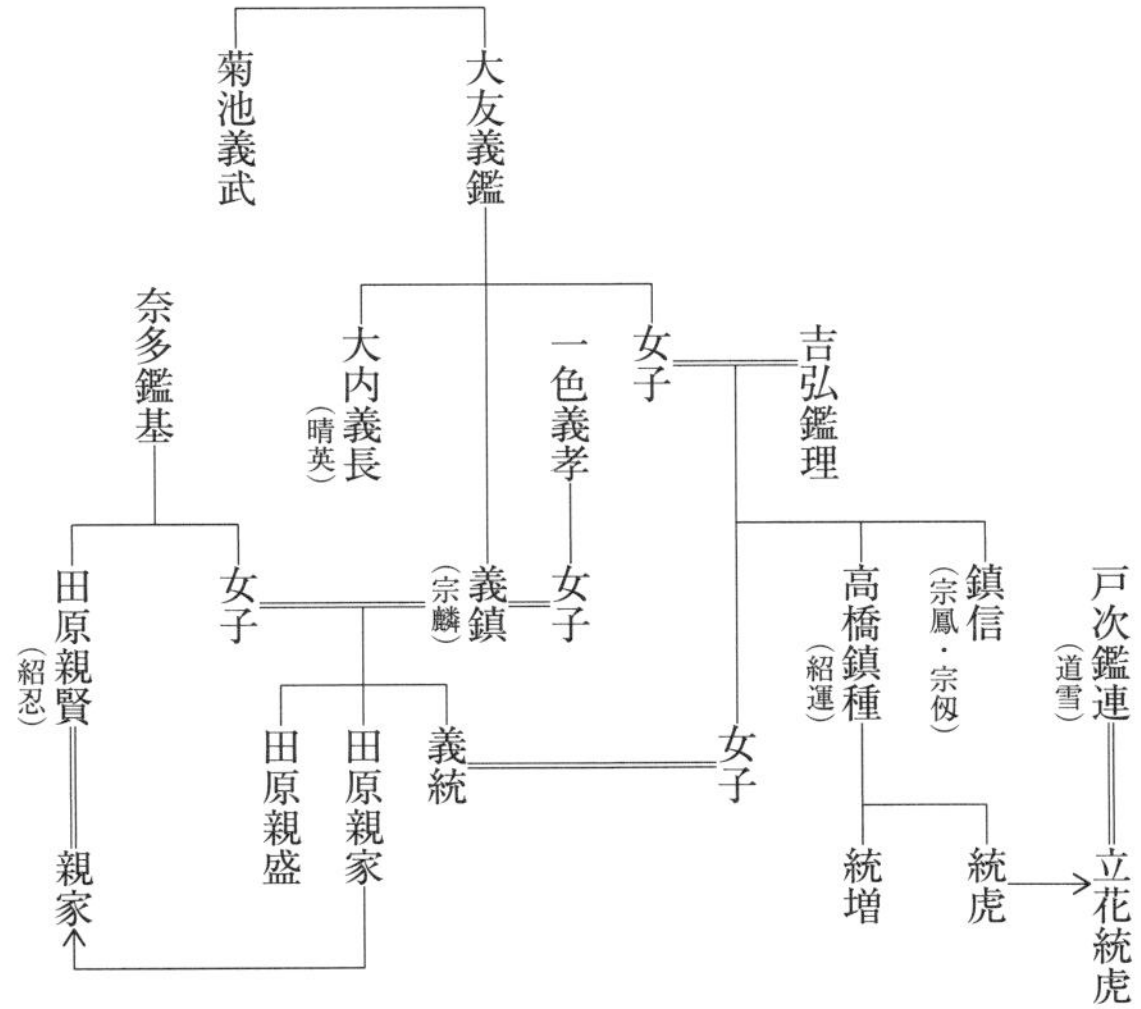

　さらに、宗麟は加判衆であった戸次道雪《べつきどうせつ》（実名は「鑑連《あつつら》」）にも、立花山城入りを命じる。道雪は天文末年に家督を、甥で猶子とした鎮連《しげつら》に譲っていたが、宗麟の命に従って筑前に本拠を移す（筑前戸次家）。大友家が博多を扼すこの城をいかに重要視したのかがうかがえる。元亀四年に宗麟は家督を嫡子義統に譲り、内政を任せていく。とはいえ、重要な軍事・外交については依然宗麟が管掌し、義統を後見することとなる。

龍造寺隆信と伊東義祐・義益　ついで、大友領国に隣接する肥前と日向の状況を整理しておこう。

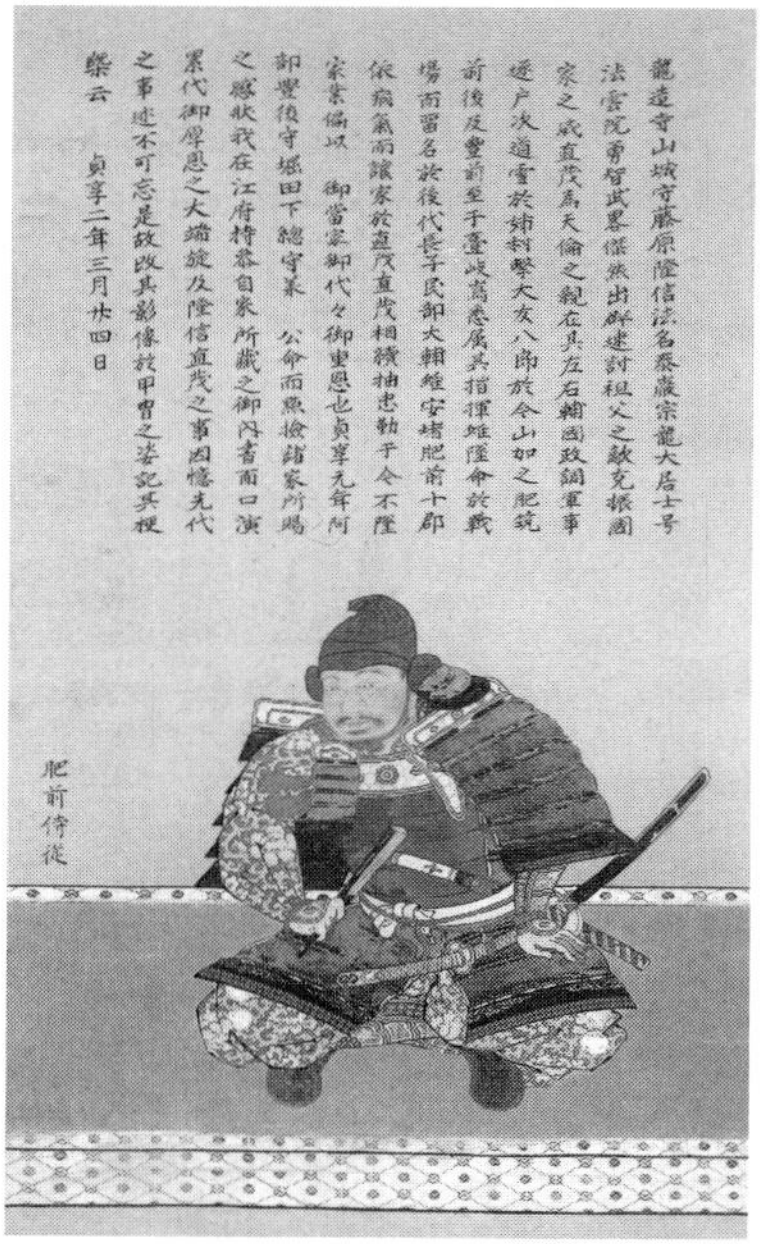

図３　龍造寺隆信画像（宗龍寺所蔵）

この時期、肥前で最大の勢力を誇ったのが龍造寺隆信（初名は「胤信」、大内義隆の偏諱をうけて改名）である。龍造寺家は肥前国佐賀郡の国衆であったが、庶家（水ヶ江龍造寺家）に生まれた隆信が天文十七年（一五四八）、本家にあたる村中龍造寺家を継承する。その後の曲折を経て、永禄二年（一五五九）には少弐氏（当主は「冬尚」）を滅ぼして東肥前を平らげ、肥前国内で最大の勢力となる。[5]このころから東肥前に干渉する豊後大友家との争いが始まり、既述のように、しばしば毛利家を頼って宗麟と対立しており、隆信の帰趨が定まることはなかった。

すなわち、いったん大友家に帰順した隆信は、元亀元年（一五七〇）には再び大友家に抗っている。[6]しかしながら、元亀二年六月に毛利元就が没して毛利勢が九州から撤退すると、隆信も大友家への服従を余儀なくされる。逆に大友家との関係を安定させることで、再び東肥前を平らげ、さらに西肥前の杵島郡武雄の後藤氏や松浦郡平戸の松浦氏、さらに彼杵郡の大村氏や高来郡伊佐早（諫早）の西郷氏などを次々に従えていく。さらに、天正六年（一五七八）三月には高来郡日野江城（現・南島原市）に拠る有馬《ありま》義直《よしなお》（実名は「義貞」とも）・晴信《はるのぶ》[7]父子を島原半島に攻め、これに圧力をかけていた。

豊後が南接する日向では、宮崎平野（いわゆる「山東」地域）を基盤とする国衆伊東氏が次第に日向国内を席巻する。天文五年七月に義祐が伊東家の家督を継いで佐土原城（現・宮崎市）に入り、家臣長倉氏の反乱を平定して、日向南部に位置する飫肥《おび》への進出をはかる。飫肥に拠る島津家一門の豊州家は、日向庄内（都城）の北郷《ほんごう》氏と連携して、これに対抗する。飫肥をめぐる攻防戦は長期に亘るが、この間に義祐は家督を子の義益に譲る。永禄五年のこととされる。飫肥には油津などの対外交易に資する良港もあり、これが侵攻の理由と考えられる。永禄十一年にようやく飫肥を獲得して、伊東家は最盛期を迎える。隠居の義祐は佐土原城にあって、当主の義益を都於郡《とのこおり》（現・西都市）においたが、飫肥城（現・日南市）には義益の異母弟祐兵を入れ、領国全体を掌握する体制に入った。しかしながら、その直後、翌十二年に義益が急死し、家督は義益の子でいまだ若年の義賢が継ぐ。

こうしたなか、元亀三年五月の木崎原の戦い（伊東側では「覚頭合戦」と称する）で、伊東勢は薩摩の島津《しまづ》義久《よしひさ》に大敗を喫する。この敗戦を機に、日向伊東家は島津家に押され、次第に衰退していくこととなる。

島津貴久と義久・義弘　島津氏は鎌倉時代の初頭に、惟宗忠久《これむねのただひさ》が島津荘の下司職や薩摩・大隅・日向の守護職に任じられたことに始まる。(8) いうまでもなく、「島津」の苗字はその荘名に因る。その後、島津氏はいくつかの家に分流し、いわゆる「奥州家」が三カ国の守護職を継承していく。しかしながら、戦国期に入ると、「奥州家」の分流である「薩州家」「相州家」が台頭し、相互に抗争を繰り返す。最終的には島津家庶流の伊作家から出て相州家を継いだ島津忠良（「日新斎」）と、その子貴久が一連の争いに勝利する。貴久は薩摩半島を基盤として鹿児島を掌握し、ついで大隅国への進出をはかる。このころ、天文二年（一五三三）に、貴久の長男として誕生したのが義久（初名は「忠良」、ついで「義辰」）である。この二年のち同四年に次男義弘《よしひろ》（初名は「忠平《ただひら》」、ついで「義珎《よしまさ》」）が生まれる。天文六年には三男歳久、さらに同十六年には四男家久が誕生する。

天文十四年には、伊東勢に押される島津豊州家・北郷家が貴久に服従し、これに応じるかたちで永禄三年に貴久は義弘を飫肥に入ている。しかし、その翌年に貴久は伊東家と結ぶ大隅最大の国衆肝付《きもつけ》兼続《かねつぐ》に大隅の廻《めぐり》城で大敗を喫し、実弟の忠将を討ち死にさせてしまう。この後、豊州家も伊東家との和睦を決し、義弘も飫肥を離れる。

鹿児島に戻った義弘は、まもなく日向の飯野城（現・えびの市）に入る。この地域は「真幸《まさき》院」と称され、諸県郡西部の要衝となる。真幸院は長く肝付庶流の北原氏が支配を続けてきたが、北原家の内紛に乗じて貴久がここを奪取し、のちに当該地域の重要性に鑑みて、義弘をその守将に任じた。以後、島津義弘は日向飯野城を拠点に活動し、秀吉の九州平定戦を迎えることとなる。

さて、永禄九年（一五六六）二月に、貴久は家督を義久に譲る。こののち貴久は「伯囿《はくゆう》」と号する

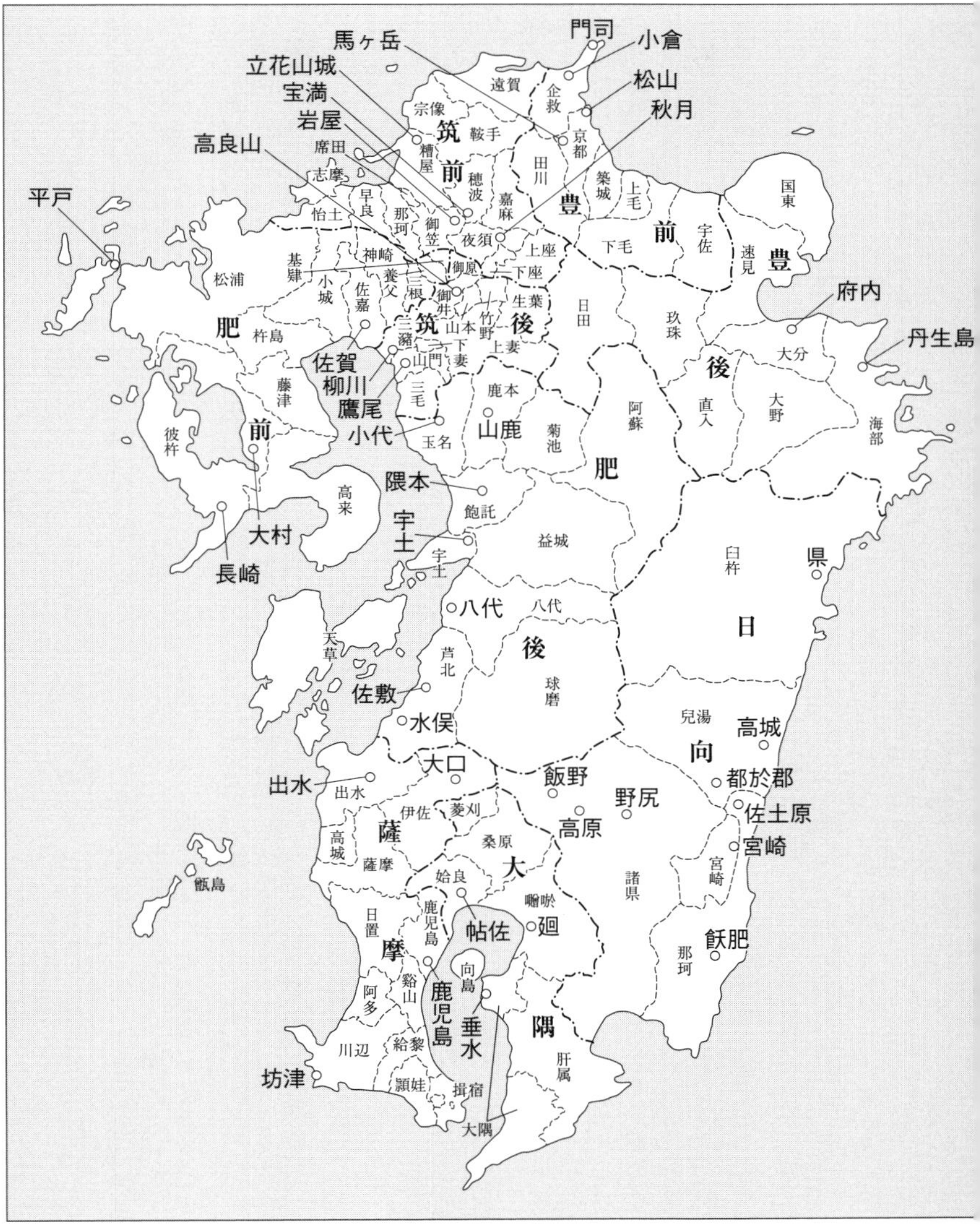

図4　九州地方国郡図

(『上井覚兼日記』下、岩波書店、1957年などをもとに作成．地域によって郡名・郡界に異同を生じる場合がある)

図5　島津家略系図

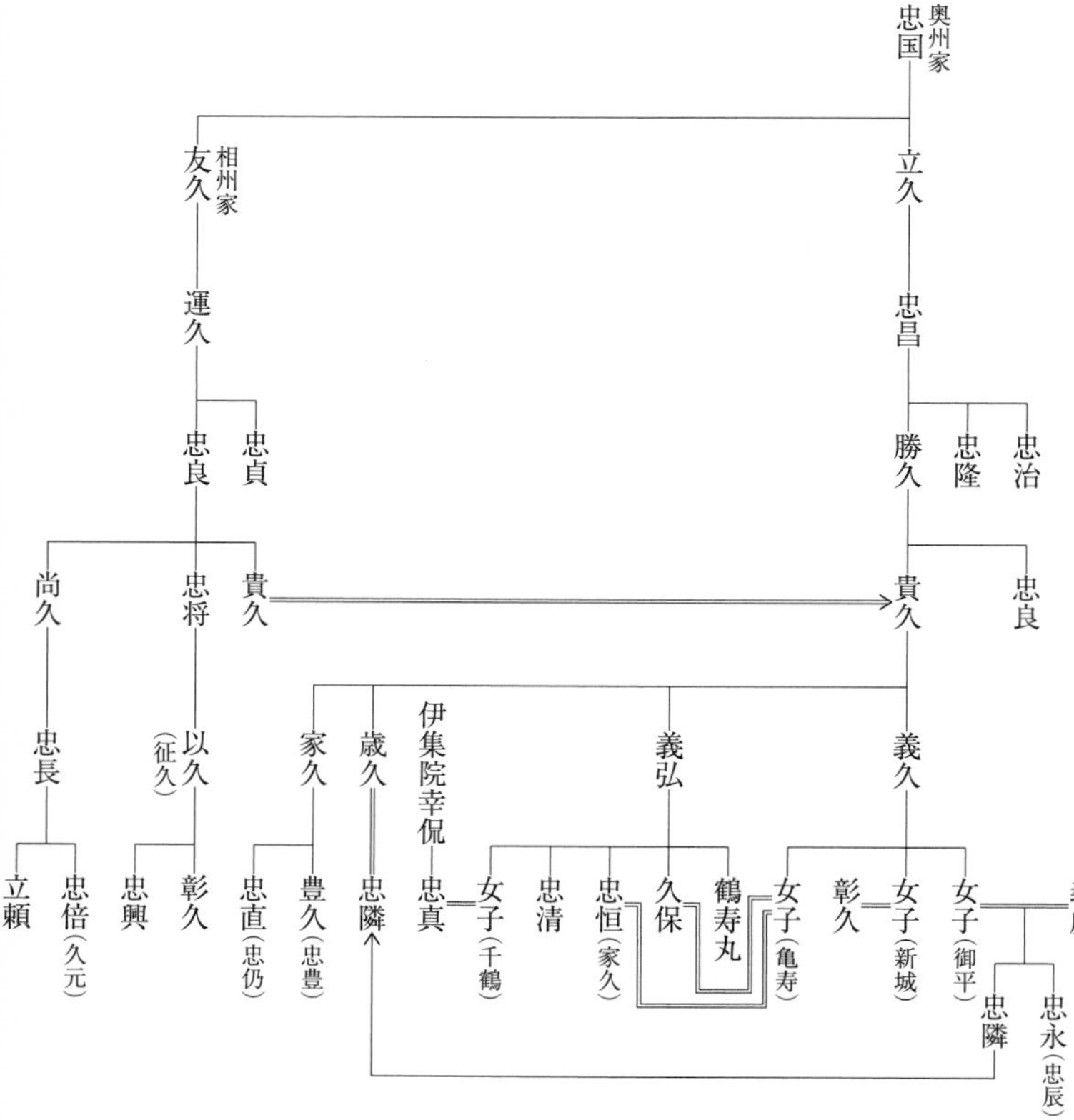
奥州家
忠国
立久
忠昌
勝久
忠隆
忠治
貴久
忠良
義久
義弘
女子（御平）
女子（新城）
彰久
女子（亀寿）
鶴寿丸
久保
忠恒（家久）
忠清
女子（千鶴）
薩州家
義虎
忠永（忠辰）
忠隣
相州家
友久
運久
忠良
忠貞
尚久
忠将
貴久
忠長
以久（征久）
立頼
忠倍（久元）
忠興
彰久
家久
歳久
伊集院幸侃
忠直（忠仍）
豊久（忠豊）
忠隣
忠真

が、しばらくは実権をにぎり続けることとなる。この時、義久が引き継いだ領地は薩摩の南半分（薩摩半島）と大隅の北部および日向南西部の真幸院の一部である。その周辺には敵対する日向の伊東や大隅の肝付などの勢力があり、貴久と義久・義弘兄弟は長く苦戦を強いられることとなる。

永禄十三年正月、貴久・義久は北薩摩の菱刈氏を屈服させて、ようやく薩摩統一を果たす。薩摩統一を達成した貴久は、元亀二年（一五七一）に没する。その翌年の五月、伊東義祐が真幸院に攻め込んでくる。先に触れた木崎原の戦い（「覚頭合戦《かくとう》」）である。この勝利によって、伊東家の干渉を退けた島津義久は、大隅攻略を本格化させる。天正二年（一五七四）四月には、肝付兼亮《きもつきかねすけ》（兼続の次男）を屈服させて大隅を平定する。さらに、同四年には伊東領への侵攻を本格化する。

翌五年の末ごろから、伊東家では重臣の裏切りが相次ぎ、支えきれないと観念した義祐は密かに居城佐土原を退去する。島津義久に追われた伊東義祐以下の一門は豊後に入り、しばらく大友宗麟の保護をうけることとなる。

九州・西国における対立軸　毛利勢が九州から撤退し、大友家がその最盛期を迎えようとするころ、元亀四年（一五七三）に織田信長《おだのぶなが》は、将軍足利義昭を京都から追放する。義昭は各地を流浪したのち、天正四年（一五七六）二月、毛利家の支配下にあった備後の鞆《とも》に動座する。元就の死去をうけ、毛利家は嫡孫の輝元《てるもと》が当主の座にあった。義昭の鞆入りをうけて、毛利輝元は京都帰還を目指す義昭を保護することに決する。これまで、信長と毛利家の間は良好であったが、輝元は上杉輝虎《うえすぎてるとら》（謙信《けんしん》）や武田勝頼《たけだかつより》、大坂本願寺などと連携しつつ、織田信長と対抗することとなる。

これに対して信長は、天正五年九月に麾下の羽柴秀吉《はしばひでよし》（藤吉郎、筑前守）を播磨に派遣し、対毛利戦略を委ねる。この毛利氏を西から脅かすのが、豊後に拠点を置く九州の大友家にほかならない。このころの大友家内部には、信長の毛利攻めに呼応して挙兵すべしとの相談もおこなわれており、これに関わって近隣の国衆に発せられた大友家宿老（加判衆）の連署状が複数確認される。その一例を次にみておこう。(9)

中国御行《てだて》に就き、織田信長仰せ談ぜらる旨候条、下目静謐の為、龍造寺山城守御赦免成られ候、仍って御書を以て仰せ出され候趣、委細光明寺仰せ含まれ候、恐々謹言、

九月廿三日　　　紹忍

道輝

鎮周

鑑興

宗歴

宗天

長野三河守殿

〔「神代文書」一六七五号・大分県先哲叢書『大友宗麟』資料集第五巻〕

この文書は天正五年に比定されるもので、充所の長野三河守とは、豊前の国衆長野祐盛（実名は「助守」、あるいは「助盛」とも称す）であろう。(10) 大友家にとって毛利一門は宿敵であり、信長が毛利を

討とうとするのに応じ、「下目静謐」の上、これに加担しようというのである。ここでいう「下目」とは九州を指し、九州勢は一体として毛利攻めをおこなうの意であろう。具体的には大友家として龍造寺隆信（山城守）を麾下に従えて挙兵することをいう。

秀吉の働きによって、いったんは平定されたかにみえた播磨であったが、同六年三月ごろに三木城の別所長治《べっしょながはる》が毛利と結んで信長に叛旗を翻し、ついで十月ごろには隣国摂津の有岡城で、荒木《あらき》村重《むらしげ》・村次《むらつぐ》父子も謀叛をおこす。一連の危機的事態を前に、信長は土佐の長宗我部《ちょうそかべ》元親《もとちか》に接近する。この天正六年のおそらく後半に、信長は元親の嫡子弥三郎に偏諱を与え、「信親《のぶちか》」と名乗らせた。(11) ちなみに、このころの長宗我部家中では、元親は信長の「無二御味方」である、と認識していたようである。(12) 信

図６　織田信長画像（狩野元秀筆、長興寺所蔵）

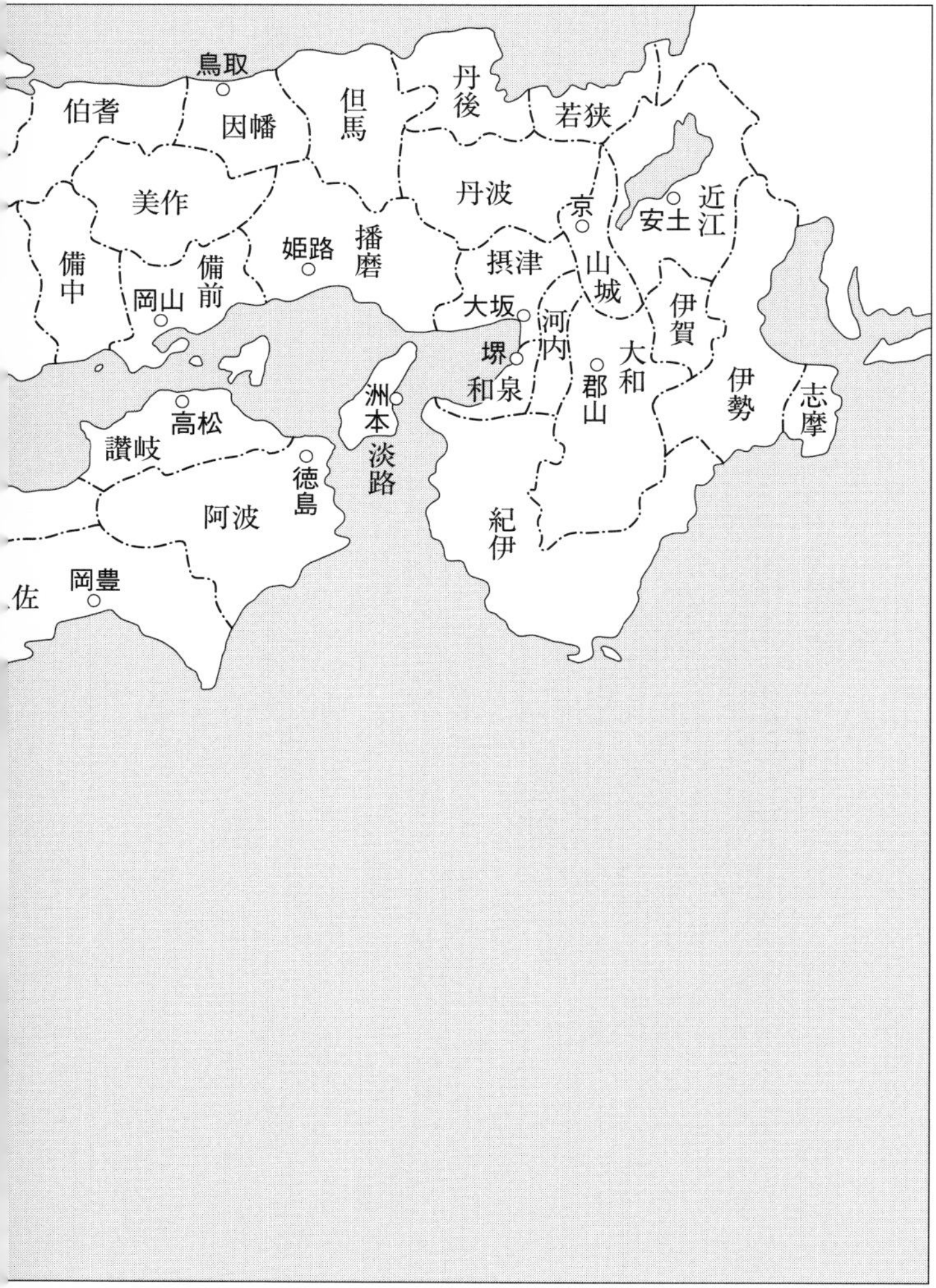

大陸侵攻』吉川弘文館，2006 年をもとに作成）

図７　西日本要図（中野等『秀吉の軍令と

長との連携を前提に元親は阿波への侵攻を開始しており、信長が元親に誼《よしみ》を通じた背景には、毛利―別所―荒木という敵対勢力に対する牽制があったとみてよかろう。

これまでの経緯も相まって九州・西国には、足利義昭―毛利輝元―島津義久という連携と、織田信長―大友宗麟・義統―長宗我部元親という連携とが成立し、相互に対峙する事態が将来する。(13)

高城・耳川合戦　大友宗麟には、信長と連携して背後から毛利領を脅かすという選択肢もあったが、結果的には日向侵攻を優先させることとなる。宗麟が主導した「対毛利包囲網」は、天正五年（一五七七）ごろまでに毛利方によって各個撃破されており、(14)宗麟としても九州の基盤を固めることが優先されたのであろう。伊東義祐を保護した宗麟は、すでに義統を遣わして、島津方に与する県《あがた》（のちの「延岡」）の土持親成を降し、北日向を制圧していた。(15)天正六年九月、宗麟は田原紹忍（実名は「親賢」）を大将として軍勢を南下させる。同時に志賀道輝が率いる別働隊を肥後に遣わし背後からも島津勢を攻め立てる作戦であった。

田原紹忍率いる軍勢が耳川を越えて、山田有信の拠る新納院《にいろいん》の高城《たかじょう》（現・児湯郡）を包囲する。これに先立って島津家久が高城に入り、護りを固めていた。高城救援のため、鹿児島の義久、日向飯野の義弘、(16)大隅吉田の歳久らも出陣する。十一月十一日に前線の部隊が衝突し、島津家が大友勢を破る。さらに翌十二日未明に両軍が激突する。高城・耳川《みみかわ》合戦とされるものである。

島津勢は大友勢を挟撃し、これに義久の本隊も加って、大友方を敗走させる。さらに高城にいた軍勢も城から出撃し、大友の軍勢を耳川以北にまで退ける。こうしてこの合戦は島津方の大勝に終わる。

大友勢は吉弘鎮信（「宗鳳」また「宗仞」と号す）・臼杵鎮賡・斎藤鎮実・田北鎮周・吉岡鑑興・佐伯惟教（「宗天」と号す）・惟真父子など数多くの重臣を失った。有為な家臣をいっせいに失った大友家は、領国運営もままならないものとなり、機能不全に陥ることとなる。

高城・耳川合戦の捷報（勝報）は、島津義久によって足利義昭や毛利輝元にもたらされており、輝元は義久の許に早速使僧を遣わしている。こうした動きをみると、この高城・耳川合戦が九州でおきた単なる局地戦ではなかったことがわかる。これをうけて発せられた義昭側近充ての書状をみておく。

輝元より使僧差し越され候の処、御内書成し下され候、忝き次第に候、そもそも御入洛の義、東北の士卒悉く忠懃を抽きんぜらるべきの段、尤も肝要候、遠境に於いても相応の段入魂致すべく候、然れば大友家縦い逆心たると雖も、指し煩い有るべからず候、其の謂われ日州表に到り、六カ国の族五万余騎誅伐致し、已来諸口籌策を運らし候の条、御心安かるべく候か、併しながら明春防長の実勢、豊筑発向の砌、龍造寺申し合わせ、寄々馳走せしむべく候、猶五戒坊相違せらるべくの間、細筆能わず候、恐々謹言、

拾二月十日　　　　義久

一色駿河守殿
眞木嶋玄蕃頭殿　御返報

〔『鹿児島県史料　旧記雑録後編』一―一〇三三号〕

領国は遠境ではあるが、島津家として義昭の再起を支えるといい、さらに毛利勢（「防長の実勢」）

が北部九州（「豊筑」）に攻勢をかける場合には、龍造寺隆信ともども協力する旨が述べられている。ここで、大友家と結んでいたはずの龍造寺隆信が、島津家に急接近していることがわかる。

高城・耳川合戦で壊滅的な打撃を蒙った大友家の領国支配は大きく動揺した[17]。豊後国内では重臣の反乱が頻発し、周辺諸国でも肥前の龍造寺隆信や筑紫広門、筑前の秋月種実など、これまで服従してきた勢力の離反が相次ぐ[18]。義久が隆信との協働に触れるに至った背景がこれである。龍造寺隆信は高城・耳川合戦の翌月から、しばしば筑後を侵して、大友方を切り崩していった。

これに深刻な危機感を覚えた大友氏は、翌七年二月ごろから島津家に和平をはたらきかけていく[19]。

信長の「遠交近攻」策　このころ、信長は備前の宇喜多直家の調略に成功しているが、毛利方に圧力を加え続ける上で、依然として「遠交近攻」の戦略は効果的であった。連携すべきは四国の長宗我部元親であり、九州では毛利領国の背後に位置する大友家である。

天正七年（一五七九）十一月に摂津有岡城はようやく陥落する。ほどなくして信長は、大友義統による「周防・長門両国」の「進止」を認め、さらに「従五位下左兵衛督」への叙任を推挙している。「進止」とは「進退」ともいい「支配」を意味するが、ここではより具体的に支配権をいうのであろう。信長の下で大友家との交渉を担当したのは松井友閑《まついゆうかん》である。

また、天正八年六月には長宗我部元親の名代として、実弟の香宗我部親泰《ちかやす》（安芸守）が安土城で信長に拝謁した。親泰は三好康長《みよしやすなが》との和睦斡旋を信長に依頼したようである[20]。このころの康長は、信長のもとで四国経略に従っていた。親泰の求めは信長の容れるところとなるものの、元親には阿波領有を信長に承認させるという意図があり、これに向けて三好康長との和睦をはかる必要があった。しかしながら、阿波を故地とする三好一門の康長も、四国における領知回復という宿願をもっており、信長に対しても密々その働きかけをおこなっていた。すなわち、信長斡旋にかかる長宗我部元親と三好康長の和平は、あくまで表面上のことであり、しばらく微妙な状況が続く。天正九年には讃岐から三好一門の十河存保《そごうまさやす》(21)が阿波に入り、長宗我部の軍勢と衝突するものの、大規模な戦闘には至っていない。一方、このころ元親は南伊予ほかの進出を計り、信長とつながりをもつ西園寺氏と衝突することとなる。

さらに時期は明確ではないものの、天正九年の後半に信長は元親に対して土佐一国と阿波半国（阿波南部）を与えるという朱印状を与えたようである。もとより、これは元親の要求に沿うものではなく、たとえば明智《あけち》光秀《みつひで》重臣の斎藤利三《さいとうとしみつ》あたりが、これを宥《なだ》める書状を出している(22)。信長には、三好康長に讃岐と残りの阿波半国（阿波北部）を与えるという心算があったようである。

龍造寺隆信の台頭　さて、信長との連携があったにせよ大友家の退潮はその後も続き、既述したように、北部九州では龍造寺隆信、さらに秋月種実らが急速に勢力を拡げていく。やや時間を遡ることとなるが、豊前小倉の高橋鑑種は天正七年四月に没しており、その家督は秋月種実の次男が「元種」として継いでいた。その一方で、龍造寺家の台頭を嫌う肥前・筑後などの国衆は、島津家への接近を模索するようになる。肥前日野江城の有馬晴信、筑後鷹尾城の田尻《たじり》鑑種《あきたね》さらに肥後熊本（当時は「隈本」と表記）の城親賢《じょうちかまさ》などである。

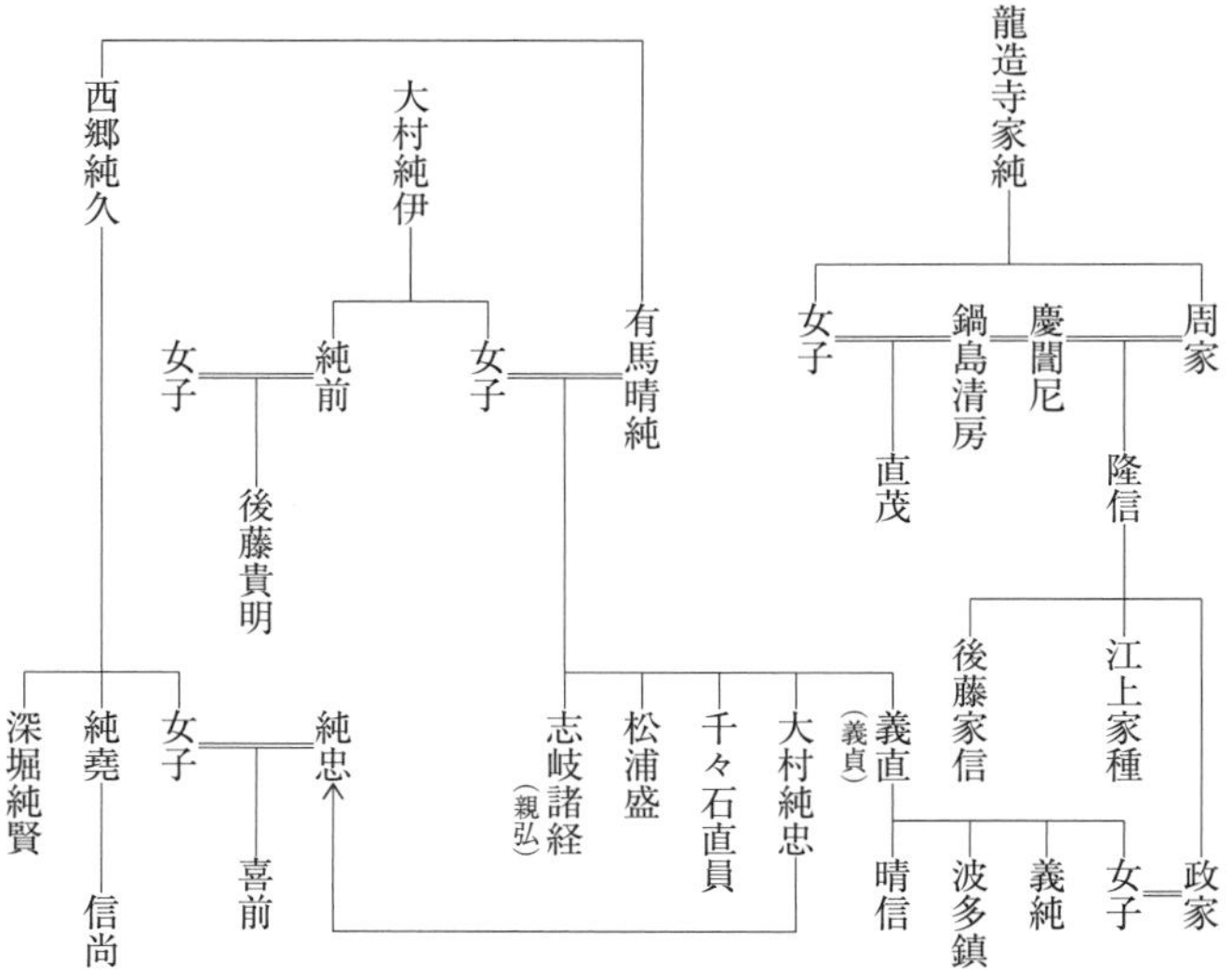

図8　肥前国衆関係系図

天正七年（一五七九）六月に、龍造寺隆信は有馬晴信を屈服させていたが、有馬家中・有馬領への圧迫はさらに続けられる。こうしたなか、天正八年三月、有馬晴信がイエズス会ヴァリニャーノの洗礼をうけ、いわゆる「キリシタン大名」となる（洗礼名「プロタジオ」）。龍造寺方に与《くみ》して謀叛した家臣に居城を包囲され、籠城最中の改宗であった。

同じ年、すでにキリシタンに改宗（永禄六年〈一五六三〉）していた彼杵郡三城城の大村純忠《おおむらすみただ》（洗礼名「バルトロメオ」）が長崎をイエズス会に寄進する。大村純忠は日本で最初の「キリシタン大名」として知られる。[23] 純忠は、有馬晴澄の次男として生まれ、養嗣子として大村家を継いでいた。純忠の長兄義直（実名は「義貞」とも）を継ぐのが前述の晴信であり、両者は叔父・甥の関係にあった。東シナ海に開かれた長

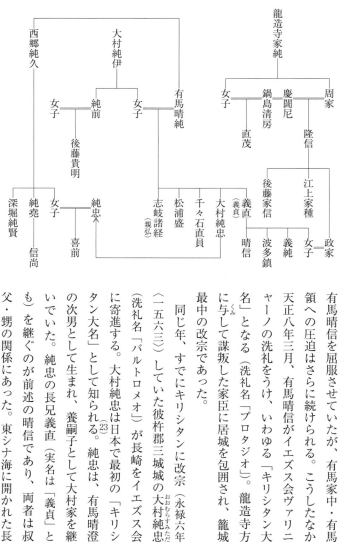

崎は元亀二年（一五七一）、大村純忠により南蛮貿易港として開かれていた。寄進によって長崎港は「教会領」となり、イエズス会は「地子」などの収入を得、検断権を行使することとなる[24]。なお、この時、有馬領の茂木も併せて寄進されたようである。橘湾に面した茂木港も、島原半島や天草諸島など肥後各所につながる要所である。ここで注目すべきは、イエズス会が長崎港・茂木港の軍事要塞化を志向していた事実であり、さらにこののち教会領は「時津・長与浦・日見峠」、さらに「浦上村・長崎村」へと拡大する。こうして、これらイエズス会およびキリシタン大名の存在は、肥前の平定を目論む龍造寺隆信にとって、侮れないものとなっていく。

龍造寺家の支配を嫌う北部九州の国衆に促された島津義久が北上を決すると、龍造寺隆信との関係はより緊張したものとなっていく。こうした新たな対立構造は、勢力挽回をはかる大友家にとって、絶好の機会とみなされた。既述のように、龍造寺勢に押される大友家は、島津方との和平を望んでいたからである。

信長による「豊薩和平」の提唱　折柄、天正八年（一五八〇）正月に別所長治の三木城が陥落し、閏三月には石山本願寺の顕如《けんによ》（実名は「光佐」）が信長の和議受け入れを決し、四月には石山（大坂）から退去する。本願寺勢力の制圧を果たした信長も大友・島津間の和睦を支持し、その仲介に乗り出してくる。ついで、島津家に残る信長書状の写しをみておこう。

未だ相通わず候と雖も、啓せしめ候、仍って大友と鉾楯の事、然るべからず候、所詮、和合尤もに候か、将又此の面の事、近年本願寺緩怠せしむの条、誅伐の儀申し付け候、然るに大坂退散すべきの由、懇望に依り赦免せしめ、紀州雑賀に到り罷り退き候、畿内残る所無く、静謐に属し候、来年芸州に出馬すべく候、其の刻別して御入魂、天下に対する大忠たるべく候、尚近衛殿仰せらるべく候間、閣筆候、恐々謹言、

八月十二日　　信長

嶋津修理大夫殿　御宿所

〔大日本古文書『島津家文書』九八号〕

信長は島津義久に、本願寺の退去によって畿内の平定がなったと告げ、翌年には毛利（芸州）を攻めるという心算を披瀝する。信長は、島津家としてもこれに与同することが「天下」に対する「大忠」である、と述べている。すなわち、芸州攻めはあくまで「天下」の戦であり、信長の「私戦」ではないということであろう。いうまでもなく、足利義昭が主張する「公儀」の論理を粉砕する意図による。信長としては実際の毛利攻めを標榜しつつ、当面は北部九州の安定化をはかり、毛利領国に対する圧力をより強める戦略である。

ところで、信長は文書の書き止めで「近衛殿仰せ」に触れている。この年九月六日付で島津家中の喜入季久（摂津守）に充てられた前関白近衛《このえ》前久《さきひさ》[25]の書状に、「仍って豊州の儀に付き、義久存分の通り、尤もに候か、然りと雖も、無事然るべきの旨、信長公申し出でられ候間、近日伊勢因幡守差し下し候、異議無き様、連々気遣い肝要候」とある。ついで、近衛家と島津家との関係についてみておこう。

近衛家と島津家　島津氏は近衛家領島津荘の荘官に任じられてきた家であり、島津氏にとって近衛家は「御家門様」と称される特別な存在であった。戦国期に入っても、近衛家が島津氏歴代の官位の斡旋をおこない、そうした見返りもあって、近衛家はしばしば経済的な援助をうけてきた。加えて、このころの近衛前久は信長とも親密な関係にあり、天正三年（一五七五）にはその要請によって薩摩を訪れている。信長の意をうけて九州諸大名の和睦を斡旋するのが目的だったというが、この企ては必ずしも功を奏してはいない。前述した本願寺との和睦に際しても、前久は重要な役割を演じたようであり、信長の信任も篤かった。

さて、近衛前久の書状にみえる「伊勢因幡守」とは、近衛家の家司《けいし》をつとめる伊勢《いせ》貞知《さだとも》である。ここでいう「家司」とは、公卿などの上級貴族に仕え、もろもろの実務を担った家政職員のことであり、貞知はまた伊勢流武家故実の継承者としても知られる。天正三年における前久の九州下向にも従っており[26]、前久は島津家中にも多くの知音を有する伊勢貞知を遣わして、大友家との和睦成立を画したのであろう。貞知は先に紹介した信長朱印状を帯して九州に下るが、これに連動する大友宗麟（左衛門入道）・義統（左衛門督）充ての「覚」が確認されている[27]。

覚

一、豊薩無事に付き、領知方の事、近年伊藤《（伊東）》存知の分は、義久覚悟たるべし、其の内豊州へ与力の者、有り来たりの如く、召し仕かうべき事、

一、此の間、豊後より薩摩へ引き、薩州より豊州へ引く輩、定めてこれ在るべし、既に無事の上

は、互いの存分を止め、先々の如く召し置くべき事、
一、芸州に至り馬を出される刻、薩州申し談ぜられ、後巻として行に及ばれるべし、此の段第一の事、
一、右の行以前に、若し秋月・龍蔵寺《龍造寺》徘徊をなさば、加勢せしめ退治すべきの由、薩州へ申し下す事、
一、今度両国へ御朱印なされ候、私の遺恨を以て、異議に及ぶ国の儀は、御敵たるべき間、其の上を以て御調儀仰せ付けらるべき事、
一、此の返事に依り、則ち中国へ御動たるべき間、急速に様体申し上げらるべき事、
一、右の条目、何れも異議に及ばれず、御請尤もに候、自然は御存分候と雖も、此の刻、御馳走を以て静謐に及び候はば、天下に対する御忠節たるべき旨、御朱印相見ゆべく候事、

以上

九月十三日　（黒印）

大友左衛門督殿

大友左衛門入道殿

〔「柳河・大友家文書・大友書翰」第十二号―一・『大分県史料』第四部・諸家文書補遺二〕

五箇条目に「今度両国へ御朱印なされ候」とあり、先にみた島津義久充てのものと共通する内容の信長朱印状が、大友家にも発せられたことがわかる。さて、この「覚」全般についていえば、九州の

状況にかなり精通した内容といえよう。日向から放逐された伊東義祐らの要請によって、宗麟は日向へ侵攻し、その結果、高城・耳川合戦で敗れたのであるから、伊東氏の旧領を義久の存分に任せるというのは妥当な判断であろう。また、秋月種実・龍造寺隆信の動きを警戒する点も、確度の高い情報に拠るものと判断される。したがって、九州に下って状況をつぶさに実見した伊勢貞知、あるいはその周辺が、和睦成立に向けての細かな案件を整理したものと判断される。奇しくも、これと同じ九月十三日付で近衛前久は、かねてより親しかった肥後の相良義陽（修理大夫）に書状を発し、島津・大友間の和睦成立に向けて尽力するよう依頼している[28]。

大友家・島津家の対応　旧伊東領の引き渡しなど、必ずしもその利益に沿うものではなかったが、すでに劣勢にあった大友家にとっては受け容れざるを得ない内容であった。ちなみに、このころから、大友家とも関係の深い博多商人の京畿方面での活動が、確認されるようになる。天王寺屋《てんのうじや》の茶会記『宗及自会記』の天正八年（一五八〇）八月二十五日条によれば、「はかた嶋井宗叱（宗室）」が天王寺屋道叱《どうしつ》と同席していることが確認される[29]。天王寺屋道叱は大友氏と親交をもっており、神屋《かみや》宗湛《そうたん》・嶋井《しまい》宗室《そうしつ》の上方での活動、信長への接近は大友宗麟・義統の了解さらには指示があった可能性も高い。また、商業や茶道などで堺商人とつながりをもつ博多商人を、島津家との和睦実現に向けて利用したとも考えられよう。

しかしながら、ここまで優勢を保ってきた島津家にしてみれば、わざわざ大友側と和睦する必要などはない。「天下に対する大忠」「天下に対する御忠節」など、所詮は方便であると解したのであろう。

これに加え、これまで交誼を結んできた毛利家や龍造寺家との関係もあり、島津義久がこの和睦案を受容する様子はなく、逆に日向制圧を目論んで、該地の大友方を攻め続けていた。

「豊薩和平」の成立　業を煮やした前久は天正九年（推定）三月二日付で島津家中の喜入季久（摂津守）に書状を送る。そこでは、信長が大軍を催し、毛利を殲滅してしまえば手遅れになるとして、大友家との和睦を急ぐよう促している(30)。結果的に、島津義久が織田信長・近衛前久からの申し入れを受け容れるのは、この年も六月のこととなる。義久が逡巡している間、羽柴秀吉はすでに播磨再平定を終え、備前・因幡への侵攻を開始していた。畿内近国における毛利方退潮の報が、義久の決断に影響を与えたであろうことは容易に推察できる。次にあげる書状は、近衛前久の使者として働いた伊勢貞知に充てられたものである(31)。

この度、上様より御朱印、忝く拝領せしめ候、遠邦故未だ申し上げざるの儀、寔に本懐に背き候、そもそも豊薩和睦の御噯《あつか》い、具に仰せ出され候、愚鬱多々候と雖も、自他を捨て、尊意に応ぜしめ候、此れ等の辻を以て、向後盟約の儀希う所に候、兼ねてまた、隣国に至り御出馬の御催最中候か、其の刻は相当の馳走を遂げ奉るべく候、仍って御太刀一腰長光・御馬一疋これを進上致し候、旁　御家門様御前より、然るべく御調達目出べく候、恐々謹言、

六月廿八日　義久（花押）

伊勢因幡守殿

〔『鹿児島県史料　旧記雑録後編』一―一二〇六号〕

同じ日付で義久は伊勢貞知に対し、次のような「覚」を送っている。先の義久書状に「此れ等の辻」という文言があるが、「辻」には「物事の結果」といった意味があるので、それを具体化したものが、この「覚」にあたるのであろう。

覚

一、御殿□の事、
一、日州御領知方の事、
一、使いを以て申し上ぐべき事、
一、相良進退の事、
一、秋月・龍造寺の事、
已上

六月廿八日　　義久（花押）

伊勢因幡殿

〔『鹿児島県史料　旧記雑録後編』一―一二〇七号〕

義久はこれらの条件を前提に、大友側との和睦を受容しようとしている。使者の口上に拠るものもあり、なかなか詳細はつかめないものの、日向一国の支配を認めさせ、さらに肥後相良氏の進退を自らに委ねることを求めたようである。

既述のように、伊勢貞知の主の近衛前久は相良義陽と昵懇《じっこん》であり、その関係に配慮したものと推察される。いずれにしろ、これからほどなく島津家の側も和睦を受け容れることとなる。すなわち、八月二日付で義久は大友義統に対し、和睦祝詞の報礼として太刀・馬を贈っており[32]、これに先立って大友家側から薩摩に和睦を言祝《ことほ》ぐ使者が遣わされたことがわかる。こうして、織田信長および近衛前久の仲介に拠る「豊薩和平」が成立する[33]。

ところで、信長が「豊薩和平」を提案した当初の段階では、長宗我部家との関係も安定していたが、この間に状況は大きく変化する。信長は四国における長宗我部家の勢力拡張に、否定的な態度を取り始めたのである。信長は土佐と阿波半国の領知は認めており、長宗我部家自体を討伐対象としたわけではないが、元親との関係は次第に緊張を帯びていく。四国の情勢が不安定化する状況のなかで、ようやく九州において「豊薩和平」がなったわけで、これは信長にとっても歓迎すべきこととなった。

「豊薩和平」の影響　島津家にとって大友家との和睦はとりもなおさず肥前の龍造寺隆信との対決を意味する。このころ、龍造寺家の家督はすでに嫡男の政家（当時の実名は「鎮賢」、天正九年ころしばらく「久家」と名乗るものの、ほどなく「政家」と改める。官途は「民部大輔」）に譲られていた。天正八年（一五八〇）あるいは九年のこととされる。とはいえ、隠居は名目的なものであり、実権は隆信が握り続けている。

島津義久は早速、龍造寺隆信に与同する南肥後の相良《さがら》義陽《よしひ》（修理大夫）を攻め、九月末には服属させている。先にみた六月二十八日付の「覚」で、義久は伊勢貞知ひいては近衛前久に対して、その諒解を得ようとしていた。これからほどなくして、島津家に臣従した相良義陽は、義久の命に従って北上し、阿蘇大宮司家を攻めている。当時、阿蘇大宮司家を支えていたのは、肥後御船の城主の甲斐宗運（実名は「親直」と称していた）であった。宗運は長く大友宗麟との連携を保っていたが、天正九年になると、龍造寺隆信へ接近していく。劣勢の大友氏を見限った結果であろう。ところが、相良義陽は肥後響原《ひびきのはら》で、甲斐宗運の奇襲をうけて討ち死にしてしまう。この天正九年十二月二日のことである。

改年後、義久は、相良義陽の長子忠房に肥後国球磨郡のみの領知を許し、芦北郡と八代郡を接収した。さらに、実現はしなかったものの、次弟の義弘を八代郡に移すことを画策する(34)。既述のように、このころの義弘は日向諸県郡（真幸院）の飯野城に本拠をおいていたが、かつて相良義陽の妹を継室に迎えたという経緯《いきさつ》を有している。義弘を肥後八代に移す計画は、相良家との関係を安定させると同時に、北の阿蘇大宮司家や甲斐宗運と対峙させるためであった。しかしながら、この計画は実現しておらず、以後も義弘は日向の飯野城に本拠を構え続ける。

大友家の体制立て直し　一方、大友家側も北部九州での勢力回復を期して体制の立て直しをはかる。本国の豊後から離れてはいるが、筑前では立花山城の戸次道雪（実名は「鑑連」）と宝満・岩屋城の高橋紹運（実父は吉弘鑑理、実名は「鎮種」）とが大友方として戦っていた。天正九年（一五八一）八月に高橋紹運は、嫡子弥七郎（幼名は「千熊丸」）を戸次道雪の養子とする。これは筑前戸次家と吉弘系高橋家の同盟成立を意味する(35)。これまでも道雪と紹運は協働することが多かったが、以後両家の紐帯はさらに強まることとなる。弥七郎は元服して「統虎」と名乗り、さらに「立花」苗字を称する。この統虎がのちの「立花宗茂《たちばなむねしげ》」である。

こうして大友家は筑前東部を安定させ、筑前最大の反抗勢力である秋月種実に圧力をかけた。また、大友義統は十月はじめ、豊後国日田・玖珠郡の兵を催し、これに先立って秋月家に接近していた豊前の彦山座主家を攻めている[36]。大友勢は彦山神社の上宮をはじめ、多くの施設を焼失させるものの、結局は龍造寺・秋月からの助勢に阻まれて、彦山の全山制圧には至っていない。このほか筑前や筑後でも、戸次道雪・高橋紹運が龍造寺・秋月方との攻防を続ける。

織田勢の中国・四国攻め　信長が仲介した「豊薩和平」によって、九州・西国における政治秩序が刷新され、新たな対立構造が惹起した。一方、中国攻めの先遣をつとめる羽柴秀吉は、天正九年（一五八一）十月に因幡鳥取城を落とす。その後、秀吉は池田元助とともに淡路へ出兵する。淡路も十一月までに制圧され、信長の勢力下に入った。

織田方が優勢となるなか、四国の情勢はさらに緊迫する。長宗我部元親は、阿波の一宮城・夷山城・畑山城などを手放し撤退を進めていたが、信長は三男神戸信孝を主将とする四国派兵を決する。五月七日付で神戸信孝（三七郎）に充てられた「今度四国に至り差し下す条々」なる信長朱印状によれば、讃岐を信孝に、阿波を三好康長に与えることとなっている（いわゆる「四国国分」令）。残る土佐・伊予両国については、信長が淡路まで出張った際に申し渡すとして、領知の決定は先送りされている[37]。先遣として三好康長が阿波勝瑞城《しょうずいじょう》（現・板野郡）に入ると、三好の旧臣は長宗我部家を離れて、康長に従っていく。この信長朱印状は長宗我部討伐を明示したものではないが、従前は元親に土佐と阿波半国を認めていたわけであり、織田勢と長宗我部勢の衝突は不可避となっていく。

同じころ、羽柴秀吉も信長の参陣を仰いだようであり、これをうけた信長は五月二十九日に上洛し、洛中の本能寺に入る。信長は、播磨からいったん淡路に向かい、四国派遣の軍勢を督す予定もあったのであろうか。ところが、周知のように信長は明智光秀の謀叛により、六月二日に自刃して果てる（「本能寺の変」）。

二　織田家中の覇権争いと九州・西国

信長の後継争い　明智光秀の謀叛により、天正十年（一五八二）六月二日、信長の後継信忠も二条御所において自刃する。これにともなって今後の織田家をどうするか、尾張清須において重臣間の合議がもたれる（「清須会議」）。この結果、信長の後継は嫡孫三法師（信忠の嫡子）と決する。また、織田領国の再編については、北畠《きたばたけの》信雄《ぶお》（信長次男）に尾張の、神戸《かんべ》信孝《のぶたか》（信長三男）に美濃の支配が認められ、信孝は岐阜で三法師の後見をおこなうこととなる。さらに、秀吉の養子となっていた秀勝（信長五男）には旧明智領の丹波が与えられ、秀吉は長浜を含む北近江を柴田勝家に譲り、山城の支配を認められた。もとよりこれで一門・家臣間の内訌が解消されたわけではない。三法師はまだ幼少であり、実質的な後継として神戸信孝を推す柴田《しばた》勝家《かついえ》らの勢力と、北畠信雄を戴《いただ》こうとする秀吉らの勢力は厳しく対立する。織田家中のこうした対立は、周辺の他家を巻き込んで深化していく。

たとえば、秀吉は越前を本拠とする柴田勝家を抑えるため、越後の上杉景勝《かげかつ》と誼を通じ、一方の信孝・勝家は秀吉を背後から脅かすという目論見の下、毛利家に対して急接近をはかる[38]。

織田家中の対西国政策　以下、主題に沿って西国の問題に関心を絞っていくが、織田家中の主導権争いは、対毛利問題と密接不可分の関係で推移していく。

「本能寺の変」の直後、備中高松城を囲んでいた秀吉は毛利家と講和し、兵を返して明智光秀を討つ。秀吉は、毛利側に血判起請文提出と人質を求めたものの、領界画定については棚上げにされた。この時、秀吉は美作・伯耆・備中・出雲・備後の五カ国の割譲を要求したとされるが、講和交渉の遷延をおそれ、あえて起請文に明示することはなかったという（『毛利輝元卿伝』）。いずれにしろ、秀吉と毛利家との講和は双方にとって暫定的なものであり、必ずしも安定性・永続性が期待されていたわけではなかった。

信長・信忠を欠く織田家のなかで、秀吉がその優位性を保とうとすれば、毛利家との領界画定は解決すべき喫緊の課題となる。それと裏腹な関係で、毛利家に圧力をかけて領界画定を有利に進める上で、秀吉は織田家中における優位を保つ必要があった。こうした微妙な立場の秀吉にとって、カギとなったのが織田（神戸）信孝の去就である。柴田勝家に支えられた信孝は、毛利輝元と接近を目論んでおり、その帰趨次第で毛利との再戦も不可避かと、秀吉は考えたようである。

九月に入ると、秀吉は淡路国内の争乱に介入し、さらに仙石秀久《せんごくひでひさ》に淡路衆を率いさせて阿波の勝瑞城に、また生《い》駒親正《こまちかまさ》・明石《あかし》則実《のりざね》には篠原自遁の城（木津城か）に、それぞれ入城するように命じている。長宗我部勢と戦っていた十河存保（三好氏の一門）を救援するためである。

信孝・勝家と秀吉の対立　天正十年（一五八二）の十月下旬になると、信孝との対立が顕然化し、秀吉勢は阿波からの撤退を余儀なくされる。秀吉は、四国に展開していた軍勢を近江あるいは美濃方面に移動させ、十二月九日には柴田勝家の養嗣子勝豊が守る近江長浜城を落とし、ついで岐阜城に信孝を攻めた。十二月二十日、信孝は抗しきれずに降伏する。しかしながら、これで信孝らの抵抗が終息したわけではない。翌天正十一年になると、北伊勢の滝川一益《たきがわかずます》が反秀吉を掲げて挙兵し、ついで二月末には越前北庄《きたのしょう》（現・福井市）から柴田勝家が南下する。伊勢に出陣していた秀吉もこれに応じて近江へ向かい、両軍は北近江の賤ヶ岳付近で対峙する。戦線は双方が相手の出方を注視して膠着状態となる。

信長没後における織田家の行く末がみえないなか、柴田勝家は盛んに毛利家との連携につとめている。背後から羽柴秀吉に圧力をかけるためである。こうしたなか、四国では毛利輝元の仲介により、長宗我部家と伊予河野家との和睦が成立する。この和睦は、帰洛を強く望む足利義昭も支持しており、元親に対して「御内書」を発給している。「御内書」とは、幕府将軍が直々に花押を据えて発給した文書をいう。「書状」の変形ともいえるが、書き止めに「謹言」「恐々謹言」「恐惶謹言」などを記すことはない。ここが書状との大きな違いであり、書礼からいうと書状よりは遙かに相手を見下した形式となる（佐藤進一『新版古文書学入門』法政大学出版局、一九九七年）。

これに先立って、元親は織田（神戸）信孝に誼を通じており、その立場は反秀吉というものであった。さらに、義昭とその周辺は、毛利輝元と長宗我部元親の連携を強く求めている。両家が相互に協力することで秀吉を追いつめれば、義昭帰洛の可能性が高まると考えていたようである。実際、元親は秀吉方に与する讃岐の十河存保を攻め、四月二十二日には存保の援軍として出張ってきた仙石秀久らを讃岐の引田で撃破する。しかし、その後の事態は、義昭らの望む方向へは進んでいない。柴田勝家の軍は四月二十一日、北近江で秀吉に敗北し（「賤ヶ岳の戦い」）、追いつめられた勝家は二十四日に北庄で自刃して果てた。信孝も、五月二日には織田（北島）信雄によって切腹を命じられる。伊勢長島に拠った滝川一益も、七月に至って秀吉に降伏する。

織田信孝・柴田勝家・滝川一益らが没落し、名目的には信雄が織田家家督として擁立されるものの、実権は秀吉が握っており、織田家中の争いはいったん秀吉勝利というかたちで収束する。

龍造寺家の勢力拡張　この間の九州は、秀吉と毛利方の緊張関係に規定されつつも、大局的な対立構造に変化はない。肥前一国をほぼ掌握した龍造寺隆信が、筑後・肥後への勢力拡張を図りつつ、豊後の大友家および薩隅の島津家に対峙するというものであり、各地で混沌とした争いが続く。

天正十年（一五八二）十月、筑後山門郡の田尻鑑種が島津家に接近して、龍造寺隆信に謀叛する。龍造寺勢に攻め込まれた田尻鑑種は居城鷹尾城に立て籠もるが、籠城はこれからおよそ一年間にわたる。十一月に入ると島津義久は、実弟の義弘や重臣伊集院忠棟《いじゅういんただむね》らを肥後八代に遣わし、龍造寺氏と結ぶ阿蘇大宮司家に圧力をかけている。しかし、十二月に入ると、阿蘇大宮司家の甲斐宗運との間にいちおうの和睦がなり、ほかに竹迫城の合志親重などが島津家に帰順していく。こうして、いよいよ龍造寺家と島津家とは直接領域を接するという事態に立ち至る。

このころ龍造寺隆信は、大村・有馬両家に対し、さらなる重圧をかけていく。隆信は、大村純忠の嗣子喜前（新八郎）を人質として拘束し、ついで純忠を隠居に追い込んで波佐見に追放し、喜前を当主に据えて三城城に入れた。ついで、隆信は有馬領の攻略にかかる。

有馬晴信は隆信に実質的な従属を余儀なくされていたが、天正九年ごろから島津家に接近を始めたようである。上記のような状況をうけ、天正十年十月ごろには人質を島津家に差し出し、島津家久（義久の末弟）に指南を仰ぎたいとの申し入れをおこなったという。晴信は龍造寺家の支配を脱し、島津家に従うことを決したのである。

こうしたなか、秋月種実が仲介するかたちで、龍造寺家と島津家との和平が模索される。天正十一年の三月ごろのこととされ、秀吉が柴田勝家らと激しく対立している時期にあたる。種実は高城・耳川合戦の後に大友家に謀叛し、以後は徹底して大友家と敵対していく。種実としては、龍造寺と島津とを和解させ、共に打倒大友に向かおうとする提案であった。この提議は九月にもなされるが、結局成功しなかった。島津家と龍造寺家との対立は、すでに抜きがたい段階に入っていたのである。

龍造寺隆信の討死　天正十二年（一五八四）正月、島津家は有馬晴信救援を期して、島原半島へ出兵すると決する。イエズス会士や教会領長崎の関係者も、晴信方に与同していた。さらに、三月には義久自ら肥後佐敷に出陣し、島原に出撃する末弟の家久らを支える。島津家久には、肥後の相良勢や天草勢が従っていた。これをうけて龍造寺隆信も自ら兵を率いて島原半島に出勢する。三月二十四日に、双方の軍勢は沖田畷《おきたなわて》で衝突する。結果、数では大きく劣る島津・有馬勢が龍造寺勢を圧倒し、激戦のさなか、隆信自身が討ち死にしてしまう（「沖田畷の戦い」）。

この敗戦によって、龍造寺領国は大きな打撃を蒙る。諫早の西郷氏や長崎湾口部を押さえる深堀氏などは龍造寺家側にとどまるものの、大村氏は龍造寺家を離れ、有馬晴信を通じて島津家に接近する。ちなみに、隆信に隠居を強いられていた大村純忠も、立場を回復して三城城に復帰する。

「豊薩和平」に拠りつつ、信長の継承を標榜する秀吉との関係を重んじてきた大友家にとっても、沖田畷の戦いの結果は望ましいものであった。大友義統は五月二十八日付で、義久充てに書状を発して戦勝を言祝ぎ、その祝意を表すため藤原定家真筆の『新撰和歌集』を贈っている(39)。

大友家の攻勢　龍造寺隆信の戦死を絶好の好機と捉えた大友家重臣の戸次道雪・高橋紹運は、義統側近に充てて披露状を送り、北部九州の状況をつぶさに報じている(40)。ここで両名は島津家との関係強化が何よりも重要だとし、義統が称名寺其阿に託して義久に「秘蔵の御馬」を届けたことを称揚する。その一方で、龍造寺家に与する秋月や鍋島と交渉は不要と退けている。また、豊前方面は、田原親家（常陸介、宗麟の次男で田原親宏の養子となった）の働きによって大友家優勢の状況となっているので、喫緊の課題は筑後をすみやかに制圧することであると進言している。さらに「御警固船」、すなわち海事勢力の増援を強く求めている。一定の「御警固船」が麾下に入れば「面白き御行も多々御座候する哉の由」と述べており、具体的には不明ながら、戦略にもかなりの幅がでるであろうことをにおわせている。

こうした認識のもと、八月には道雪・紹運の軍勢が筑後に深く入り、龍造寺側の拠点で鍋島直茂《なべしまなおしげ》（飛驒守、のちに官途名は加賀守と改める、当時の実名は「信生」）が守る柳川城に肉薄する。同時に、本国の豊後からも筑後への攻勢が続くこととなる。

毛利家の対応　沖田畷における龍造寺隆信の敗死は毛利家にとっても大きな意味をもつ。輝元はすでに天正六年（一五七八）ごろから島津義久と誼を通じてきた。もとより大友家を牽制するためである。天正九年の「豊薩和平」成立ののちも、毛利家が島津家を尊重する姿勢に変わりはなかった。すなわち、毛利氏使僧の安国寺恵瓊《あんこくじえけい》は、島津家勝利の報をうけると早速に義久へ書状を送り、戦勝を慶賀している。とはいえ、関係性は微妙であり、龍造寺敗戦を契機とする大友家の勢力挽回は、毛利家にとって決して好ましい事態とはいえない。

先にも述べたように、このころは大友方の田原親家が豊前国内の反大友勢力を駆逐し、次第に勢力を拡げていた。当時の毛利家にとって、正面の敵はやはり羽柴秀吉ということになろうが、九州の状況を静観するという状況にもない。

足利義昭の干渉　ここにおいて、毛利領内に庇護される足利義昭は、九月四日付で島津義久・義弘および龍造寺政家に充てて御内書を発する。(41)さらに、これを踏まえて、九月十一日付で義昭の側近、真木嶋昭光・一色昭秀の連署状が、翌十二日付で吉川元春（駿河守）・小早川隆景（左衛門佐）の連署状が、島津家中に充てて発せられる。(42)ともに重なる内容であり、義昭の「御帰洛」を大友宗麟・義統が妨害するおそれがあるので、これを牽制しようとするものである。翌年正月に毛利の軍勢を九州に派遣するので、島津家にも龍造寺家とともに出勢することを求めている。

ここでは、毛利勢が豊前から、龍造寺勢が筑後から、島津が日向から、と三方向から大友領国への侵攻が想定されている。これらの書状には「畢竟、此の度は万事を抛ち、豊州表へ匠作御乱入に於いては、御供奉同前の御忠信の由」「日州に至り御発足なられ、切々相動《はた》らかるべき事、併《あわ》せて御帰洛御供奉同前候」といった文言がみえる。「匠作」とは修理職の唐名であり、修理大夫の官途をする島津義久を指す（永禄七年三月に任官）。すなわち、島津勢による大友攻めは「御帰洛の供奉」と同等の忠義とされた。足利将軍家の再興を至上に掲げ、「豊薩和平」の切り崩しを目論んだのである。

秀吉の対毛利強硬策　敵対してきた織田信孝や柴田勝家を滅ぼした秀吉は、毛利家に対して強圧的な姿勢をとり始める。秀吉は、出雲と備後についての割譲要求を撤回することを打診したというが、侵攻もされていない両国が外れるのは毛利家にとっても当然の展開であった。いずれにしろ、領界画定は、美作・伯耆・備中の三国を対象として進められることになる。

毛利方にとっての次の難問は、割譲対象となる伯耆や備中などに知行を有する家中の処遇である。備中の西部には穂田元清（治部大輔、毛利元就の四男）、西伯耆には吉川元長（治部少輔、元春の長男）などが知行を有していた。毛利側はこの三国の割譲に応じる条件として、割譲対象地の家臣を秀吉の直臣とする案を秀吉側に申し入れたようである。しかし、この措置は、実質的な毛利領を羽柴領国内に残置させることを意味しており、この案を秀吉が容れることはなかった。

これをうけて毛利側も妥協案を提示する。領国の割譲を美作一国と東伯耆（東部の三郡）および東備中（河辺川以東）に限り、その代わりとして毛利家から人質を提出し、当時秀吉に従っていた村上水軍の村上（来島《くるしま》）通総《みちふさ》の帰国を認め、さらに羽柴家との縁組みを進めるという。これに先立って、村上水軍のなかでは、来島の村上通総（実名は「通昌」とも）のみが秀吉の誘降に応じていた。天正十年（一五八二）三月ごろのことである。同年六月末に毛利水軍の攻撃をうけた通総は忽那島で大敗し、秀吉の許に遁れていた。織田信孝・柴田勝家を滅ぼしたのち、秀吉は輝元に対して通総の本領復帰を承知するように求めていた。安国寺恵瓊の説諭もあって、輝元は村上（来島）通総の本領への帰還を認めると、秀吉に応じたのである。

毛利方の提案は秀吉も容れるところとなり、毛利家では吉川元春の三男広家《ひろいえ》（当時の実名は「経言」）と小早川隆景の養嗣子秀包《ひでかね》（元就の九男、当時の実名は「元総」）を人質として、秀吉の許に差し出すこととを決した。縁組みについては、毛利輝元に実子がいなかったので、家中のしかるべき家から養女を迎え、秀吉の養嗣子秀勝に嫁がせることが決定する。秀吉は、幼名を「御次」ないし「於次」とする信長の実子を養子に迎えており、これが元服ののち実名を「秀勝」と称していた。

毛利領の境界確定　こうして羽柴家と毛利家との間の交渉は大筋での合意をみる。毛利家側の問題が解決したわけではなかったが、結果的に輝元は割譲対象地の家中に退去を命じ、秀吉と毛利家との交渉も一段落を迎えることとなる。

吉川広家・小早川秀包を大坂に迎えると、割譲地の城々を請け取るため、蜂須賀《はちすか》正勝《まさかつ》（通称の小六で知られるが、当時は彦右衛門尉を称する）と黒田《くろだ》孝高《よしたか》が備前岡山に下向する。こうして、羽柴・毛利領国の境界確定が実効化していく。しかしながら、この過程で、毛利方が割譲地域内に城々について、その一部を保有したいとの要求を出してくる。備前児島郡の常山城、備中賀陽郡の松山城、美作真島郡の高田城のほか伯耆の三頭・八橋城《やばせじょう》などがそれである。

さらに、羽柴秀勝と毛利輝元養女との「祝言」がこの年内に見込めないことが重なって、秀吉は徐々に態度を硬化させていく。秀吉はこれまでの譲歩を白紙に戻し、当初（備中高松での講和案）の五カ国（美作・伯耆・備中・出雲・備後）割譲要求に立ち返るなどと強圧的な態度を示し、領国の引き渡しを急がせた。ちなみに、毛利家の人質のうち、吉川広家は程なく帰されるが、小早川秀包は今しばらく秀吉の許にとめおかれることとなる。

こうした一方で、秀吉は足利義昭に対して京都への帰還をはたらきかけ、義昭もそれに応じる姿勢をみせている。島津家中の上井覚兼《うわいかつけん》は、義昭御内書の内容を「去年仰せ出され候如く、波柴《（羽柴）》筑前守殿馳走に依り、当春御入洛必定たるべく候、然れば爰元より御馳走の儀、弥御頼みの由なり、まずまず年内春日の御局指し登さるるの由なり」と摘記して、「日記」にのこしている（大日本古記録『上井覚兼日記』天正十二年二月十四日条）。秀吉としては、これまでも何かと独自の工作をおこなってきた義昭を、これ以上毛利領国にとどめておくことは剣呑と判断したのであろう。秀吉にとって解決すべき課題は、対毛利の案件ばかりではなかったのである。

織田信雄と羽柴秀吉の対立　安国寺恵瓊は、毛利側が執拗に退城を拒み続ければ、秀吉自ら中国に下向し開戦の可能性が高まると、危機感を募らせていた。しかしながら、天正十一年（一五八三）の冬ごろから、織田信雄の徳川家康《とくがわいえやす》への接近が始まっていたため、秀吉は対毛利交渉のみならず、信雄や家康との衝突に備えざるを得なかった。

信雄の動きを警戒した秀吉は、牽制のため信雄老臣への調略をおこなっていた。天正十二年三月三日、これを察知した信雄は、彼ら老臣を成敗する。秀吉との開戦を決意した信雄は、長宗我部元親に協力を呼びかけ、三月九日には秀吉方の伊勢亀山城を攻撃する。三月十三日には、清須城に同盟を組む徳川家康を迎えている。さらに、紀州の根来衆・雑賀衆も信雄・家康に呼応して、和泉の岸和田城に中村一氏を攻めている。

こうした動きをうけ、三月二十七日には秀吉の本隊が尾張の犬山城に入り、一方の信雄・家康軍は二十九日に小牧に着陣、両陣営は小牧山の周辺で対峙することとなる（「小牧の戦い」）。この間、秀吉の甥秀次が、家康の背後を突こうと長久手方面に進軍するが、四月六日に徳川勢の反攻をうけ、大敗を喫している（「長久手の戦い」）。

緊迫する戦況のなか、秀吉は岸和田にいた将兵の移動を命じ、入れ替わりに宇喜多勢が岸和田、あるいは大坂に入る。宇喜多勢が本国の備前・美作を離れると、長宗我部勢が間隙を突いて、淡路に上陸することが危惧されるようになる。

秀吉としても後方の安定化をはかる必要に迫られ、対毛利交渉が再び動きだす。秀吉は輝元養女をできるだけすみやかに上洛させるように促すが、領界確定についても何らか妥協的な案が示されたように推測される。すなわち、毛利家は「御祝言」に向けて七月中に輝元養女を上洛させることを承諾し、領界確定ないしは城々の請け渡しに対する羽柴家の提案について、これを諒承する。

三　羽柴・毛利同盟の成立と島津家の勢力拡張

羽柴・毛利両家の婚姻　秀吉は、戦線が膠着して戦局が動かないのを好機とし、毛利家との関係をより親密なものとしていく。婚姻成立の翌月に、境目《さかいめ》の城々が秀吉方に引き渡されることが約束され、領国間の境界も画定されることとなった。しかしながら、織田信雄・徳川家康との戦いには、婚姻を結ぶ羽柴秀勝も従っており、輝元養女との婚儀も延期を余儀なくされる。

天正十二年（一五八四）四月の長久手の戦いののち、いくつかの小競り合いはあるものの、主力同士の衝突もないまま、九月には信雄・家康も清須城に帰還する。十一月十五日には、秀吉と信雄の間に和睦が成立する。この結果、秀吉と家康が争いを続ける名分もなくなり、両者の間にもいちおうの講和が成立する。

秀吉が信雄・家康と争っている間、毛利輝元は秀吉との関係を維持し、後方から支援するような立場をとった。輝元のこうした姿勢を秀吉も好ましく受けとめ、羽柴家と毛利家との間は良好なものとなっていく。

十二月二十六日、大坂城において秀勝と輝元養女の婚儀が挙行される。この席には小早川隆景と吉川元春の長子元長（治部少輔）が連なっていた。こうして羽柴・毛利両家の関係は安定化し、領界画定もようやく決着をみせる。秀吉は態度を軟化させ、年が改まると小早川秀包の帰国を許す。また、毛利側の懇請を容れて、備中内郡（松山城を含む東北部地域）と伯耆の八橋城を返還している。備前児島の引き渡しこそおこなわれなかったものの、秀吉はようやく毛利家との領界を画定させるに至った（羽柴・毛利同盟の成立）。

毛利家との関係を安定化させた秀吉は、長宗我部元親を征討したのちの四国国分けについて言及する。蜂須賀正勝・黒田孝高が、小早川隆景の重臣井上春忠（又右衛門尉）に充てた天正十三年（推定）正月十七日付の書状には「四国の儀、来夏御行《てだて》に及ばるべくの状、伊与《（伊予）》・土佐両国進らせ置かるべきの由、仰せ出され候、其れに就き、長曽我部種々懇望致し候と雖も、御許容無く候」とあり、伊予・土佐の割譲を内容とする国分けの素案を提示する[43]。長宗我部元親の殲滅後、伊予と土佐を毛利輝元ないし小早川隆景に充行《あておこな》うというものであり、秀吉としては毛利一門のさらなる与同を求めたものと理解されよう。

島津家「幕下」となる龍造寺政家　一方、九州では既述のように、大友勢が筑前・豊後の両面から筑後制圧に乗り出し、「豊薩和平」を楯に共同して龍造寺を討つべく、島津方に働きかけていた。島津家も、天正十二年（一五八四）三月の島原半島での戦勝（沖田畷の戦い）を前提に、肥後支配の完遂を目論み、九月には島津義弘が軍勢を率いて北上する。義弘は次々に国衆を服属させ、二十四日には肥後における龍造寺家の拠点、高瀬（現・玉名市）の制圧に成功する。

ところで、これに先立って、筑前の秋月種実が改めて島津・龍造寺両家の和睦に動いていた。大友家の勢力挽回に危機感を強めていたからである。劣勢を悟った龍造寺政家は、種実の提案に応じて、肥後の島津方陣中に使者を派遣する。ここで、政家は肥後を諦めて島津家「幕下」となることを申し入れており、「和睦」というより「臣従」というべきものであった。政家がこうした、いわば「屈辱」的態度をとらざるを得なかったのは「豊薩和平」の存在に因るところが大きい。龍造寺側の申し入れをうけた義久は、政家に対し起請文を提出するが、その内容は次のようなものであった(44)。

一、今度、政家先非を改められ、当邦幕下たるべきの由、御懇望の条、向後此の如きに於いては、変化有るべからざる事、

一、豊後其のほか分国衆中として、政家に到り御進退、自然謀略有ると雖も、聊かも邪儀・表裏無く、同心致すべき事、

一、此の節、豊州へ儀絶の事、即刻其の趣に任すべきと雖も、京都御媒介を以て、一致の故、遠慮・口能の事、

政家が島津家の「幕下」となることを認め（第一条）、政家に対する讒謗などを信じない（第二条）としつつ、義久は大友氏との義絶には応じないとする（第三条）。「豊薩和平」は「京都」の周旋に因って成立したものであり、当面は改廃できないとする。ここでの「京都」をどう解釈すべきか重要な問題であるが、ここではひとまず「御家門様」、すなわち近衛前久と措定しておく。

この和平が彼我の対等な関係に基づくのであれば、島津氏としても「豊薩和平」を抛棄せざるを得ないのであろうが、龍造寺政家は島津家の「幕下」に属すのであり、これによって龍造寺側の意向も

封印されることとなる。とはいえ、龍造寺政家を臣従させたことで、島津家の立場も変容する。『上井覚兼日記』の天正十二年十月十七日条には、「龍造寺一両年已来、秋月種実中取にて、和平懇望候、殊に此の度は永々　御当家幕下たるべきの由、懇篤候、肥筑の事、此の方公領として格護の段申され候」とある。この場合の「格護」とは、「領有し支配する」といった意味であろう。龍造寺政家は島津家に属すにあたり、「肥筑」の割譲を受け容れたことがわかる。この場合の「肥筑」とは、もとより肥後と筑後であろう。

既述のように、肥後はすでに島津家の制圧下にあったが、筑後についてはまさに大友・龍造寺両家争奪の場にほかならない(45)。これをうけて、龍造寺政家・秋月種実・筑紫広門らは筑後国内の大友勢殲滅を求めるが、義弘は「豊薩和平」を楯に応じていない。義弘は、島津勢が肥後八代まで退くので、大友勢も撤退するよう促している。実際に島津勢は筑後から撤兵し、義弘も十月末には八代に戻っている。一方、大友方も戸次道雪が撤退を約束するものの、その後もしばらくは筑後国内にとどまり続ける。

毛利家の対大友・島津交渉　織田信雄・徳川家康と和睦し、毛利家との同盟を成立させた秀吉は、改年後の天正十三年（一五八五）三月には紀州雑賀《さいが》攻めをおこなうとする。秀吉は麾下の船手を「船大将」の中村一氏《なかむらかずうじ》（孫平次）・仙石秀久（千石権兵衛尉）・九鬼嘉隆《くきよしたか》（右馬允）らに指揮させるので、毛利家の船手（御警固）もこれに加勢するよう、小早川隆景・秀包に求めている。船手衆・水主の兵粮は秀吉側が提供することになっており、具体的なやりとりは蜂須賀正勝と黒田孝高に委ねられた(46)。

この間、毛利家からの使者が薩摩へ派遣された。『上井覚兼日記』からは天正十三年二月九日に輝元の使僧五戒坊が鹿児島に到着したことが確認され、さらに一両日中に足利義昭の使者柳沢元政も薩摩を来訪するとの記述も看取される。使節の目的は島津と龍造寺の和平祝賀とされるが、事態はそう単純ではなく、それに留まるものとも思われない。両名の薩摩滞在は五月初頭までの、およそ三カ月間に及ぶのである。(47)

一方、羽柴家との同盟がなったことを前提に、毛利家の使僧をつとめる安国寺恵瓊が豊後に下る。恵瓊はここから島津義久に書状を送っている。

毛利・小早川事も、爾来音問を絶え、疎遠の様に候由、自然下国致し候はば、相達すべきの由、申し聞け候、必ず当春夏の間、申し入れらるべく候、かしこ、
未だ申し通わず候と雖も、啓達せしめ候、仍って愚拙の事、毛利備依の儀候、然れば近年羽筑・芸州和睦の儀相調い、上下仕り候、筑州に相雇われ候の条、豊州に至り使として下向せしめ候、其れに就き、貴家に対し御鷹所望の為、一札を以て申し入れられ候、尤も持参すべく候と雖も、遠境候条、休庵に至り飛脚申し請け、進覧せしめ候、羽筑書状楚末の様に候、当時公家に任され候条、斯くの如く候か、御分別なられ御報欣悦たるべく候、京都に至り御用等仰せ上げらるべく候、猶後音期し候、恐惶謹言、

三月十五日　恵瓊（花押）

嶋津殿　参御宿所

〔『鹿児島県史料　旧記雑録後編』二―一五号〕

本文の書き出しから、この書状が初信であったことがわかる。それはともかく、恵瓊は秀吉の指示で豊後に入った、と述べている。この段階の恵瓊は毛利家に仕えており、ここにみえる「雇い」とは一時的・臨時的な関係をいうのであろうか。

大友家は信長と結んできた関係を踏襲し、秀吉とも良好な関係を保ってきたが、この間も毛利家とは依然敵対関係にあった。羽柴・毛利同盟がなったとはいえ、さすがに毛利家使僧という立場での豊後入りは憚られたのであろう。その上で恵瓊は宗麟（別号は「休庵」）に便宜を図ってもらい、携行してきた秀吉の書状を送達している。内容は島津領の鷹を所望するというものであるが、文書が薄礼であるとして恵瓊が詫びており、興味深い。その理由について、恵瓊は秀吉が「公家」になったからであると断っている。これは、前年十一月における従三位権大納言叙任を指すのであろう。

ところで、恵瓊は袖書きで、疎遠となっている毛利輝元・小早川隆景との関係についても述べている。既述のように、このころはすでに輝元の使僧五戒坊が薩摩に入っており、少々の行き違いがあったことがわかる。このころの恵瓊は、「上下仕り」とある通り、織田家との交渉にも係っており、九州方面の情勢には暗かったのであろうか。

事態は複雑であるが、秀吉は恵瓊に二重の位置付けを与え、すなわち本来の毛利家使僧に加えて、秀吉の「雇い」とすることで大友・島津双方との関係修復を模索したようである。大友家はこれまで通り羽柴秀吉との良好な関係の継続を望んでいるが、一方の島津家についていえば、秀吉に対する懐疑を払拭したわけではない。

内大臣秀吉の紀州攻めと「刀狩り」　秀吉は天正十三年（一五八五）三月十日付で「内大臣」に任じられる。先の恵瓊書状発給の五日前のことである。内大臣となった秀吉は、三月二十一日に大坂を発し、和泉の千石堀城や積善寺城を落とす。海上では、秀吉の要請に基づいて毛利水軍が動員されており、中村一氏や仙石秀久、九鬼嘉隆らが率いる秀吉の船手と共同している。

秀吉は紀州に入ると根来寺を焼き払い、二十五日には雑賀に入って太田城を囲む。三月二十七日付の前田《まえだ》玄以《げんい》充て書状で、秀吉は、

> 泉州事は申すに及ばす、当国儀も残る所無く、存分に任せ候、既に湯河館まで人数差し遣わし候処、行方無く逃散候、然れば雑賀内に一揆張本人楯籠もり候間、懲らしめとして鹿垣を結い廻し、一人も漏らさず干し殺すべき調儀に候、其のほか地百姓など少々命を助け、鉄砲・腰刀以下を取り候て、免し置く所もこれ在る事に候

と述べている[48]。和泉はいうまでもなく、紀州においても一揆の首謀者は殲滅するが、その一方で「地百姓」については武装解除のうえ助命するとしている。秀吉による武装解除、すなわち「刀狩り」の初出と目されるものである[49]。

四月二十二日に太田城を開城させ、「紀州平定」を終えた秀吉は二十六日には大坂へ戻り四国攻めの準備に入る。織田信孝や信雄に加担し、長く秀吉に抗ってきた長宗我部元親を討伐するためである。秀吉は六月三日を出陣の期日と定めたが、その後秀吉は体調を崩し、四国出兵の計画は変更を余儀な

くされる。紀州攻めの最中、丹羽長秀《にわながひで》が亡くなっており、秀吉も大事をとったのだろう。

羽柴秀長らによる四国出兵　病の癒えた秀吉は六月十五日に大坂へ戻るが、秀吉自身が四国攻めに加わることはなく、軍勢の指揮は羽柴秀長（美濃守）と秀次および毛利輝元に任された。(50)「貝塚御座所日記」には「阿州へ秀吉御舎弟大将《美濃守殿》として、六月十六日御進発」とある。(51)前年（天正十二年）の十一月、秀吉は織田信雄・徳川家康との間に講和を結び、この時、信雄・家康それぞれから秀吉の許へ人質を出すことが決していた。ところが、家康との間の人質交渉は一向に進展をみせず、両者の関係は次第に険悪なものとなっていく。これに加え、越中の佐々成政《さっさなりまさ》（内蔵助、のち陸奥守）が家康へ与同する構えをみせる。東国や北陸の脅威がいまだ収まらないこの段階にあって、秀吉が大坂を離れて四国に渡るのはきわめて危険と判断されたのであろう。

さらに、この間も秀吉は長宗我部家に圧力をかけ続けていた。秀吉が大坂に戻ったころ、元親も人質を差し出し、和睦の途をさぐっていた。元親は讃岐・阿波両国の引き渡しを提案するが、伊予・土佐の割譲を内示されていた毛利家、とりわけ小早川隆景の了承を得ることは出来なかったようである。秀吉は毛利一門との関係を優先し、長宗我部家との和議は破綻する。秀吉が隆景に対し、丁寧にこの経緯を説いた判物が残っている。

今度、長曽我部阿波・讃岐返上致し、実子これを出し、子ども在大坂させ、奉公致すべしと申し候間、既に人質請け取り候と雖も、伊与の儀其の方御望みの事に候間、是非に及ばず、長曽我部人質相返し候上、伊予国一職に、其の方へこれを進せ候、自然、長曽我部宥免せしめ候はば、土

佐一国充行うべく候なり、謹言、

天正拾参

六月十八日　　秀吉（花押）

小早川左衛門佐殿

〔大日本古文書『小早川家文書』五五一号〕

秀吉は隆景の意向を尊重し、長宗我部家の人質を帰した上で、改めて伊予一国引き渡しを確約する。秀吉は土佐も毛利家に与える約束していたが、こちらは長宗我部家に充行う可能性を示唆する。

四国の戦況　ほどなく羽柴秀長は三万の軍勢を率いて堺を出港し、淡路洲本に入る。これには、服属して間もない和泉や紀伊の海事勢力も動員されたようである。同じころ、秀次も三万を率いて播磨の明石から淡路岩屋に着き、両軍勢は福良で合流し、対岸阿波の土佐泊に着岸した。また、宇喜多秀家の軍勢や蜂須賀正勝らの播磨勢などが讃岐屋島に上陸、さらに六月二十七日には小早川隆景・吉川元長らが毛利勢を率い、伊予の今治から侵攻する。

讃岐では仙石秀久が富岡城を落とすものの、戸波《へわ》親武《ちかたけ》（長宗我部右衛門尉）の拠る植田城の攻略がかなわなかった。宇喜多秀家・蜂須賀正勝らは戦略を改め、讃岐の諸城をそのままに、阿波に進んで秀長・秀次らの主力軍に合流する。秀長は東条実光（関兵衛）が守る木津城（現・鳴門市）を開城させたのち、自らは一宮城（現・徳島市）に進む。一方、秀次は吉野川の上流に位置する脇城（現・美馬市）・岩倉城（現・美馬市）に向かった。

一宮城および脇城包囲の報に接した秀吉は、この両城を陥落させれば元親も屈服すると、勝利を確信したようである。七月末には森重政《もりしげまさ》（兵吉、兵橘、のちに豊後守、苗字は「毛利」とも）を使者として秀長の許に遣わし、元親を宥免《ゆうめん》する条件を提示している。具体的には、土佐一国のみの安堵と実子を人質として差し出すことなどである。その一方、秀長の下で兵站を司る宮木豊盛（長次・長次郎、苗字は「宮城」とも記す）に朱印状を送り、紀州雑賀にある兵粮を阿波に送るとし、さらにそれで不足であれば大坂の米も順次廻漕する用意があると告げている。兵站さえ確保すれば、一宮・脇両城は容易に落とせると判断していたのである。

秀吉の関白任官と越中攻め　四国平定戦の最中の天正十三年（一五八五）七月十一日、秀吉は従一位に叙せられ、関白任官を果たす。この間、一宮城に続いて脇城や岩倉城も落ち、退去した長宗我部勢は、元親が拠点を置く阿波白地城（現・三好郡）に逃れた。劣勢のなか、長宗我部元親は七月末に降伏を決する。秀長は長宗我部家の降伏を秀吉に報じ、八月初頭までに、元親には土佐一国のみを許すという決定が下される。ここまでの経緯をみると、ある程度の既定路線であったともいえよう。

これに先立って、秀吉は越中の佐々成政を討つため、八月二日に大坂を発する。その途次、秀長に充てて戦後の四国について具体的な知行割りを指示する。既述のように、土佐一国は長宗我部元親に残されるが、讃岐は仙石秀久（権兵衛尉）、阿波は蜂須賀正勝に、また、伊予はかねてからの約束通り、毛利一門の小早川隆景に与えられる。

越中へ向うため八月二日に大坂を発った秀吉は、七日に入京した。この間、秀吉はおそらく山城の淀あたりに留まり、佳境を迎えた四国の戦況を分析していたのであろう。四国での戦勝を確信した秀吉は、ようやく七日に入京し、翌八日には京を発して湖西を北上する。八月十六日には加賀に入るが、一方の佐々成政は二十六日に、俱利伽羅峠の秀吉本陣で軍門に降る。これをうけて、閏八月一日に秀吉は富山城に入り、その後、凱旋の途につく。この軍事行動は、正面の敵佐々成政を相手にとりながら、家康に対する牽制の意味をもった。

島津勢の肥後攻めと戸次道雪の陣没　羽柴秀長らによる四国攻めの最中、天正十三年（一五八五）八月に、島津義久は麾下の諸将に肥後への出兵を命じる。このころ、阿蘇大宮司家が大友家と結んで島津家に謀叛しており、これを討伐するためと考えられる。軍勢を率いたのは、義久の「名代」に就任していた島津義弘である(52)。義弘は閏八月中旬、阿蘇大宮司家を下し、肥後一国の制圧を果たす。さらに九月に入ると、秋月種実を援護するため、筑後に兵を進める。

戸次道雪・高橋紹運らの軍勢は、前年に島津勢が退いたのちも筑後に留まって、鍋島直茂の守る柳川城を攻め続けた。しかし、結局これを落すことが出来ず、高良山《こうらさん》に陣を移して越年する。北上した島津勢が筑後に入ると、秋月種実と筑紫広門が、これを好機として吉弘系高橋家の拠点宝満城を攻め、これを陥落させる。留守を預かっていた高橋統増（紹運次男、立花統虎実弟）は岩屋城に逃れる。急を聞いた紹運は、宝満奪還を期して筑前に戻るが果たせず、やむなく岩屋城に入る。ところが、この間の九月十一日、戸次道雪が筑後北野（現・久留米市）の陣中に没する。主将の陣没をうけて、戸次の軍勢も筑前立花山に戻り、これによって筑後一国も島津家の支配下に入る。

島津家の豊後経略　島津家中には、四国攻めを終えたのち、秀吉の軍勢がそのまま九州に上陸するのではないかとの憶測があり、東九州方面の警衛が強く意識されることとなる。島津家は、高城・耳川合戦ののち、義久の末弟家久を宮崎郡佐土原城に入れて日向の押さえとし、宮崎城の上井覚兼（伊勢守）がこれを支えた。この家久らを中心に豊後への侵攻が主張され、豊後南郡衆の入田義実（「宗和」と号す）らの内応もあって、年末までには島津家の豊後侵攻が決定する。「南郡衆」とは、豊後の直入・大野両郡（豊後南郡）に拠点をもつ大友家庶流や国衆をいう。ちなみに、この間、上方から薩摩に下向した道正屋宗与と上井覚兼は、次のようなやりとりをしている（『上井覚兼日記』天正十三年十一月三日条）。

京都の物語共にて候、先々羽柴衆爰元へ下向の義風聞、如何の由尋ね候、紛れず其の分申し散らし候、去りながら、此の方御弓箭には少したためらわるる段、物語なり、豊後をさへ早速召し崩され候はば、迚も下向は成り難るべきの通共なり、

秀吉勢の九州下向という風聞があることは確かだが、秀吉も島津家との合戦にはためらいがあるらしい、こちらがすみやかに豊後を攻め崩してしまえば、秀吉も容易に九州には下って来れないのではないか、といった内容である。島津家で豊後への侵攻が決するにあたり、こうした憶測も少なからぬ影響があったとも考えられよう。

大友領国の動揺　島津家に押された大友方の劣勢が続くなか、既述のように[53]、大友家中では南郡衆を中心に、国衆のみならず大友家庶流の面々も島津家への内応を企てており、こうした危機感から大

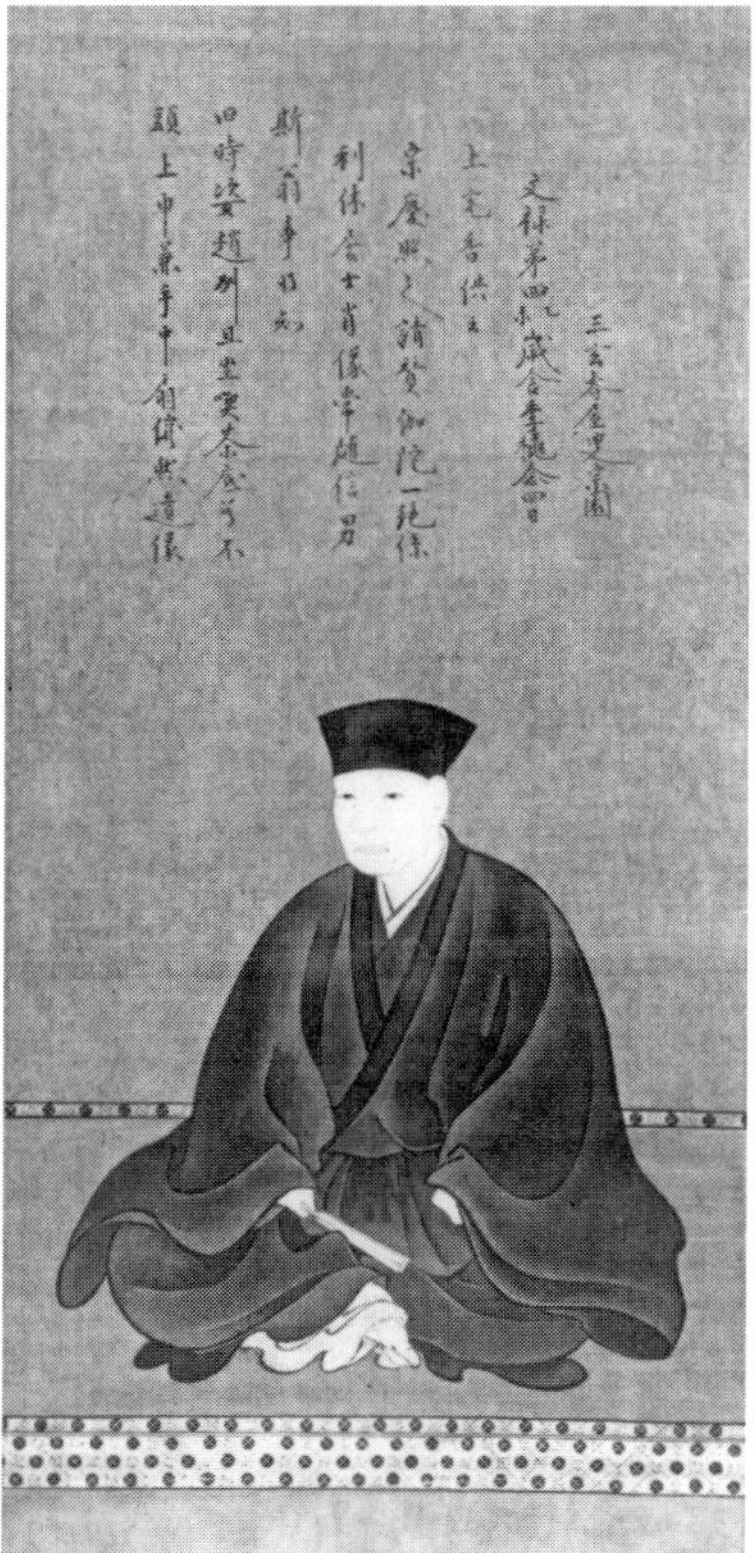
図9　千利休画像（長谷川等伯筆、表千家不審庵所蔵）

友宗麟・義統は秀吉の支援に頼ろうとした模様である。大友家はその歓心を得るため、家相伝の名刀たる粟田口吉光の「骨啄刀」を秀吉に進上する。[54]これをうけた秀吉の書状を次に紹介しておく。

　猶以て宮内卿法印・利休居士申すべく候、随って此れ等式如何候と雖も、見来たり候間、
　厚板・小袖三十、之を進せ候、以上

吉光骨啄刀の儀、所望なし候由、秀吉前にて放し（話し）の者共、宮内卿法印・千利休居士両人承り候て、其の方へ相伝候の所、早速給い候儀、一入満足斜めならず候、軈て一札を以て申すべきの処、其の刻北国表国々置目など、申し付くべき為出馬せしめ、不届き者残らず成敗申し付け、関東・北国隙明くるに依り、閏八月大坂に至り納馬候、猶是より申すべく候、謹言

九月廿七日　　　　秀吉（花押）

大友左兵衛督殿

〔「柳河・大友家文書・大友書翰」第十二号―二・『大分県史料』第四部・諸家文書補遺二〕

松井友閑（宮内卿法印）や千利休を前に、秀吉が大友家の重宝「骨啄刀」への関心を披瀝したようである。既述のように、松井友閑は信長の下で大友家との仲介をおこなってきたが、そうした役まわりはまだ継続しているようである。それはそれとして、御前の両名からこのことを告げられた義統は、さっそくこの刀を秀吉に進上したのである。

第二章　羽柴政権の九州「停戦令」と「国分け」案

一　勅定に基づく九州停戦令

「唐入り」への抱負　関白任官からほどなくして、羽柴秀吉《はしばひでよし》は中国大陸へ出兵する目論見、すなわち「唐入り」への抱負を公にする。秀吉は一柳直末《ひとつやなぎなおすえ》（市介、伊豆守、初名は「末安」）に充てた、天正十三年（一五八五）九月三日付朱印状（写）で「秀吉、日本国の事は申すに及ばず、唐国迄仰せ付けられ候心に候か……」と述べている(55)。秀吉には日本の国はおろか、唐国（中国の明朝）まで手に入れるという大望があるというのである。

この朱印状は越中から凱旋ののち、美濃大垣城を預かっていた加藤光泰（作内）の非違を譴責し、その処分を麾下の諸将に通告するために発給された。秀吉と徳川家康《とくがわいえやす》はいまだ緊張関係にあり、秀吉は家中の引き締めをはかったものであろう。日付通りの発給であれば、この日の早朝に秀吉は大坂を発って秀長の居城大和郡山に向かっている。秀吉が「唐入り」の意向を披瀝するにあたって、秀長と

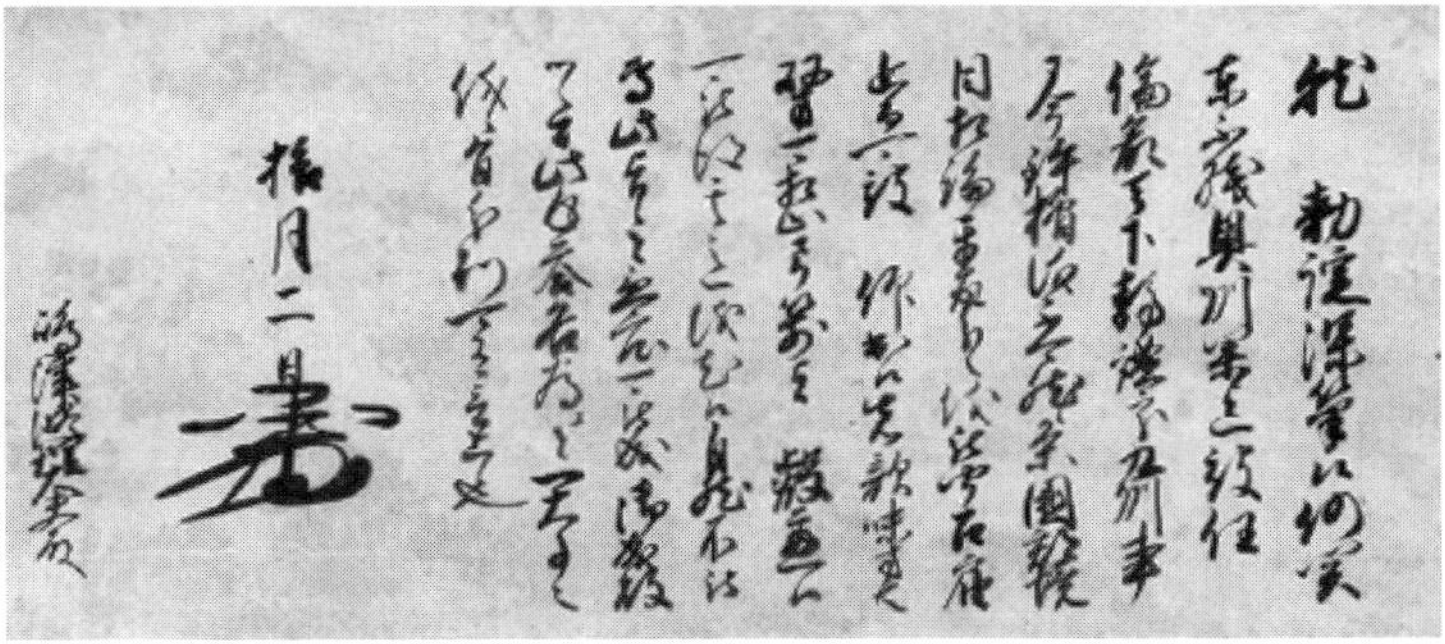

図 10　島津義久宛豊臣秀吉判物（「島津家文書」、東京大学史料編纂所所蔵）

の相談があった可能性を考えることもできよう。紀州・四国を平らげ、毛利家との関係も安定したが、秀吉はそれで終わりとは考えていない。さらに遠大な目標を掲げることで麾下にいっそうの奮起を促し、権力の基盤をより強固なものにしようとしたのであろう。

とはいえ、こののちの歴史過程を考えると、「唐国迄仰せ付けられ候心」を単に装飾的なものと片付けるわけにはいかない。すなわち、関白任官についても、日本国内の論理だけで考えるのでなく、東アジア世界を射程にいれて理解すべきであり、次にみる九州停戦令も、国内平定の一過程であると同時に、大陸へ向かうための重要な階梯と考えていく必要がある。

叡慮としての九州停戦　十月二日、秀吉は「叡慮」、すなわち正親町《おおぎまち》天皇の命令として、九州の諸大名に休戦を命じる。次に秀吉が島津《しまづ》義久《よしひさ》に充てた判物《はんもつ》をみておく。「判物」とは発給者（この場合は秀吉）自ら書判（花押）を居えた文書であり、「直書」「直状」とも称される。もとより、判物状は印判状（朱印状）より厚礼とはなるが、ここには「謹言」などの丁寧な書き止め文言もなく、足利将軍が用いた「御内書」と同様の形式をとったことがわかる。

勅定に就き染筆候、仍って関東残らず、奥州の果て迄、倫《（綸）》命に任され、天下静謐の処、九州事今に鉾楯の儀、然るべからず候条、国郡境目相論、互いの存分の儀、聞こし召し届けられ、追って仰せ出さるべく候、先ず敵・味方双方とも、弓箭を相止むべき旨、叡慮に候、其の意を得らるべき儀、尤もに候、自然此の旨を専らされず候はば、急度御成敗なさるべく候の間、此の返答、各為には、一大事の儀に候、分別有り言上あるべく候なり、

拾月二日　（秀吉花押）

嶋津修理大夫殿

〔大日本古文書『島津家文書』三四四号〕

さらに、同日付で長岡《ながおか》（細川《ほそかわ》）幽斎《ゆうさい》（玄旨）と千利休《せんのりきゅう》（宗易）が、島津家重臣の伊集院忠棟《いじゅういんただむね》（右衛門大夫）に充てて、連署状を発している。幽斎と宗易はこれまでも秀吉のもとで、島津家との交渉を担当してきており、この連署状は先にみた秀吉判物の副状と位置付けることができよう。

豊州と貴国、御鉾楯の儀に付きて、関白殿御内証の趣、承り及ぶ通り、数条を以て申せしめ候、

一、近年都鄙相静められ、乱逆大底静謐に属し候、之に依り禁庭も御崇敬候、則ち、内大臣に任ぜられ、当職御預け候、然れば天下叡慮の趣を以て、いよいよ堅固に仰せ付けられ、南北東西下知に任され候、

一、九州の儀、今に互いの御遺恨相止まず、近々御争論の趣、其の聞こえに候、然れば先ず万事

を抛たれ、綸命に応じられ、和融の姿然るべく候、其の時国々境目、理非に依り、裁判有るべき由、面々御書を以て、仰せ下され候、若し御承諾無きに於いては、急度行に及ばるべき御内存に候、勿論に候と雖も、御分別此の節に候歟、先年太守通じらるべき様、仰せ越され候間、先ず内証書状を以て申せしめ候、御返事に依り、猶段々申し承るべく候、以上、

十月二日　　玄旨（花押）

宗易（花押）

伊集院右衛門太夫殿

〔「松井氏所蔵文書」・『大日本史料　第十一編之二十一』〕

図 11　細川幽斎画像（天授庵所蔵）

冒頭で、豊後大友家と薩摩島津家の戦争状態について、秀吉の内意（「関白殿御内証」）をうけて書状を発すると述べている。ついで、畿内近国を静謐《せいひつ》に導いた秀吉に対し、朝廷も篤い崇敬を示し、内大臣に任じたと報じる。内大臣となった秀吉は、さらに関白（「当職御預け候」）に任じられており、天皇の意思（天下叡慮の趣）を尊重しつつ、全国に命を下すという。当然、九州もその範疇に属すわけであり、まずは互いにこれまでの遺恨を捨てて、停戦を促す天皇の命（綸命）に従って宥和すべきである、と求めた。紛争の基となった境界については、理非を論じて裁決を下すという。一連の提案について、承諾がない場合には、軍勢を遣わすこととなるので、適切に判断を下すように述べている。

ここで注目されるのは、秀吉が叡慮を帯して全国に命を下す根拠として、「内大臣」への任官（三月十日任官）をあげている点であろう。既述のように、この年の七月に秀吉は関白となっているが、内大臣を含む大臣経験者であることが関白職補任の前提であった。すなわち、「内大臣」という官は関白秀吉の正当性を保証するものであったといえよう。

この前後に、羽柴秀長《ひでなが》（美濃守）も、伊集院忠棟（右衛門大夫）および本田親貞（下野守）に充てて、義久への披露状を発したようである。これに対する義久の返書が次の史料となる。

未だ申し馴じまず候の処、伊集院右衛門大夫・本田下野守に対する御伝書、披見を加え候、御懇情、畏悦此の事に候、そもそも　関白殿天下を治められ掌の段、誠に筆舌及ぶところにあらず候、殊に去夏の比、芳檄をなされ候、便宜の為体に候条、今に申し後れ候、慮外の至りに候条、回礼を伸ぶべき為、使節を差し上げ、幽斎まで申し試し候、自然の刻、然るべき様御取り成し、仰す

る所に候、仍って生糸拾斤、之を進らせ候、聊か微志を補うばかりに候、恐々謹言、

十月廿日　　　義久

羽柴美濃守殿　御宿所

〔『鹿児島県史料　旧記雑録後編』二―九七号〕

義久は、「去夏」ころの「芳檄」に対する返信が遅延したことを詫びている。通信にかかる時間を考えても、これが先にみた十月二日付の秀吉直書を指すとは考えられない。それはともかく、何かしらの実がある内容でもなく、島津家としてはとりあえずやり過ごしておこうといった態度であろう。

長宗我部元親・信親の上洛と家康討伐の決断　ところで、この十月には、土佐一国を安堵された長《ちょう》宗我《そかべ》部元親《もとちか》・信親《のぶちか》父子が上洛を果たし、秀吉に謁見している。たとえば『貝塚御座所日記』の天正十三年（一五八五）十月十五日条には、「土州長宗我部宮内少輔、今度秀吉へ御礼に罷り上り、父子今日帰国に付いて自身参を以て、申し入れ候へども、所労につきて……」とある。(56)これによって、四国の安定は確実なものとなった。さらに同じころ、蜂須賀正勝《はちすかまさかつ》と黒田孝高《くろだよしたか》が、伊予黒瀬の西園寺公広を通じて、豊後の大友宗麟《おおともそうりん》に書状を送っている。時期的に考えて、九州停戦令に関連するものとみて大過なかろう。

大友家からの返書も、西園寺家臣の法花津《ほけつ》氏を経由する。この返信に際して、宗麟の嫡子大友義統《よしむね》が法花津前延（右衛門佐）に充てた書状が残っている。(57)当時、義統は、島津勢に備えて日田郡に出陣し、筑後における退勢挽回を図るが、既述したように、戸次道雪《べつきどうせつ》の陣没によってそれも頓挫している。

義統は日田郡内からこの書状を発したと考えられるが、ここで秀吉の配慮に謝意を表しており、休戦命令を歓迎していたことがわかる。

西国の状況が良好に進むことで、秀吉はついに家康討伐を決意する。秀吉が十一月十九日付で真田《さなだ》昌幸《まさゆき》（安房守）に充てた判物には、次のような箇条がある。

一、天下に対し、家康表裏を構え候儀、条々これ有るに付きて、今度石川伯耆守使いとして、相改め人質以下の儀、申し出で候処に、家康表裏重々これ有る段、彼の家中者どもこれを存知るに依り、家康・宿老共々人質を出さざるに付きて、石伯去る十三日、足弱引き連れ、尾州まで罷り退き候事、

一、此の上は、人数を出し、家康儀成敗申し付くべきに相極まり候、殿下御出馬の儀は、当年余日無きの間、正月十五日以前に動座これ有りて、急度仰せ付けらるべき事、

〔「真田氏歴史館」所蔵文書・名古屋市博物館編『豊臣秀吉文書集』一六六三号〕

前にも触れた通り（五一頁参照）、徳川家との人質交渉は難航しており、石川数正《いしかわかずまさ》（伯耆守）の徳川家出奔と秀吉への臣従を機に、秀吉は家康討伐を決意した。年内の出兵は難しいとするが、年明けの天正十四年二月十日を期しての出馬を上杉景勝《うえすぎかげかつ》らに報じ、それへ向けた準備を促す。

ところが、十一月二十九日の夜に大地震が発生し、被害は畿内から近江、さらに東海・北陸の諸国などに及んだ(58)。秀吉の領国も大きな打撃を蒙り、当面は家康討伐も困難な事態に陥る。折柄、正月下旬には織田信雄《おだのぶお》が両者の仲介に入り、秀吉の家康討伐はひとまず見送られることとなる。

豊後大友家の窮状　秀吉が家康討伐へ向けて体制を整えていたころ、大友義統からの書状が届けられる。次に紹介する史料から、この義統書状が十一月十一日付であったとわかるが、おそらく「叡慮」としての九州停戦を受諾することを表明し、その上で豊後の差し迫った状況を伝え、救援を求めたのであろう。「大友家文書録」には、この義統書状に対する秀吉の返信とみなされる判物が写し取られている(59)。その内容を示すと、次のようになる。

霜月十一日の書状、当月七日大坂に到り、披見候、然れば義統筑後表へ在陣の処、先年信長下知を以て、其の方と島津、和談これ有る処を相破り、義統分国中へ乱入の由、是非に及ばず候、それに就き、味方中迷惑せしむるに付いて、其の方手前如何の由候の条、四国・西国人数申し付け、遣わすべく相極め候処、島津敗北の由是非無く候、此の上は義統・輝元間柄儀、入定これ有る様、宮木右兵衛入道・安国寺西堂頓て差し遣わすべく候条、少々の出入相止められ、入眼これ有る上において、島津所へも急度使者を差し遣わし、其の返事に依り、四国・西国の者共、毛利右馬頭其のほか秀長を初めて、何も残らず先勢として申し付け、殿下には見物として、関渡《（関戸）》辺りまで動座すべく候、連々申し通い候の条、八幡大菩薩何れの道にも休庵・義統事、見放すべき儀に非ず候、□□□□《（心安かるべく）》候、猶宮内卿法印・利休居士申すべく候□、

義統は十一月十一日付の書状で、「豊薩和平」にもかかわらず、島津勢が大友分国を侵し続けており、自らの苦境を告げたようである。これをうけて秀吉は、まず毛利との和解を求めており、この交渉を進めるため、宮木《みやぎ》宗賦《そうふ》（実名は「堅甫」、官途から「右兵衛入道」と称される）と安国寺恵瓊《あんこくじえけい》を豊後

に遣わすと告げている。[60] 宗賦は、先にみた宮木豊盛の養父とみなされる。さらに、島津方へも使者を派遣するが、義久の返答次第で、秀長・毛利《もうり》輝元《てるもと》ら西国の軍勢を九州に下すとする。もとより、服従を拒む島津討伐のためであるが、家康との決戦に臨もうとする秀吉に、そうした余裕があったのかどうか、きわめて疑わしい。長く対立してきた毛利・大友両家の連携を促すことに眼目があったと考えられよう。

ちなみに、この翌年天正十四年（一五八六）の正月二十六日付で大友義統がまとめた史料に拠ると、天正十三年に安国寺恵瓊と宮木宗賦を通じて、秀吉に「小壺茄子」の茶入と「新田」の肩衝を献上したことがわかるが、[61] それはこの時のことであろう。大友氏は、長年の宿敵であった毛利氏との和睦を受諾し、おそらくその証しとして大名物二品を秀吉に献上したものと考えられる。

島津義久への勧告　こうした一方で、秀吉の意をうけた毛利輝元も、島津義久に状況を説くため書状を発している。次に、これに対する義久の返書（案）をみておく。

> 誠《まこと》に其の後無音の体、本慮に非ず候の処、芳書到来、歓悦至極候、仍って此の刻、豊筑に到り渡らるべく、諸勢御催し候や、豊薩防戦の立ち柄、先年京都の御刷《つくろい》を以て、和睦の筋、今に変易無く候、然りと雖も、彼の国中の党、逆心を構え、楯籠もる由、必定に候、万一錯乱に及び候はば、案外の儀出合うべく候か、随って去春柳沢殿　上使として下向なされ候、且つは御礼、且つは熟談の儀、申し入るべき為、真連坊指し登せ候、旁口上を用い、省略せしめ候、恐々謹言、
>
> 拾二月十三日　　修理太夫義久

謹上　毛利右馬頭殿

〔『鹿児島県史料　旧記雑録後編』二―一一二号〕

輝元は義久に対し、秀吉の軍令に基づく軍勢の西下が迫っていることを告げた。島津家としては織田信長あるいは近衛前久（京都）の計らい（御刷）によって成立した「豊薩和平」を遵守しているが、大友側がこれを破ろうとしている、というのが義久の言い分である。もとより軍事衝突は避けるべきなので、使僧として真連坊（「真蓮坊」、また「心蓮坊」とも）を安芸に派遣するという。使僧をつとめる真連坊は俗名を面高頼俊と称し、天正四年（一五七六）ころに日向国諸県郡の善哉坊に入寺したことから、「善哉坊」とも称される。天正十年に長宗我部元親、また足利義昭《あしかがよしあき》・毛利輝元の許に使僧として遣わされており、毛利家中にも旧知の面々が多くいたのであろう。

とはいえ、毛利が大友との和睦に踏み切るという展開は、島津家にとっても由々しい事態であり、真連坊を通じた情報収集に期待したのであろう。真連坊は十一月早々、京都すなわち秀吉の許へ出立するよう命じられており、その途中、輝元の許に立ち寄ることを求められた（『上井覚兼日記』天正十三年十月二十二日条）。

島津義久の抗弁[62]　天正十四年（一五八六）になると、正月十一日付で義久が、細川幽斎を充所《あてどころ》とした披露状を発する。これは先に触れた十月二日付秀吉直書に対する返書という位置付けとなる（『上井覚兼日記』天正十四年正月二十三日条）。島津家の立場は、天正八年における織田信長《のぶなが》・近衛《このえ》前久《さきひさ》の仲裁による大友家との和睦、すなわち「豊薩和平」の趣旨を守っているというものである。ところが、この間にしばしば大友勢が日向・肥後の国境を侵犯してきたので、島津側はやむなく防戦につとめたと抗弁する。先にみた輝元充ての書状と同様の趣旨であり、この時期の島津家としては常套的な主張である。

この段階における北部九州は、島津勢の圧迫をうけた大友家の本国豊後でも、隠顕両様に国衆の離反が相次ぎ、領国は瓦解の危機を迎えつつあった。その一方で、筑前では、大友方の立花統虎（戸次道雪の養嗣子）が糟屋郡の立花山城《たちばなやまじょう》に、統虎の実父高橋紹運《たかはしじょううん》が御笠郡の岩屋城に拠って、島津方と激しく争っていた。

島津家内部には、出自も定かではない秀吉を軽んじ、この際の「綸言」も黙殺してよいのではないかとの意見もあったようであるが、いちおうは秀吉による停戦令に対応する姿勢を示したのである。こうした流れのなかで、毛利輝元が島津義久に充てて、次のような書状を発している。

旧冬飛脚を企て候の処、委細仰せを蒙るの通り、其の意を得候、仍って天下静謐に就き、小早川・吉川事、大坂に到り不図差し上り、改めて下向候、然れば、九州の儀、諸家無事有り、京都へ馳走を遂げられ候の様、助言致すべきの由に候、心蓮坊指し上さるるの由に候条、関白殿御下知の趣、一人相副え申し談ずべく候、猶後音を期し候、恐々謹言、

正月廿五日　　右馬頭輝元（花押）

謹上　嶋津殿

〔『鹿児島県史料　旧記雑録附録』一―一〇四三号〕

書状の冒頭から、毛利・島津間に交渉がもたれたことがわかる。毛利方が飛脚を遣わそうとした矢先に、島津の使節が毛利領に至ったようである。この際に、義久からの申し入れを輝元が了承したのであろう。この段階で、輝元の養女が秀吉の養嗣子秀勝に嫁いでおり、婚儀の席には小早川隆景《こばやかわたかかげ》と吉川元長《きっかわもとなが》（元春《もとはる》の長子）が連なった。両名の「大坂に到り不図差し上り」の件は、これに触れたものである。

書状の後半は、九州の和平（無事）に言及する。輝元には、島津家が使者を上洛させるにあたり、その助言をおこなうよう指示がなされていた。すなわち、島津義久は使僧真連坊を上洛させる心づもりのようだが、輝元はさらに別の人物を随伴させることを勧めている。秀吉の意向を、客観的ないし正確に受け止めるためであろう。

御次秀勝の役割と豊臣賜姓　ところで、信長の子として生まれ、秀吉の養嗣子となっていた御次秀勝《おつぎひでかつ》が、前の年（天正十三年）十二月に亡くなっており、その遺領は秀吉の甥にあたる小吉（秀次の実弟）が継承する。小吉は実名も同じ「秀勝」を名乗ることとなる。いうまでもなく、秀吉が信長の後継として台頭する上で、御次の存在はきわめて大きな意味をもった[63]。男子のいない秀吉にとって、その後継は御次以外に考えられず、この事実は、信長の旧臣が秀吉に与《くみ》する上での積極的な動機付けとなったと考えられる。見方をかえれば、信長の遺跡をその実子御次に橋渡しすることが、秀吉に期待された役回りであったといえなくもない。加えて、既述のように、輝元の養女を正室に迎えたことで、御次には羽柴家と毛利家との架け橋のような役割も求められた。

すでに関白となっていた秀吉にとって、御次の死が致命的となったとはいえないまでも、やはり大きな痛手であったことは想像に難くない。このことと関連性があるのか否か、今後に俟つところであるが、こののち秀吉は上奏して「豊臣《とよとみ》」の姓《かばね》を下賜される。その時期については諸説あるものの、天正十四年（一五八六）十二月の太政大臣《だじょうだいじん》任官を契機とするとされている(64)。いずれにしろ、御次の死去からのおよそ一年間で、秀吉は「織田家の継承」に代わる武家統合の原理を獲得する。「豊臣」賜姓によって秀吉は「豊氏長者」となって官位の推挙権を独占、さらに統合した武家に対して、姓氏としての「豊臣」を与え、「羽柴」の苗字を許していく(65)。

二　九州和平と島津家の対応

龍造寺政家への誘勧　毛利輝元が島津義久に対し、秀吉への恭順を進めている間、毛利一門の小早川隆景が龍造寺政家《りゅうぞうじまさいえ》に接近する。いうまでもなく、島津陣営に対する揺さぶりであろう。

仰せの如く、旧冬ふと上国致し、関白殿へ一礼を遂げ、即ち下向せしめ候、長久入魂の体に候間、御心安かるべく候、御祝儀として御太刀一腰金覆輪・織物二端送り給い候、遼遠の到り御丁寧の儀に候、仍って九州の義、先状に申し候如く、静謐の儀、京都御下知に候条、其の御心得をなされ、御使僧御仕合わせ能く候段、御隙の趣は是より重畳申し入れ候、然れば御質の事、以ての外差し急がる儀に候条、可鷗夜を日に継いで差し下し申し候、成富十右衛門尉方の事は、御断り申し候て、大坂に到り上せ申し候、彼の御分別・御辛労の段、御褒美ならるべく候、御人質御延引無く、来月廿日頃大坂へ着き候様御上せ肝要たるべく候、此の一儀に相極まり候、猶口上に任せ候、恐々謹言、

二月廿三日　　隆景判

政家　参御返報

〔「直茂公譜考補　五乾」・『佐賀県近世史料』第一編・第一巻〕

文中に「先状に申し候如く」とあるように、これが隆景の初信ではない。「旧冬ふと上国致し」とあるように、隆景は天正十三年（一五八五）の冬に、上坂あるいは上洛している。前に秀勝（御次）の死去について触れたが、秀勝の正室は輝元の養女であり、あるいはこれに関連するのかもしれない。それはともかく、龍造寺政家は隆景の勧めに従って、毛利一門を窓口にしつつ、豊臣政権との交渉を始めている。政家は使者として三浦長門入道可鷗と成富茂安（十右衛門、のち兵庫）を、安芸に遣わしている。両名はおそらく吉田郡山に赴き、隆景と対面している。成富茂安はそのまま大坂に向かうが、可鷗は慌ただしく肥前に立ち戻っている。これは文中にも明らかなように、龍造寺家としての人質を手配させるためであろう。人質提出の期限は三月二十日ころに設定されており、事態の急迫が感じられる。

島津義久の使者、鎌田政広の上坂　こうしたなか、島津家では十月二日付の秀吉直状すなわち九州停戦令への返書を携えて、鎌田政広（刑部左衛門尉）が大坂へ派遣される。この返書の控えと目され

るものが、上井覚兼《うわいかつけん》の「日記」に記録されているので、次にそれを紹介しておこう。

抑も天下一統静謐せしむに依り、関白殿より九州の鉾楯停止すべきの段、殊更に　綸言相加え候か、則ち　勅命に属し候、随いて先年信長公の才覚を以て、大御所様仰せ刷《つくろ》われ候、豊・薩和平の姿罷り成り候已来、聊かも隔心無きの処、豊者より度々愀変之有ると雖も、右一諾の筋を守り、今に干戈の催し無く候、然る処、このごろ向肥の国境に到り、数ヶ所破郭致され候、此の如く弥執り懸かるに於いては、自今已後の儀など測り難く候、必畢相応の防戦に及ぶべく候や、少しも当邦の改易たるべからず候、此の旨を以て御用捨なされ、宜しく御披露に預かるべく候、恐々謹言、

正月十一日　　義久　御判

細川兵部入道殿

〔大日本古記録『上井覚兼日記』天正十四年正月二十三日条〕

この文書は、秀吉を直接の充所とすることを憚って、側近の細川（長岡）幽斎（兵部入道）に充てられている。このように、貴人に充てた書状で、相手に敬意を示すため、見かけ上の充所をその側近とし、主人への披露を依頼したものを「披露状」と称する。

秀吉はことさらに「綸言」を持ち出して、九州停戦令が「勅命」であるとするが、島津家としては織田信長および近衛前久（大御所様）の意向によって成立した「豊薩和平」を遵守しており、大友方（豊者）が攻撃してきた場合も抗戦はしてこなかった。ただし、今後肥後境を侵されるようなことが

あれば、「相応の防戦」に及ぶかもしれないという。義久の主張に特に新しい点はないが、大友方の態度次第では戦闘もやむなしとする点で、停戦令に従わない旨を明言したともいえよう。

九州国分け案と大友宗麟の上坂　秀吉と鎌田政広との会見は大坂城でおこなわれ、前後四度にわたったという。三月中旬のこととなるが、ここで秀吉は毛利・大友・島津の各家を対象に、九州国分《くにわ》けの案を提示している(66)。これに拠れば、薩摩・大隅・日向の三カ国と南肥後を島津領、豊後・筑後の二カ国と北肥後および豊前半国を大友領とし、さらに筑前を秀吉が直轄し（京都より知行）、肥前を毛利領とする案を提示した（『上井覚兼日記』天正十四年五月二十二日条）。言及のない豊前半国（おそらく北豊前）の帰属が不明だが、ここも秀吉直轄領となるか、あるいは毛利領となるのであろう。

こうした国分け令の提示に併行するように、救援を求めるため、豊後大友家の前当主宗麟が上坂する。宗麟は四月五日大坂城で秀吉への拝謁を果たす。歓待された宗麟は、さっそく翌日付で古荘丹後入道・葛西宗筌（周防入道）・斎藤道瓅（紀伊入道）に充てて書状を発し、国許にその感激を伝えている。この書状は『大友家文書録』に写しとして収載されており、往事の大坂城の様子をつぶさに書き記した貴重な内容が知られる(67)。

秀吉の許を退いたのち、宗麟は普請中の秀長屋敷に立ち寄る。ここで秀長は宗麟の手を取って「何事も何事も美濃守（秀長）此くの如くに候間、心安かるべく候、内々の儀は宗易、公儀の事は宰相（秀長）存じ候、御為に悪しき事は、之有るべからず候、いよいよ申し談ずべし」と、述べたという。

宗麟上坂の意義　宗麟を引見して五日ののち、四月十日付で秀吉は、吉川元春・元長および小早川隆景に充てて、次のような朱印状を発している。

大友入道上洛に就き、九州分け目定め候、遠境に候条、かの国の者ども、もし難渋せしめば、人数を差下すべく候間、右馬頭と相談、この方城々丈夫に申し付くべく候、次に人質の事、念を入れられ、黒田官兵衛に相渡すべく候、猶具に安国寺申さるべく候なり、

四月十日（秀吉朱印）

小早川左衛門佐とのへ

吉川駿河守とのへ

吉川治部少輔とのへ

〔大日本古文書『吉川家文書』五六五号〕

秀吉は、天正十四年（一五八六）四月の大友宗麟の上坂を契機として、九州国分けを具体的に決定したという。これに異を唱えるような者があれば、軍勢を差し遣わす。充所の面々としては、毛利輝元と相談して、城の堅めを強固にして、人質を集めるように、との命である。集めた人質は黒田孝高（官兵衛）に渡すように命じている。さらに、秀吉は同日付で秀吉は、九州さらに自身の朝鮮渡海までを射程に入れた指示を、毛利輝元（右馬頭）充ての「覚」というかたちで伝達する。

覚

一、分国置目、此節申し付くべき事、

一、簡要の城、堅固に申し付け、其の外、下城の事、

一、海陸役所停止の事、
一、人数揃えの事、
一、蔵納め申し付け、九州弓箭覚悟の事、
一、豊前・肥前人質取り堅むべき事、
一、門司・麻生・宗像・山鹿の城々へ人数・兵粮差し籠むべき事、
一、九州に至る通り道、作るべきの事、
一、一日路々　御座所城構えの事、
一、赤間関、御蔵立つべき事、
一、筑前検使、安国寺・黒田官兵衛仰せ付けらるる事、
一、高麗　御渡海の事、
一、大友と深重申し談ずべき事、
一、大仏殿、材木の事、
　已上
四月十日（秀吉朱印）
　毛利右馬頭殿
〔大日本古文書『毛利家文書』九四九号〕

簡略な箇条書きであり、関連が不明なものもあるが、「九州弓箭覚悟の事」とあって、九州出兵を

想定していることに間違いはない。吉川元春や小早川隆景に充てた四月十日付朱印状の「かの国の者ども、もし難渋せしめば、人数を差下すべく候間」を踏まえたものであろう。大坂で引見した鎌田政広（刑部左衛門尉）が薩摩に帰国するのは四月末ないし五月初頭のことであり、まだ島津家側には国分け案に関する正確な情報も伝わってはいない。島津家の最終的な諾否決定は、この後のこととなる。とはいうものの、この段階の秀吉は、すでに島津家との開戦を前提にしていたように見受けられる。鎌田政広の携行にかかる細川幽斎を充所とする披露状の内容から、島津義久恭順の可能性はないものと判断したのであろう。この「覚」は、九州への派兵という現実を前提に作成され、発出されたものとみてよい。

島津攻めの決意と毛利領国への干渉　さて、冒頭の箇条で「分国置目」とあるが、この「分国」とは、ほかならぬ毛利家の「分国」を指す。すなわち城郭の整理や海陸の関所（役所）撤廃など、二箇条目以降ほとんど条文は毛利領の支配に関わる。四条目の「人数揃え」とは、適切な軍役規模の実現を意味し、さらに続く五条目では、九州出陣に備えた年貢収納（蔵納め）の徹底化を求めている。九州経略としては、豊前・肥前から人質を取り固め、さらに豊前の門司、筑前の麻生・宗像・山鹿の各城には兵粮を差し込め、九州に至る道路の整備を命じている。

秀吉は自らの御座所を設営するように求め、赤間関《あかまがせき》に蔵を設けるように命じる。こちらは「御蔵」と「御」を冠しているので、毛利家の蔵ではなく、秀吉が直轄する「公儀」の蔵とみなされる。秀吉の蔵入米《くらいりまい》を収納するためのものであろう。また、「高麗　御渡海の事」ともあることから、秀吉のなかで九州下向・出陣は朝鮮半島への渡海に直結するものであったことがわかる。

いずれにしろ筑前はその要の地であり、そこには秀吉直臣の黒田孝高と安国寺恵瓊が「検使」として遣わされることとなる。先の朱印状を踏まえると、「検使」には徴収した人質の管理も課されたであろう。秀吉は島津攻めの決定と表裏一体のなかで、毛利領への積極的な干渉を開始したのである。

こうしたもろもろの緊張感が高まるなか、五月二日付で小早川隆景が、長井親房（筑後守）と神田元忠（惣四郎あるいは宗四郎）に充てて書状を発する。(68) この両名は下関の警衛に当たっており、秀吉に拝謁して帰国する龍造寺家の使者成富茂安（十右衛門、のち兵庫）の九州渡海に便宜を与えるよう指示した。同じ文書で隆景は、大友宗麟と島津家中の鎌田政広がそれぞれ下国したことを告げており、(69)さらに「吉田に至り、九州の儀について、黒田官兵衛《（黒田孝高）》差し下され候」と述べている。

秀吉による毛利領国の異動案　果たして、五月中旬に黒田孝高が吉田郡山城を訪れており、毛利家も下関に在番していた神田元忠を吉田に呼び寄せて、孝高との談合に加えていたのである。(70) 談合を終えて下関に戻った元忠は、長井親房ともども毛利輝元・黒田孝高の指示に従って、軍勢の九州渡海を進める準備を始めたものと推察される。こうした流れのなか、六月下旬に至って、秀吉は新たな国分令を提示する。

覚

一、備中残分

一、伯耆残分

一、備後
一、伊与（伊予）
　　合三ヶ国
右の分、右馬頭相上ぐるに於いては、
一、豊前
一、筑前
一、筑後
一、肥後
　　合四ヶ国
右、之を相渡し、九州取り次ぎ、相任すべき事、
　六月廿五日　（秀吉朱印）
〔大日本古文書『毛利家文書』九五五号〕

この内容が四月段階で決定した「九州分け目」と、どのような関係になるのか、残念ながら判然とせず、後考を俟ちたい。この「覚」は、文中に「右馬頭」、すなわち毛利輝元の名がみえることから、輝元に対してその意向を打診したものと考えられる(71)。さらに、この「覚」が花押ではなく、朱印が居えられているという点も注目される(72)。また、簡略な箇条書きということで、礼が尽された文書ともいえない。こうした形式的な点からみても、羽柴家と毛利家との関係は、すでに同盟的な段階を終え、

毛利家の臣従が実質的に開始されたとみなすことができよう。いずれにしろ、中国地方の東部に位置する領国と伊予を割譲すれば、毛利家に北部九州四カ国を与え、九州の取り次ぎを任せるという。この提案を輝元が容れれば、領国が全体として西に移動するものの、一カ国は加増されることとなる。

従前の案（七三頁）と比較すると、大友家に与えられる予定であった豊前半国（おそらく南豊前）、および大友と島津が折半することとなっていた肥後国を新たに毛利領に加えるという。南九州の帰属が不明ではあるが、九州の残る五カ国を、大友・島津・龍造寺などが支配すると想定しているのであろうか。にわかな評価を下すことはできないが、この新たな国分けが現実のものとなれば、毛利家の存在は、九州においても他を圧倒することとなる。

大友・毛利両家の「合体」　ところで、秀吉は豊後に戻る大友宗麟に対し、毛利家との連携を強く指示していたようである。宗麟の豊後帰還は天正十四年（一五八六）五月十八日のこととなるが、それから一カ月ほどの間に大友義統は毛利家との交渉を終え、六月二十八日付の注進状でその成果を秀吉に伝えている。その報せをうけた秀吉は七月十二日付の判物を発するが[73]、そこには「今度宗滴上洛に就き、条目を帯び申し遣わし候処、其の方・輝元合体の由、尤も神妙の至りに候、然れば嶋津事は同心無きの由、是非無く思し召し候、此の上は征伐を加えられるべく候」とある。ここにみえる「宗滴」とは大友宗麟の別号にほかならない。秀吉は大友・毛利の連携を「合体」と評している。「合体」は単に一体化することとも解しうるが、ここではさらに婚姻を前提とする同盟関係をいうのであろう[74]。それはともかく、ここで秀吉は島津家について、「征伐」の対象であると明言しており興味深い。

文脈から推して、長く対立してきた大友家と毛利家の「合体」が、秀吉の決定を大きく後押ししたといってよい。このころには、すでに龍造寺政家からの人質（千布相右衛門尉賢利）を確保しており、(75)大友・毛利の「合体」によって、島津家に対する秀吉陣営はさらに盤石なものとなった。

この判物で秀吉は、長宗我部以下四国勢の豊後渡海に言及し、同時に黒田孝高（勘解由次官）に加えて、宮木宗賦にも九州渡海を命じ、彼らの報告を待って毛利一門の軍勢を九州に下すとも述べている。島津方との軍事衝突を不可避のものと認識しつつ、最終的な判断は「筑前検使」たる黒田孝高らの実見を踏まえた復命を待つのであろう。さらに秀吉は、秀長・秀次の九州出勢についても述べているが、これは当分の間、先送りとなる。

この天正十四年五月、秀吉は自らの異父妹（旭また朝日として知られる）を家康の継室として遠江浜松に送っていたが、この段階でもいまだ家康の服従は実現しておらず、東からの脅威は依然として懸念材料であった。秀長（城地は大和郡山）や秀次（城地は近江八幡）が軍勢を率いて畿内近国を離れるのは、いかにも剣呑と判断されたのであろう。同様に、「長曽我部父子 幷《ならびに》 四国勢」とはいいつつ、実際に出陣するのは讃岐の仙石秀久《せんごくひでひさ》（権兵衛尉）と土佐の長宗我部元親（宮内少輔）であり、阿波の蜂須賀勢や淡路勢も動かせる状況にはなかった。(76)長宗我部信親は大坂にいたようだが、(77)父の元親とともに出陣を命じられた。ちなみに、仙石秀久の立場は、毛利一門につけられた黒田孝高のそれと共通するものであったと考えられる。

毛利一門の位置付けと北部九州の国衆　秀吉や秀長がにわかに動けないという状況のなかで、毛利一門や四国勢が先駆けとして九州へ向かう。秀吉としても、とりわけ毛利一門に頼むところは大きく、当主輝元の立ち位置も自ずと確固たるものとなっていく。こうした状況をうけ、毛利輝元に秀吉への仲介を依頼する在地勢力も現れる。たとえば、筑前国怡土郡高祖城に拠る原田弾正少弼も、輝元の許に使者を差し向けている(78)。

御状ならびに両使口上の趣、承知せしめ候、殊に太刀一振・腰物助宗之を送り給い、祝着の至に候、去春御報乍ら、申し入る如く、先年より御入魂の首尾、忘却無く候、以来の儀、政家仰せ談んぜられ、渡海の刻、御忠功肝要に候、関白殿御取り成し緩せ有るべからず候、趣に置いては、隆景申し達せらるべく候条、禅定寺・松隈藤内等演説有るべく候、恐々謹言、

七月廿日　　輝元（花押）

原田弾正少弼殿　御返報

〔「原田文書」・広渡正利編著『大蔵姓原田氏編年史料』〕

未だ申し通わず候の処、芳墨欣然の至に候、来意の如く、京芸御和睦、弥純熟に候、然る間、貴国の儀、関白殿昵近仰せ付けらるべきの由に候、然れば芸州御取続いたすべきの由、仰せ出され候、貴家の儀前々の如く、輝元別して仰せ談んぜらるべきの由、尤に候、御両使事、京都に至り差し上げ申すべく候と雖も、頃《このごろ》輝元上洛の儀に候条、関白殿御前向の儀、随分御取り合い申す

べきの由候条、差し下し申し候、愚僧事来廿六日上洛せしめ候の条、仰せ越さるるの通、内々申し達すべく候、尚禅定寺・松隈藤内殿演説たるへく候、恐々謹言、

七月廿三日　恵瓊（花押）

原田弾正少弼殿　御返報

〔「原田文書」・広渡正利編著『大蔵姓原田氏編年史料』〕

戦国末期の原田氏は、肥前佐賀の龍造寺隆信に属し、基本的に行動を共にしてきた。隆信が島原の沖田畷で討たれた後は、秋月種実《あきつきたねざね》らとともに島津義久に与同していた。しかしながら、ここにきて原田弾正少弼は毛利輝元に誼《よしみ》を通じ、秀吉との関係を仲介することを求めている。島津氏との断絶にはまだ至っていないが、北部九州の在地勢力の間に、時勢を見極めようとする動きが徐々に拡がっているようである。ちなみに、秋月家の『本藩実録』によれば、種実は家督を長子種長（三郎）に譲っているが、後見としてしばらくは実権を保持する(79)。

島津家の九州北上策　ここでしばらく時間を遡らせて、島津家・島津方の動きを整理しておこう。上坂して秀吉に拝謁した鎌田政広（刑部左衛門尉）が薩摩に帰ると、島津家はその顚末を毛利家に伝えたようである。次に示す史料は、それをうけた小早川隆景の返書となる。

謹んで言上致し候、抑も先日は真蓮坊差し上さるるに就き、我等式まで御書なされ、御丁寧の儀忝く候、随って今度、関白殿御対談を遂げられ、鎌田殿御帰国尤も珍重候、当時の儀、恐れ乍ら、御賢慮に過ぐるべからず候、猶伊集院右衛門太夫殿、御披露有るべく候、恐惶謹言、

五月十一日　　　左衛門佐隆景

謹上　伊集院右衛門大夫殿

〔『鹿児島県史料　旧記雑録附録』一―一〇四六号〕

伊集院忠棟を充所とするが、「御披露有るべく候」とあるように、実質は義久に充てたものとなる。小早川隆景はここで、義久に何より「御賢慮」が大事であるとして、秀吉の提案を受け容れるよう促している。しかしながら、六月に入るとほどなくして、島津家は秀吉の国分け案を拒絶することを決する。義久の家老上井覚兼は、その日記（『上井覚兼日記』天正十四年六月七日条）に次のように記している。

鎌田刑部左衛門尉下向に、羽柴殿よりも国分ども申され候、其のほか種々六つかしき事などのみの意趣候間、御神慮と申し、菟角豊州御退治目出べく候の由、一同に御申すともなり、上様も御同前の由候条、去る春の御談合の如く、肥後口・日州口両口の御行たるべき由なり、

鎌田政広が持ち帰った国分け案には問題が多いし、「御神慮」（霧島社の神託）もあるので、従来通りの大友討伐を継続することに決したとある。もとより、この決定には義久の承諾が前提とされる。侵攻は、肥後を攻め口として豊後へ入るものと、日向口から豊後を侵すものの二方面とし、義弘が肥後口の、家久が日向口の軍勢を率いることと定められた。総大将の義久も日向口へ向かう。

島津勢の「筑紫」攻め　こうしたなか、使僧として遣わされていた真連坊頼俊が六月中旬に薩摩へ帰還する。前記の『上井覚兼日記』に拠ると、その復命をうけた義久は侵攻を肥後口一本（筑紫表の

御出勢）に絞るか、従前の計画通り二方面の同時侵攻（肥後口・日州口両口）を維持するか、いずれを採るべきか霧島社の神鬮《みくじ》を請けている。

毛利家の反応を踏まえつつも、秀吉の国分け案受諾を再考するという可能性はすでになく、二方面の侵攻を進めるか、あるいは肥後口からの筑紫攻め一本に絞るかについて神慮に諮ったのである。神鬮の結果は、まず「筑紫表の御出勢」を優先すべしというものであり、豊後攻めは一時棚上げとなる。これに従って、日向口からの侵攻を命じられていた軍勢にも肥後への移動と参集が命じられた。豊後へ向けての北上を予定していた上井覚兼も「我々は筑紫表の御行、一向納得仕らず候、殊に御日取りも来朔と候、是又軍衆着き合いまじく候、菟角愚慮の外の由ともに候」と、急な軍令変更に困惑する様子を記している（六月十六日条）。「筑紫表」と表記されていることから、ここでの「筑紫」は地名としての筑前・筑後を指すのであろう。とはいえ、同時に国衆としての「筑紫」家が、島津勢にとって当面の攻撃対象となる。

肥前勝尾城（現・鳥栖市）の筑紫《つくし》広門《ひろかど》は、筑前の秋月種実らとともに、島津方の与党として活動してきた。しかし、島津勢の北上を前に大友方に転じ、女《むすめ》を高橋紹運の継嗣統増に嫁がせている。この婚姻にともなって、筑紫広門が奪取していた宝満城も、高橋家との相持ちとなっていた。島津方からみれば、一連の行為は明らかな背信であり、島津勢はまず広門の勝尾城を標的としたのである。

六月二十六日に鹿児島を発した島津義久は、七月二日に肥後八代に着陣する。ここで義久は先鋒の伊集院忠棟から、筑紫広門が勝尾城に籠城しているとの報をうける。島津忠長《ただたけ》（図書頭、島津貴久の実弟尚久の子、義久・義弘らの従兄弟にあたる）や伊集院忠棟らの攻撃によって、七月十日に勝尾城は落ち、筑紫広門は筑後大善寺に幽閉された。

ついで島津勢は、高橋紹運・統増の護る岩屋・宝満城を攻める。攻め方の陣中には豊前の宇都宮（城井《きい》）朝房や長野氏（祐盛あるいはその子統重）、さらに龍造寺勢や筑前高祖の原田勢も加わっていた。ただし、原田弾正少弼自身は出陣しておらず、家臣のみの加勢であったという。既述のように、原田家は毛利家を仲介に頼み、秀吉との関係構築も志向しており、原田家としてはその態度を決め兼ねていたのであろう。

島津勢の立花山攻め　島津勢の筑前への進出は、大友宗麟によって、六月末には秀吉に伝えられていた。秀吉は、島津勢に抗して籠城を続ける筑前の立花統虎に対して、七月十日付の判物を発し、その労をねぎらっている。

さて、ここに至る一連の動きは、筑前立花山城の立花統虎などからも、秀吉に報告されている。しかし、それらは交戦中のいわば当事者からのものであり、最終判断をくだすに充分な客観性が疑問視されたのであろう。いずれにせよ、黒田孝高らの報告に基づき、秀吉は八月初頭までに島津側の停戦令不履行を確信する。これをうけて秀吉は、吉川元春や小早川隆景らに対し、すみやかに関門海峡の要害、長門の関戸と豊前の門司を固めるべく命じている。

七月二十七日の猛攻によって岩屋城は陥落し、城主高橋紹運は討ち死にする。八月六日には宝満城も落ちて、高橋統増や紹運正室の斎藤氏（立花統虎・統増の実母、「宋雲院」）の身柄も拘束される。ついで島津勢は、立花統虎の護る立花山城の包囲を開始する。

なお、ここに至る間、義久・義弘ら島津勢の主力は、肥後八代での滞陣を続けている。島津方は岩屋城合戦による消耗も大きく、八代に留まる義久らに増援を要請したようであるが、義久はこれに応じていない。この間、島津方は立花統虎に対して執拗に開城を求めている。攻め手は統虎に、筑前早良郡の荒平を替え地として用意すると提示するが、毛利一門による兵站物資・兵粮の支援が開始されたものか、統虎は開城を拒否し続ける。

〔注〕

（1）福川一徳「元亀―天正年間の大友・毛利氏の戦い」（『軍事史学』一〇四号、一九九一年）。

（2）木村忠夫「高橋鑑種考」（『日本歴史』二四〇号、一九六八年）。

（3）秋月種実については、中村知裕「秋月種実考―秋月種実発給文書の分析―」（『戦国史研究』八〇号、二〇二〇年）、「永禄・天正期九州の争乱と秋月種実」（『古文書研究』九五号、二〇二三年）などを参照。

（4）広門に至る筑紫氏については、堀本一繁「肥前勝尾城主筑紫氏に関する基礎的考察」（鳥栖市教育委員会編『戦国の城と城下町―鳥栖の町づくりと歴史・文化講座―』、一九九九年）。

（5）龍造寺隆信については、川副博『龍造寺隆信』（人物往来社、『日本の武将四五』、一九六七年）、川副義敦『戦国の肥前と龍造寺隆信』（宮帯出版社、二〇一八年）を参照。

（6）今山合戦の評価については、「龍造寺隆信・政家」（新名一任編『戦国武将列伝11・九州編』戎光祥出版、二〇二三年）。

（7）有馬晴信は初名を「鎮純」とし、当時は「鎮貴」を名乗っていた、のちに島津義久の偏諱により「久賢」と改めている。

（8）戦国期から近世初頭に至る時期の島津家については、新名一仁氏の労作（『島津四兄弟の九州統一戦』星海社新書、二〇一七年、『「不屈の両殿」島津義久・義弘』角川新書、二〇二一年）に拠るところが大きい。

（9）このほかに、同じ九月廿三日付で同内容のものが肥前の横岳鎮貞（中務太輔）に充てられ、さらに十一月十三日付で肥後の甲斐宗運（民部入道）に充てられている（大分県先哲叢書『大友宗麟』資料集・第五巻一六七六・一六七七号）。

（10）長野祐盛は筑前の秋月家が実家とするという説もある（前掲注（3）中村論文）。

（11）十二月十六日付石谷頼辰（兵部少輔）充て長宗我部元親（宮内少輔）書状（「石谷家文書」）一八号、浅利尚民・内池秀樹編『石谷家文書　将軍側近のみた戦国乱世』吉川弘文館、二〇一五年）。

（12）十一月二十四日付井上某充て中島重房ほか連署状（「石谷家文書」）二九号、前掲注（11）浅利・内池編書。

（13）とはいえ、島津義久は信長に近い近衛前久とも親しく交わっており、その立場は決して義昭一辺倒ではなかった（黒嶋敏「織田信長と島津義久」『日本歴史』七四一号、二〇一〇年）。

（14）福川一徳「元亀―天正年間の大友・毛利氏の戦い」（『軍事史学』一〇四号、一九九一年）。

（15）『宮崎県史　通史編　中世』第五章第二節。

（16）義弘の初名は「忠平」、天正十四年頃に一時期「義珍《よしまさ》」を名乗り、同十五年ころから「義弘」と改めている。煩を避けるため、ここでは一貫して「義弘」で記述を進める。

（17）耳川・高城合戦から九州平定に至る豊後大友家の動向については、八木直樹『戦国大名大友氏の権力構造』（戎光祥出版、二〇二一年）。特に、第二部第三章および第四章を参照。

（18）天正六年十一月二十五日付で秋月種実は龍造寺隆信とその継嗣政家（当時の実名は「鎮賢」）に充て、対大友を見据えた起請文を発する。

(19)『鹿児島県史料　旧記雑録後編』一―一〇七〇号。

(20) 奥野高廣『増訂織田信長文書の研究』下巻（吉川弘文館、一九八八年）、六〇二頁。三好康長（山城守）は長慶の叔父にあたる。阿波に拠点を置いて長く織田信長と争っていたが、天正三年四月頃松井友閑を通じて信長に下った。その後は信長の信任を得、本願寺との和睦を任され、ついで阿波を中心に四国方面の経略に従うようになる。名は「康慶」とも称し、「笑巌」「咲岩」の号で知られる。なお、式部少輔は康長の子ともいわれるが、明確なことはわからない。谷口克広氏は「康長の子という説もあるが、疑問がある。近い親類ではなかろうか」とする（『織田信長家臣人名辞典　第2版』）。

(21) 三好義賢（号は「実休」）は兄の長慶を支え、四国の三好領支配を担当していた。存保はこの義賢の子であり、叔父にあたる十河一存の養子となった。天正六年頃から勝瑞城に拠って阿波平定に尽くすが果たせず、このころは讃岐に移っていた（前掲注（20）谷口書）。

(22) 正月十一日付石谷光政（空然）充て斎藤利三（内蔵助）書状（「石谷家文書」）三二号、前掲注（11）浅利・内池編書。

(23) 純忠の生涯については松田毅一『大村純忠伝　付・日葡交渉小史』（教文館、一九七八年）、および外山幹生『大村純忠』（静山社、一九八一年）を参照。

(24) 安野眞幸『教会領長崎　イエズス会と日本』（講談社選書メチエ、二〇一四年）。これに先立って、長崎には「頭人中」と称される自治組織が存在しており、教会領のなったのちの長崎は二重の支配構造のもとに置かれることとなる。

(25) 近衛前久については、谷口研語『流浪の戦国貴族　近衛前久』（中公新書、一九九四年）、藤井譲治「近衛前久花押の変遷」（尾上陽介編『禁裏・公家文庫研究』第九輯、二〇二三年）を参照。

(26) 永禄十一年に、近衛前久は足利義昭の怒りに触れて離洛。天正三年に帰洛し、九月下旬に薩摩下向のため離洛するが、これは織田信長の意を帯してのことという。肥後人吉の相良義陽の許に滞在し、ここから伊勢貞知を使者として薩摩に派遣する。十二月には自身が薩摩に入った。その後、前久は再び人吉に戻り、ここにしばらく滞在し、天正五年二月に帰洛を果たしている。

(27)　藤木久志氏はこの黒印を信長のものとするが（『豊臣平和令と戦国社会』東京大学出版会、一九八五年）、黒嶋敏氏は「信長文書に他の使用例はなく、あるいは近衛前久のものか」と疑念を呈している（「織田信長と島津義久」『日本歴史』七四一号、二〇一〇年）。

(28)　大日本古文書『相良家文書』六一一号。

(29)　田中健夫『島井宗室』吉川弘文館、一九六一年。

(30)　『鹿児島県史料　旧記雑録後編』一―一一九二号。

(31)　これとは別に前久への披露状（案文）も確認される。こちらには「そもそも豊薩和平の御調進、信長様御相談を以て仰せ出され候、義久存分多々候と雖も、貴命に応ぜられ候」とある（『鹿児島県史料　旧記雑録後編』一―一二〇八号）。

(32)　八月二日付大友義統（左兵衛督）充、島津義久（修理大夫）書状案（「大友家文書録　三」『大分県史料』第二部・補遺（5）所収）。

(33)　ただし、島津家と足利義昭との関係が途絶したわけではない。義昭側近の真木嶋昭光（玄蕃頭）・一色昭秀（駿河守）に充てた七月五日付の伊集院忠棟書状には「抑も豊と薩、純熟の様、之を聞こし食され候か、義久淵底、眞連房申し含め候条、具に言上を遂ぐべく候」とあり、弁明のため使僧眞連房を義昭の許に遣わしている（『鹿児島県史料　旧記雑録後編』一―一二一二号）。ここで、義昭の上洛に際しては相応の働きをする、と告げたようである。

(34)　新名一仁氏は、義弘が余計な戦争を避けるため拒否した、と述べている（前掲注（8）新名書二〇二一年）。

(35)　天正八年には、紹運（実名は「鎮種」）を吉弘家から迎えその擁立に尽くした高橋家重臣北原鎮久が大友への謀叛を企てており、高橋家も決して安定的な状況ではなかった。嫡子を入れての同盟には、戸次道雪の後ろ盾を得て、家中統制をおこなおうとする紹運側の意図もあった。

(36)　天正七年に彦山座主舜有は秋月種実と和議を結び、種実の子竹千代を養子に迎えている。

(37)　奥野高広『増訂織田信長文書の研究』（吉川弘文館、一九八八年）所収一〇五二号文書。

(38)　この年十一月朔日付で信孝（三七郎）が吉川元春（駿河守）に書状を発するが、そこには「今度隆景相談の処、種々御入魂の由、祝着候、」とある（大日本古文書『吉川家文書』七八号）。

(39)　『鹿児島県史料　旧記雑録後編』一—一四二三号。

(40)　六月二十二日付戸次道雪・高橋紹運連署状写（『鹿児島県史料　旧記雑録後編』一—一四二五号）。

(41)　大日本古文書『島津家文書』一〇一・一〇二号、『佐賀県史料集成』古文書編・第三巻・「龍造寺家文書」一二二号。義弘充ての文書は敬称は「仮名との」で、いささか薄礼となっており、内容も義久への説得を求めるものとなっている。また、「龍造寺家文書」の充所は「龍造寺との」とあり、こちらも薄礼で充所の特定もされていない。隆信没後の龍造寺家との交渉がなかったのであろうか。なお、それぞれに真木嶋昭光・一色昭秀の連署副状をともなっている。

(42)　『鹿児島県史料　旧記雑録後編』一—一四四七・一四四九号。

(43)　大日本古文書『小早川家文書』四三一号。

(44)　『鹿児島県史料　旧記雑録後編』一—一四五二号。

(45)　柳川の歴史4『近世大名立花家』（柳川市、二〇一二年）、とくに第一部「豊後・筑前時代の戸次氏」参照。

(46)　大日本古文書『小早川家文書』二七九・二八〇号。

(47)　卯月十六日の日付で島津義弘（この頃は初名「忠平」を名乗っている）が、同二十六日付で義久が吉川元春充ての書状を発し（『吉川家文書』七二・七三号）、秋月種実の仲介で肥前（龍造寺政家）との和睦がなったことを告げ、この間の毛利家の支援について謝意を述べている。おそらく帰国の期日が近づいた五戒坊に託されたのであろう。

(48)「専徳寺文書」（『豊臣秀吉文書集』一三六七号）。

(49) 播磨良紀「太田城水攻めと原刀狩令」（津田秀夫先生古希記念会編『封建社会と近代』同朋舎出版、一九八九年）。

(50) 正親町天皇は諸寺社に対して秀吉の病気平癒の祈禱を命じ、さらに見舞いの勅使を派遣する。この時、誠仁親王も秀吉に消息を送っているが、そこにはすでに内大臣任官しておりから、合戦も自ら出陣するのではなく、名代を遣わすのがよいと述べている（藤井讓治『天皇と天下人』〈『天皇の歴史05』〉、講談社、二〇一一年）。

(51)「史料翻刻　貝塚御座所日記」（『寺内町研究』四）。

(52) 当時の義久は体調不良に悩まさせており、実弟の義弘を「名代」に任じた。これは「国家の儀など御裁判」を当主に代わって遂行するものである。この経緯については、前掲注（8）新名書二〇二一年が詳細に分析している。

(53)『上井覚兼日記』の天正十三年九月十六日条には「豊州南郡よりも五六人、阿蘇伝に申し上げらる衆これ有り」という記事がある。阿蘇大宮司家からの情報として、南郡衆五、六人から内通の申し出があったという意味であろう。

(54)「骨啄」は大友家の重宝である。元は薙刀として作られ、刀に直したものという。無銘であるが、粟田口吉光の作と伝えられ、「骨啄藤四郎」と称された。

(55) 東京大学史料編纂所所蔵影写本「伊予一柳文書」。文書の年紀比定については岩沢愿彦「秀吉の唐入りに関する文書」（『日本歴史』一六三号、一九六二年）に従う。

(56) 前掲注（51）史料。なお、『宗国史』所載の十月四日付元親書状写には「昨夕入津せしめ候」とあって堺入港の時期が知れ、またやはり「貝塚御座所日記」には「土州長宗我部は父子御礼に罷り上り、十月廿日比帰国」という記事が確認される。

(57)「成松文書」『大日本史料　第十一編之二十二』。この文書については、福川一徳氏による詳細な考究があり（「伊予法華津氏研究序説―豊後国海部郡浦代浦成松家を中心に―」『伊予史談』二三四号、一九七九年）、ここで法華津氏さらに文書を伝えた成松家についても言及がある。

(58) 寒川旭『秀吉を襲った大地震　地震考古学で戦国史を読む』（平凡社新書、二〇一〇年）。

(59) 十二月七日（推定）付大友義統充て秀吉判物写・「大友家文書録」一九四四号（『大分県史料　大友家文書録三』）。

(60) 後年の編纂史料ではあるが、「大村記」（『史籍雑纂』第二）に「一、天正十三年、太閤秀吉より理専（大村純忠）に御教書下され、上使として松本武蔵と云う人、上下弐十人余にて来る、太閤御下知に随い奉るべしとの上意なり、理専申し候は、天下を知る人の大名となる事、我が本意なり、縦ひ身体果つとも、何の恨みかあらむ、馳走して帰す、有馬・平戸も理専の御請け申し上げ候を聞きて、御請け申し上げられ候なり」とある。大友家以外にも各国の国衆に対しても秀吉の使者が差し向けられた可能性が考えられよう。

(61)「西寒多神社文書」『増補訂正編年大友史料』二七所収一〇五号文書。

(62)『鹿児島県史料　旧記雑録後編』一―一二二号。

(63) 尾下成敏（「信長在世期の御次秀勝をめぐって」『愛知県史研究』一九号、二〇一五年）によれば、天正九年頃から羽柴秀勝（御次）が羽柴秀吉の代行者として近江長浜領の支配に関わり、ついでその権限は軍事指揮権行使に拡大した。そうした背景には、秀勝がいずれ羽柴分国の政務を担うという立場にあったとする。さらに、尾下は「自身を頂点とする政権を樹立した秀吉の動向を見る際は、御次秀勝を介する形で進んだ織田宗家と羽柴家の一体化という情況に、秀吉がどう向き合ったかが問われてもよいのではないか」とも述べている。

(64) 内閣文庫の「押小路文書」に天正十三年九月九日付の「豊臣改姓請状」が残るが（名古屋市博物館編『豊臣秀吉文書集』一六一八号）、ここではひとまず太政大臣への任官を改姓の契機としておく（前掲注（50）藤井書）。
(65) 下村效『日本中世の法と経済』続群書類従完成会、一九九八年。
(66) やや先の史料とはなるが、天正十四年（推定）八月三日付の高橋紹運・立花統虎充ての判物で、秀吉は「抑も九州の事、条目を帯し、豊・芸・薩へ下知を加え候の処、義統・輝元承伏せしめ、和合の儀を以て馳走、尤も神妙候、然りて島津事、今に筑紫領内に相動き、今に在陣の由、是非無く候」とみえる（「立花文書」『柳川市史　史料編　近世文書』前編）。
(67) 卯月六日付宗滴（大友宗麟）書状写「大友文書録」二〇九一号（『大分県史料』第二部・補遺（5）「大友家文書録三」）。
(68) 「遠用物所収文書」四六号（『山口県史　史料編・中世3』）。
(69) 宗麟の豊後帰還は五月十八日のこととなる。六月十六日付の小田部新介充て大友義統書状に「急度染筆候、休庵《大友宗麟》事去月十八輙ち下向候、猶京都忝き上意を請けられるるの段、言語に絶え候」とある（福岡市博物館所蔵「小田部文書」、吉良国光「小田部氏関係史料」『福岡市博物館研究紀要』創刊号、一九九一年）。
(70) 五月十二日付輝元書状「遠用物所収文書」四七号（『山口県史　史料編・中世3』）。
(71) この文書の年紀は、天正十四年あるいは十五年に絞られるものの、これまで天正十五年に比定されることが多かった。しかしながら、尾下成敏によって「天正十四年の発給と判断したほうがよかろう」との疑義が呈された（「九州停戦令をめぐる政治過程」『史林』九三―一、二〇一〇年）。首肯すべき見解であり、ここでもそれに従う。
(72) 少なくとも、羽柴・毛利同盟の成立以前、天正十一年中盤ころまで、毛利輝元充ての秀吉文書は書判（花押）を居えた判物であり、礼式からみても厚礼なものであった。ところで、前に触れた四月十日付の「覚」にもやはり朱印が居えられている。議論の始点をここに遡及することも可能であるが、こちらには条規という機能も認められるため、ひとまず別の議論としておく。

(73) 七月十二日付大友義統（左兵衛督）充て秀吉判物写「大友家文書録」二〇九八号（『大分県史料』第二部・補遺（5）「大友家文書録三」）。

(74) この点、尾下成敏氏も指摘するように（前掲注（71）、尾下論文）、毛利元就の末子で、小早川隆景の養子となっていた秀包と、大友宗麟の女子の婚姻が想定されよう。

(75) この千布賢利と交代で、成富茂安（十右衛門尉）は国許に帰される。

(76) 児玉就英（内蔵大夫）に充てた八月二十二日付小早川隆景書状（「児玉惣兵衛家文書」六一号『萩藩閥閲録』第三巻）には、「千国（仙石）権兵衛・長曽我部事、豊後に至り、一両日中下向候」とある。

(77) 『高知県史　古代・中世編』第五章第二節。

(78) 原田弾正少弼について、広渡正利編著『大蔵姓原田氏編年史料』（文献出版、二〇〇〇年）は、隆種（了栄と号す）の養嗣子信種に比定する。信種は天正十六年の秀吉朱印状に「五郎」の名で登場する。「弾正少弼」という官途名を仮名《けみょう》の「五郎」に改めるも、いささか不自然な印象が拭えない。原田氏の系譜には隆種（了栄）と信種の間に親種という人物をおくものがある。隆種の没年もあきらかではなく、このころの「弾正少弼」が誰にあたるのか判然としない。ここでは実名の比定を措き、ひとまず「弾正少弼」のままで記述しておく。

(79) 宮崎県立図書館編「宮崎県史料」第一巻。

第Ⅱ部　九州平定戦の推移

第一章　中国・四国勢による前哨戦

一　中国・四国勢の九州先遣

筑前検使黒田孝高・宮木宗賦　筑前検使を命じられた黒田《くろだ》孝高《よしたか》と宮木《みやぎ》宗賦《そうふ》は、九州からいったん毛利領内へ戻る。天正十四年（一五八六）八月六日には吉田郡山城《よしだこおりやまじょう》に入り、毛利一門と九州への派兵について具体的な協議を進めることとなる。このころ毛利《もうり》輝元《てるもと》には上洛の計画があったようだが、孝高らはその延期を要請し、輝元もこれを容れて九州への出陣を優先することとなる。

八月五日付で羽《は》柴《しば》秀吉《ひでよし》は、黒田孝高・安国寺《あんこくじ》恵《え》瓊《けい》・宮木宗賦に充てた「覚」を発している。これは全十三カ条に及ぶ詳細なものであるが、ここには「唐国まで成るとも、仰せ付けらるべしと思し召さる御存分の通りに候条、島津御意に背き候処、幸いの儀に候間、堅く仰せ付けらるべきの儀、浅からず候、おのおの其の分別専一に候」という件がある。[1] 秀吉はつとに大陸出兵の抱負を語っていたが、「唐国まで成るとも、仰せ付けらるべし」と、ここでもそれを宣明する。島津家の不服従はむしろ望むべき事態であり、これを好機に九州支配を確固たるものとし、さらに大陸派兵の基盤とするので、麾下の面々もそのつもりでいるように、ということであろう。秀吉は同じ五日付で、黒田孝高と宮木宗賦に充てた朱印状を発給しており、改めて九州へ至る経路、とりわけ関門海峡の交通を確保すべく厳命している。[2]

黒田孝高と宮木宗賦の関戸（下関）到着は、九月五日のこととなる。[3]黒田孝高は、関戸と対岸に位置する豊前門司の両城を頑強に修復し、自ら管轄することとなる。この時、秀吉は孝高に、備前直島の船二艘を預けている（福岡市博物館編『黒田家文書』第一巻六二号）。これは、おそらく関門海峡の連絡に供するためのものであろう。孝高は関門海峡の警衛を固めて、輝元ら毛利一門勢の着陣を待つ。

図12　黒田孝高画像（福岡市美術館所蔵）

この間に、重臣久野重勝（四兵衛尉）を使者として、豊前・筑前の国衆《くにしゅう》のもとに遣わしている。(4)
毛利先勢の出陣は当初八月十日に予定され、十六日には吉川元春《きつかわもとはる》や小早川隆景《こばやかわたかかげ》を従えた輝元が、吉田を発足することとなっていた。しかしながら、輝元の出陣はかなり遅延してしまう。遅滞の理由は伊予支配の不調にあったが、(5)九月九日に孝高は九州から下関に戻り、輝元に対し、渡船の準備が調い次第すみやかに九州上陸を果たすよう、強く促した。(6)結果的に輝元が出陣するのは、ようやく九月十三日の未明のこととなる。(7)

島津勢の筑前撤退　毛利勢が九州に上陸するとの報をうけ、島津勢は立花山の包囲を解き、退却を開始する。これはまず筑前を平らげて、その後に豊後へ向かうという、島津方の基本戦略が破綻したことを意味する。また、八月二十七日には、筑後大善寺に拘束していた筑紫広門《つくしひろかど》が脱走し、本拠の肥前勝尾城《かつのおじょう》を奪回している。これには龍造寺方の密かな手引きがあったといわれる。さらに、危機を脱した立花山城《たちばなやまじょう》の立花統虎は、敵勢を追撃し、八月下旬に島津方の糟屋郡高鳥居城《たかとりいじょう》を落とす。

前哨戦の開始をうけ、九州からの情報逓送を円滑に進めるため、秀吉は九月二十五日付の朱印状を瀬戸内沿岸の要地に指示を発する。たとえば、「明石惣中」に充てたものには「九州面の事、安国寺・黒田勘解由・宮木注進候飛脚、差し上すに於いては、当浦より兵庫迄、舟の儀、夜中に寄らず、申し付け、早々送届くべく候なり」とある。(8)

毛利一門では、吉川元春が九月二十二日に長門豊浦郡の住吉神社（長門国一宮）に着陣、二十三日には下関に入っている。輝元も九月二十八日には下関に着陣し、(9)小早川隆景・黒田孝高らと軍議をもつ。既述のように、黒田孝高は一刻も早い九州渡海を求めていたが、毛利勢の集結はこの段階でも半分程度であり、さらに数日ここに留まらざるを得なかった(10)。

四国勢の九州上陸　また、讃岐の仙石秀久《せんごくひでひさ》は、九月中旬には豊後入りを果たしたようであり、後続の長宗我部勢をしばらく待つことになる。秀久は九月十八日付で、おそらく豊後周辺を描いたものであろう「絵図」を添えて、秀吉に充てて書状を発する。ここで秀久は、長宗我部勢の到着を待って、豊前の妙見方面（宇佐郡）に転進することを申し出ている。大友義統《おおともよしむね》も行動を共にしており、十月三日には宇佐郡着陣している(11)。具体的には、おそらく妙見岳城《みょうけんだけじょう》であろう。

前後するが、秀吉は仙石秀久に対する十月三日付の返書において、この申し出でを諒とし、豊前方面ではやがて毛利一門と協働することになるであろうから、充分に協議していくように命じている。ところで、豊後から島津側にもたらされた情報によると「千斛《（仙石）》権兵衛二百程にて来たり候、高崎辺りに居る由申し候、長曽我部《（長宗我部）》是も二百計りにて、にうの島《（丹生島）》に在る由候、召し烈《（連）》れ候衆も兵具など然々帯びず、商人などの様の分無き者と聞こえ候由なり」とあり、四国勢の質量ともに貧弱な様子を伝えている（『上井覚兼日記』天正十四年十月八日条）。島津方を油断させるための操作情報であった可能性も高く、これが実態をそのまま反映したものか否かは、慎重に考えていく必要があろう。

島津家の善後策　さて、筑前から撤退した島津勢は、肥後八代において善後策を検討する。八月末のこととされる。島津勢の大方は豊後攻めを主張したが、衆議の決定には時間がかかっている。ここでも、決定に際しては霧島社の神慮が重んじられたようである。結果的に、豊後攻めの方針が決定するのは、ようやく九月後半のこととなる。

ところが、この期に至って、島津義久《しまづよしひさ》は使僧長寿院・大善房を上方に遣わす。この両名は、秀吉、秀長《ひでなが》さらには石田三成《いしだみつなり》（治部少輔）および施薬院全宗《やくいんぜんそう》（徳雲軒）に充てた、九月二十七日付の義久書状を携行していた(12)。それぞれの書状は必ずしも同内容ではないが、一貫する趣旨としては関白秀吉の命に従わない、あるいは応じられない理由を列挙しつつ、秀吉以下の理解を求めている。

秀吉本隊の九州下向を何とか食い止めようとする企てであろうが、秀吉に拝謁した鎌田政広（刑部左衛門尉）が鹿児島への帰途に病を得たため回答が遅れているなど、もろもろの弁解も見え透いており、時間稼ぎの戦術としても、いささか稚拙な感は拭えない。

こうしたなか、いったん薩摩に戻った義久は、十月十八日を期して鹿児島を進発することとし、日向勢には、さらに早く十月十四日までに日向の県《あがた》（現・延岡市）に集結することとなった。はたして、大友義統らが豊前宇佐郡に移動し、豊後国内が手薄になったのを好機として、島津勢が豊後国内に攻め入る。義久が鹿児島を発するのは、予定より早く十月十四日のこととされ、日向の臼杵郡塩見に本陣を置く。十月中旬、義久の末弟家久《いえひさ》の率いる軍勢は、梓峠を越えて大野郡へ侵攻し、また義弘《よしひろ》が率いる軍勢は肥後阿蘇郡から豊後直入郡に進む。

毛利勢の九州上陸　毛利勢主力の九州上陸を前に、九月後半ごろから、北部九州の諸勢力が次々に秀吉への服属を表明する。これをうけて、秀吉は麻生家氏（次郎左衛門尉）・時枝鎮継（武蔵守）・広津鎮種（治部少輔）らに十月十日付の朱印状を与えて「当知相違有るべからず候」と、国衆の「当知行」を保証し、さらなる忠勤を尽くすように命じている。麻生氏は筑前東部の遠賀郡を本拠とするが、時枝・広津氏はともに豊前の在地勢力である。「当知行」とは、その段階で実際に支配をおこなっている事をいい、ここでは秀吉が服従する国衆の既得権を認め、それを保障したことを意味する。

さて、十月に入ると、毛利勢主力の九州渡海が開始される。主将輝元も十月三日に九州上陸を果たし、ただちに高橋元種《たかはしもとたね》の豊前小倉城を攻めて、翌四日にはこれを陥落させる。高橋元種は秋月種実《あきつきたねざね》の次男で養嗣子として一万田系高橋家に迎えられ、鑑種《あきたね》の跡を継いでいた。この点、既述の通りである。黒田孝高と安国寺恵瓊は十月五日付で連署状を秀吉に送っているが、その内容は小倉城の陥落を報じるものであったと考えられる。この返書となる十月十四日付の秀吉の朱印状には、「寔《まこと》に早々豊前一篇に相済む段、輝元手柄是非に及ばず候、其れに就き筑前面へ相動かるべき由、尤もに候」とある。毛利勢は小倉城を落としたに過ぎないが、秀吉はこれを豊前一国の平定と捉えているようである。それはともかく、ここで秀吉は、孝高らが豊前から筑前へ侵攻することを認めている。立花山城で孤塁を護る立花統虎を救援するためであろう。

毛利・黒田勢の筑前・肥前経略　こののち筑前では、遠賀郡・鞍手郡などで毛利一門や黒田孝高の率いる軍勢が、秋月方の出城を複数陥落させている。

このころ、筑前博多の古刹聖福寺《しょうふくじ》は、黒田孝高に陣中見舞いを贈っている。安国山聖福寺は栄西《えいさい》を開山とする日本最古の禅寺である。五山十刹制度の下で、十刹に序せられていたが、当時は大きく荒廃していた。聖福寺は黒田孝高が筑前国内に入ったことをうけて使者を遣わし、この際に博多津の復興を求めたようである。(13) 博多津復興の要請は、こののち黒田孝高から秀吉自身に伝えられることとなる。

さらに、筑前西部の怡土郡高祖城《たかすじょう》には原田弾正少弼が立て籠もっており、小早川勢や黒田勢が討伐に向かう。(14) この間の原田氏は、毛利家との交渉を進め、秀吉への服従も模索していたが、最終的な態度を決め兼ねていたのであろうか。とはいえ、改年後の天正十五年（一五八七）には、正月二十三日付の原田弾正少弼充て秀吉朱印状に、「島津退治に就いて、早速色を立て、忠勤を相励む段、尤も以て神妙候」とみえており、ここまでには秀吉への服属を決したことがわかる。(15)

毛利一門や黒田孝高の軍勢が筑前国内を転戦しているころに、肥前佐賀の龍造寺政家《りゅうぞうじまさいえ》や平戸の松浦《まつら》鎮信《しげのぶ》（肥前守）が正式に秀吉方への帰順を申し入れている。龍造寺家は、すでに前年来、秀吉と誼《よしみ》を通じていたが、秀吉はその去就を慎重にみており、龍造寺家が旗色を鮮明にして人質を提出するまで、輝元には門司辺りに留まるように命じていた。これに関連して、当初毛利勢の本陣は門司に措定されていたが、輝元は開城させた小倉城まで進み、ここを本営とする。

さらに、秀吉は十月二十一日付の恵瓊充て朱印状で、「肥前国、松浦肥前守・同道嘉・大村・波多・有馬・草野・宇久、此の者ども事、小早川・其の方両人一左右次第、何れの口へ成るとも、緩ぎ無く相動《はたら》くべき旨、朱印遣わされ候」と、述べている。(16) ここに名があがっているのは、いずれも西肥前の有力国衆の面々である。秀吉はこの面々を、隆景および恵瓊の指揮下に配すとする。龍造寺政家の帰順を踏まえたものともいえるが、これによって、万一の場合には龍造寺領国を挟撃することも可能となるわけであり、むしろ政家に圧力をかけるという効果を狙ったものであろう。

秀吉発給文書の変異　やや時間を遡らせることとなるが、この八月ごろから毛利一門を充所《あてどころ》とする秀吉文書では、朱印状ではなく御内書形式の判物が用いられる。すなわち、輝元や吉川元春やその後継元長（治部少輔）、小早川隆景を充所とする文書において、秀吉は基本的に花押を居えた文書を発給している。輝元や元春・元長の例は僅少であるが、隆景を充所とするないしは隆景を充所に含む文

図 13-1　豊臣秀吉画像（狩野光信筆、公益財団法人阪急文化財団逸翁美術館所蔵）

図 13-2　花　押

図 13-3　印　章

書は数多く残っており、右のような傾向を確認することができる。

たとえば、隆景・安国寺恵瓊・黒田孝高の三名を充所とする場合、一、二の例外はあるものの、判物が用いられている。一方、恵瓊・孝高のみを充所とする場合、こちらも二、三の例外はあるが、基本的に朱印状が用いられている。若干の例外はありつつも、秀吉は意識的に使い分けているとみてよかろう。この段階の秀吉が判物を用いるのは、大友義統や龍造寺政家、立花統虎など、東国では越後の上杉景勝《うえすぎかげかつ》や東海の徳川家康《とくがわいえやす》などとなる。大友義統や立花統虎は秀吉方に与《くみ》して島津勢と戦っているが、いまだ拝謁も果たしておらず、その意味で正式な主従関係が成立しているわけではない。そうした大名に対して秀吉は一定の配慮を示し、朱印状ではなく、花押を据えた判物を発給している。

毛利一門充ての文書にはすでに朱印状が用いられていたが、ここで一転して判物が用いられるようになる。文書の実際の先陣を毛利一門に委ねるにあたり、秀吉としても明確な敬意を示す必要があったのであろう(17)。ちなみに、こうした傾向は天正十四年（一五八六）の年末にかけて認められ、十五年に入ると、例外はありつつも、輝元・隆景充てとともに、ほかの秀吉麾下の諸将・諸大名充てと同様の朱印状が通例となる。


徳川家康の臣従と軍勢の増派　北部九州で戦闘が続くなか、秀吉はようやく家康を臣従させる。前にも述べたように、秀吉はこの年（天正十四年）五月に妹を輿入れさせるなどして、家康の懐柔をはかるが、事態の打開は容易ではなかった。九月になると、秀吉は実母大政所《おおまんどころ》を妹の見舞いという名目で、三河岡崎に送った。こうしてようやく家康も秀吉への服従を決意し、十月二十七日、家康は大坂城で秀吉への拝謁を果たす。家康の秀吉への臣従によって中央政局が安定し、秀吉自身の九州下向が可能となる。また、家康への備えとしてきた軍勢の動員が現実的となる。

糟屋郡に位置する立花山城の包囲が解かれたこともあり、毛利一門や黒田の軍勢は宗像郡の制圧を終えると、筑前から豊前・豊後方面への移動を開始する。こうした動きは、豊後国内の騒擾に関係するようである。すなわち、小早川隆景・安国寺恵瓊・黒田孝高は連署して十月三十日付の注進状を発し、豊後国内で大友義統に対する謀叛が起きたとの報を伝えている。事が内応に関わるもので、詳かにはできないものの、すでに島津家に内通していた直入郡の入田義実（丹後入道、「宗和」と号す）に続いて、大野郡の志賀親度（安房守、民部大夫入道、「道益」また「道易」と号す）が島津方と誼を通じたようである。これへの返書となる霜月十三日付の秀吉判物の内容を、次にあげておく[18]。

図14　徳川家康画像（久能山東照宮博物館所蔵）

> 去る月晦日の書状、今日十三到来、披見を加え候、豊後の内、義統に対し、逆心の奴原これ有る由に候、其れに就き、義統・千（仙）石・長宗我部筑後境目へ相動く処に、右の分謀叛人これ有るに付いて、府内とやらん

迄、相違なく人数打ち入る儀、先ず以て然るべく候、惣別豊後の国、心元無きに依り、両人差し遣し候処に、他国へ相動き候由、分別無き故に、豊後中に逆心の族これ有る事、其許手堅く申し付けらる上においては、義統入れ合わされ候行、然るべく候や、但し聊爾なる動き、これ有るに於いては、太然るべからず候、陣取り以下丈夫に覚悟これ有るべく候、人数入り候儀、これ有らば、追って注進有るべく候、先ず備前者共・阿波者・淡路者差し遣すべく候、豊後の一左右、追々申し越さるべく候なり、

豊前宇佐郡の妙見岳城あたりにいた大友義統・仙石秀久・長宗我部《ちょうそかべ》元親《もとちか》らも、豊後国内の謀叛鎮圧のため、玖珠郡方面に移動している。この結果、豊後の中枢部が手薄となって心許ないので、毛利一門や黒田勢が豊後国内への移動を打診したようである。秀吉はこの申し出でを諒としつつも、豊後の安定化を期して四国勢を遣わしたはずであったと、仙石秀久と長宗我部元親の軽挙を詰《なじ》っている[19]。

すなわち秀吉は同じ十一月十三日付で、仙石秀久・長宗我部元親に充てても判物を発し、すみやかに撤兵して、府内でもほかの城でも構わないので、豊後国内の城に籠もって加勢の軍勢を待つように命じた[20]。秀吉は同じ判物のなかで、「心元無く候間、人数先勢として、備前衆、淡路・阿波者共、仰せ付けられ候事」と、宇喜多《うきた》秀家《ひでいえ》の軍勢（備前衆）と脇坂《わきさか》安治《やすはる》・加藤嘉明（左馬助、当時は「房次」と名乗っていた[21]）らの淡路衆および阿波の蜂須賀《はちすか》家政《いえまさ》の軍勢を九州に遣わすと、前線の諸将に告げている。

戦況の推移　秀吉の命により、龍造寺政家は人質として実母（龍造寺隆信正室）を、重臣鍋島《なべしま》直茂《なおしげ》

は猶子平五郎茂里とその弟茂忠を差し出す。この面々は、しばらく長府の潮音院に留まっている。秀吉は人質をただちに大坂に送るように指示し、小早川隆景と黒田孝高は、龍造寺家中の成富茂安を陣中に呼び寄せて、この命を伝えている(22)。

小早川隆景・黒田孝高の軍勢は、十一月七日に豊前築城郡の宇留津城《うるづじょう》を落とす。この報せは十一月二十日、秀吉の許に届く。これをうけた小早川隆景・安国寺恵瓊・黒田孝高充ての返書で、秀吉はすみやかに九州へ下向する心づもりであったが、孝高・恵瓊らの進言を容れて、出陣を年明けの天正十五年（一五八七）まで延期すると述べている。その代替として、阿波の蜂須賀勢や淡路の脇坂・加藤勢を、豊後へ投入することを告げる(23)。この点、既述の通りである。さらに宇喜多秀家の軍勢が豊前に投入されることとなる。家康の服従によって、九州への軍勢増派が可能となったのである。

豊前築城郡の宇留津城を落とした隆景・孝高らの軍勢は、ついで京都郡の障子岳城《しょうじだけじょう》を降し（十一月十五日）、さらに高橋元種の拠る田川郡香春岳城《かわらだけじょう》を囲む(24)。この間に注進をうけた十二月朔日付の秀吉の返書には、「次に同十一日、龍造寺色を立て候由、然るべく候」という件がある(25)。既述のように、龍造寺政家の帰順は十月十七日付の朱印状で認められており、ここでの「色を立て候」は単に秀吉方に味方するということではない。おそらく、龍造寺政家の実母以下人質の大坂移送をいうのであろう。こののち龍造寺勢は、秀吉方として筑後方面に軍勢を展開することとなる。

さて、この翌日の十二月二日付の直状で、秀吉は毛利勢を豊後に移動させ、四国勢とともに豊後経略に従うことを命じ、香春岳城攻めは後続の宇喜多勢に交替させようとする。もとより、島津勢の豊後侵入を踏まえた軍令であろう。

ところで、障子岳落城と同じ十一月十五日、かねて小倉城で療養中であった吉川元春が没する。とはいえ、陣中のこととて、吉川元長とその弟広家の指揮する軍勢は、香春岳城攻めを継続し、二十一日にはようやく三の丸を落としている。さらに、寄せ手は付城に拠って奮戦を続け、十二月十一日には香春岳の水の手を奪取している。香春岳の落城も間近と伝えられた秀吉は、十二月十二日付で自陣の諸将に感状を与えている。日付自体はまだ攻城戦の最中であるが、これらが現地に届くころには、間違いなく香春岳城も落ちていると確信していたのであろう。

二　島津勢の豊後攻めと戸次川の合戦

「豊薩和平」の破綻　大友勢および仙石・長宗我部らの四国勢は、天正十四年（一五八六）十一月には、豊後国内の反乱鎮圧のため、豊前宇佐郡から豊後玖珠郡に出張っていた。この隙を突いて、島津家久（中務少輔）率いる島津勢が、日向口の梓峠から豊後へ攻め込む。十一月四日付の書状で大友義統は、「千石《仙石》秀久同心を以て、玖珠郡まで差し寄り候と雖も、薩摩の悪党宇目よりも現形せしめ、新たに臼杵へ乱入候」と述べている(26)。宇目とは梓峠から豊後への入り口にあたる地である。ここに程近い豊後海部郡の朝日嶽城にいた柴田某（遠江入道、号は「紹安」）らが大友家に謀叛し、島津勢を豊後国内に招き入れている。家久の軍勢は二十六日から、大友宗麟が籠もる臼杵丹生島城《にうじまじょう》を包囲する。

図15　島津勢豊後侵攻図
（『大分県史』中世編3、1987年をもとに作成）

その後は、府内に向かうため囲みを解いて北上し、ついで利光宗魚（実名は「鑑教」、別号「宗匡」）が護る鶴賀城（大分郡）を囲む。

一方、義弘の率いる軍勢も、肥後口から容易に豊後国内に入る。すでに内応していた直入郡の入田義実や大野郡の志賀親度が、島津勢の豊後入りを先導したという。十月中旬から下旬にかけてのことである。このように、豊後国内では国衆が相次いで島津方に内応しており、こうしたところが「豊後の内、義統に対し、逆心の奴原」の実態であったとみなされよう。

その後、義弘は直入郡の南山白仁城の志賀鑑隆（越後守、常陸入道、武蔵入道、「道運」と号す）や直入郡朽網山野城の朽網鑑康（三河入道、「宗暦」と号す）、大野郡鳥屋城の一万田鎮実（「宗拶」と号す）らを下して侵攻を続ける。

島津勢の豊後侵入は、名実ともに「豊薩和平」が破綻したことを意味する。これまでも島津・大友間の軍事衝突はあったが、島津家が「豊薩和平」を守ろうとしているのに、大友側がそれに反して国境を侵している、というのが義久の一貫した主張であった。それは「言い訳」に過ぎなかったが、大友家の本国たる豊後に侵攻する事態に至っては、そうした「言い訳」ももはや通用しない。

志賀親次の奮戦　ところが、岡城（直入郡）に至って島津勢は、ここに拠る志賀親次（太郎・小左衛門・湖左衛門、初名は「親善」）の厳しい抵抗にあう。志賀氏は大友家の庶流で、直入郡に本拠をもち、加判衆をつとめた親守の時、居城を志賀から岡に移した。親守の跡を継いだ親度も加判衆となるが、宗麟から義統への代替わりころに失脚するようであり、天正十二年（一五八四）九月に家督を親次に譲る。その翌年、親次は府内の学院で受洗し、キリシタンとなる。

父の親度やほかの南郡衆がこぞって島津方に与するなか、志賀親次は岡城に拠って徹底抗戦を貫いていた。利光宗魚や志賀親次のほか、明確な秀吉方として戦ったのは、海部郡栂牟礼《とがむれ》城の佐伯惟定（太郎、権正・権之正）あたりくらいである。惟定の家は豊後大神姓佐伯氏の嫡流であり、惟定の祖父惟教（「宗天」）の時、栂牟礼に本拠を構えた。惟教とその子で惟定の父に当たる惟真は、高城《たかじょう》・耳川《みみがわ》合戦で討ち死にしていた。十一月、惟定は島津勢を府坂峠で撃破し、親次も十二月におこなわれた駄《だの》原畑《はるはたけ》・篠原目《ささはらめ》の合戦で戦果をあげる。後述するように、志賀親次を下せなかったことは、島津方にとって大きな禍根となっていく（一一三頁参照）。

長く信長と対立してきた足利義昭《あしかがよしあき》は、必ずしも「豊薩和平」を支持してきたわけではないが、ここに至って秀吉と島津家との和睦に乗りだしてくる。義昭は十二月四日付で島津義久、義弘、家久および伊集院忠棟《いじゅういんただむね》に充てて、それぞれ個別に御内書を発する。

豊前香春岳の落城と高橋元種の降伏　豊前では十二月十五日、吉川・小早川勢および黒田勢が香春岳城に猛攻撃を加え、支えきれないと観念した城主高橋元種が、十二月二十四日に降伏する(27)。高橋元種の前後には、時日は不詳ながら、実家の秋月種実・種長も降伏しているようである。この点、十二月二十二日付の小早川隆景・安国寺恵瓊・黒田孝高充ての秀吉判物には、「然れば、香春嵩水手を取られ候に付いて、落去程有まじき処、秋月種々詫言せしむるに付て、森壱岐守秋月を免ずべきの由、申し遣し候処に、命を相助け、香春嵩請取らるるの由、先ず以って然かるべく候、秋月儀、人質存分の如く、これを出し、森壱岐守を秋月城に入れ置くにおいては、赦免せしめ、龍造寺と入れ合われ、越度無き様申し談ずへく候」とみえている[28]。

ここにみるように、秋月種実との間を仲介したのは、森吉成《もりよしなり》（壱岐守、苗字はのちに「毛利」と記す。「勝信」の名でも知られる）である。秀吉は、森吉成の申し出を容れて助命を決するが、その条件は人質の提出と居城の引き渡しであった。いずれにしろ、この方面の戦況は着実に安定化の方向にあったとみてよい。秀吉は、これまで豊前国内で転戦してきた毛利一門および黒田らの軍勢に、新たに動員する淡路と阿波の軍勢を加えた、およそ三万の軍勢によって、豊後制圧は可能と目論んでいた。

戸次川の戦い　ところが、大友・仙石・長宗我部らの軍勢は、秀吉の下した待機命令に反し、独自の判断で軍を動かしている。既述のように、このころ利光鑑教《あきのり》（宗魚）が護る鶴賀城《つるがじょう》（大分郡）が島津家久の軍勢に包囲されていた。大友義統らはこの救援に向かったのである。十二月十一日、双方の軍勢は戸次川《へつぎがわ》をはさんで対峙する。

長宗我部元親らは慎重論を唱えたが、仙石秀久は渡河強行を主張し、反対を押し切って戸次川を渡った。ところが、これは島津家久の策略であり、敵勢が川を渡りきったところで、島津勢が猛攻を開始する。会戦は十二日の夕刻のこととなる。不意をつかれた大友・四国勢は、大敗を喫する（「戸次川の戦い」）。大混乱のなか、仙石秀久は戦場を離脱し、長宗我部信親と十河存保《そごうまさやす》は、乱戦のなかで討ち死する。大友義統は、豊後府内を捨てて、いったん高崎城に逃れ、さらに豊前国宇佐郡の龍王岳城に移る。また、長宗我部元親も、海路伊予方面へ遁れている。

島津勢による豊後経略　十二月十三日に島津家久は府内に入り、ここで越年する。戸次川の合戦をうけて、義弘も府内での合流を目論むが、容易に軍勢を動かすことはできなかった。岡城（直入郡）の志賀親次に、背後を衝かれることを恐れていたのである。

改年後の天正十五年（一五八七）、義弘は二月七日付で、国許の喜入季久（摂津守）に充てて書状を発し、豊後入り以降の状況を伝えている(29)。これによると、義弘は「栂牟礼城」にあって南郡の制圧に従っていたが、秋月種実から玖珠郡方面へ援軍を出すように要請があったようである。種実は、いったん秀吉に服属するものの、戸次川の合戦ののち、再び島津方に与している。

ここで島津方の状況を整理する。島津勢は、日田郡につながる玖珠郡を失えば筑前や豊前との通路が絶たれることとなり、秋月種実は言うに及ばず、豊前を本拠とする高橋元種という有力な与党を失いかねないという事態に立ち至る。こうした危機的状況にあって、義弘は霧島社の御鬮《みくじ》に判断を委ね、玖珠郡への進軍を促す霧島社の神慮に従って、義弘は自ら朽網（直入郡）に陣替えし、新納《にいろ》忠元《ただもと》らの先勢を玖珠郡に入れた。島津勢は、玖珠郡で松木城をはじめとする二、三の城を下すようだが、充分な戦果を上げるには至っていない。こうしたなかで、義弘は天正十四年十二月二十八日に、豊後府内へ移動しようとしたが、岡城からの攻撃にさらされ、果たせなかった。一方、島津方についた南郡衆からは、義弘が府内へ移れば状況は一挙に不安定化すると、滞陣を継続するよう懇望があり結局、義弘は直入郡朽網での越年を余儀なくされる。

改年後は、玖珠郡における島津方の拠点、野上城からも援兵が求められている。義弘は重ねて判断を霧島社の神鬮に委ねることとし、その結果、府内から家久を呼び寄せて朽網の護りを任せ、義弘は玖珠郡へ進むこととなった。これは、当主義久の意向を踏まえたものであった。しかしながら、玖珠郡では、野上城など一部の拠点を確保するにとどまっており、戸次川の戦いに勝利したものの、それ以降の豊後経略は決して順調には進んでいない。結果的にみれば、義弘の軍勢が岡城を攻め倦《あぐ》ねたことが、甚大な軍事的瑕疵となる。

秀吉出陣の段取り　天正十四年（一五八六）十二月十九日、秀吉は太政大臣《だじょうだいじん》に任じられる。この前後、秀吉は「豊臣《とよとみ》」姓を下賜されており、ここでの記述も「羽柴秀吉」から「豊臣秀吉」に改め、同様に秀長・秀次ら一門についても「豊臣」姓によって記述していく。

こうした最中、大坂にいた秀吉の許に、戸次川合戦の顚末が届けられる。十二月二十二日のことである(30)。大敗の報によって、秀吉としても当面の戦略変更を余儀なくされる。さっそくに豊後国内での展開を求めていた阿波の蜂須賀家政や淡路の脇坂安治・加藤嘉明らを、豊前国内にいた黒田孝高に同陣させるよう、軍令を改めている(31)。

ついで、天正十五年正月一日付の「九州に至る御動座の次第」において、秀吉は九州へ下る軍勢の規模と出陣の日程を決定する(32)。このころには、香春岳城陥落の報せが大坂に届いている。さて、この「次第」によると、秀吉本隊の出陣は天正十五年三月朔日と定められ、その先駆けとして正月二十五日に宇喜多秀家（羽柴八郎・備前少将、軍役数一万五〇〇〇）、二月十日に豊臣秀長（羽柴中納言、軍役数一万五五〇〇）が、ついで十五日には豊臣秀勝（羽柴丹波少将、秀次実弟・小吉、軍役数五〇〇〇）が出陣することとなった。宇喜多秀家の出勢を前提に、黒田孝高はそれまで課せられていた長門関戸・豊前門司両城の管理を免じられ、宇喜多勢の到着を待って両城を引き渡すこととなる。(33)

一方、蜂須賀家政らは悪天候に悩まされ、年が改まっても九州への着陣を果たしていない。この知らせを聞いた秀吉は、「海上の儀」とて一定の理解を示しつつ、その遅延を詰っている。この朱印状は正月十七日の日付をもち、蜂須賀家政（阿波守）・加藤嘉明（左馬助）を充所とするが、(34)その指示は「両三人」に与えられており、この両名のほか脇坂安治（中務少輔）も行動を共にしていたと考えられる。秀吉は彼らに対し、豊後国内の城に兵粮や玉薬の補給をおこなったのち、豊前に向かい毛利勢に同陣するように命じている。

博多津復興の指示　この間、黒田孝高と安国寺恵瓊は、筑前博多津の復興を命じられている。黒田孝高が博多の古刹聖福寺から陣中見舞いをうけたことは前に述べたが（一〇一頁参照）、博多再興を求める声が孝高らから秀吉のもとに届けられたのであろう。秀吉は次のような指示を孝高と恵瓊に下す。

筑前国博多津再興の事、聞こし召し候、然れば、帰着の者の家の事、何方にこれ有ると雖も、彼の津へ引き越すべく候、地下人還住候様に申し付くべく候、

正月廿三日　（秀吉朱印）

安国寺

黒田勘解由とのへ

〔東京大学史料編纂所所蔵「富安護安氏所蔵文書」〕

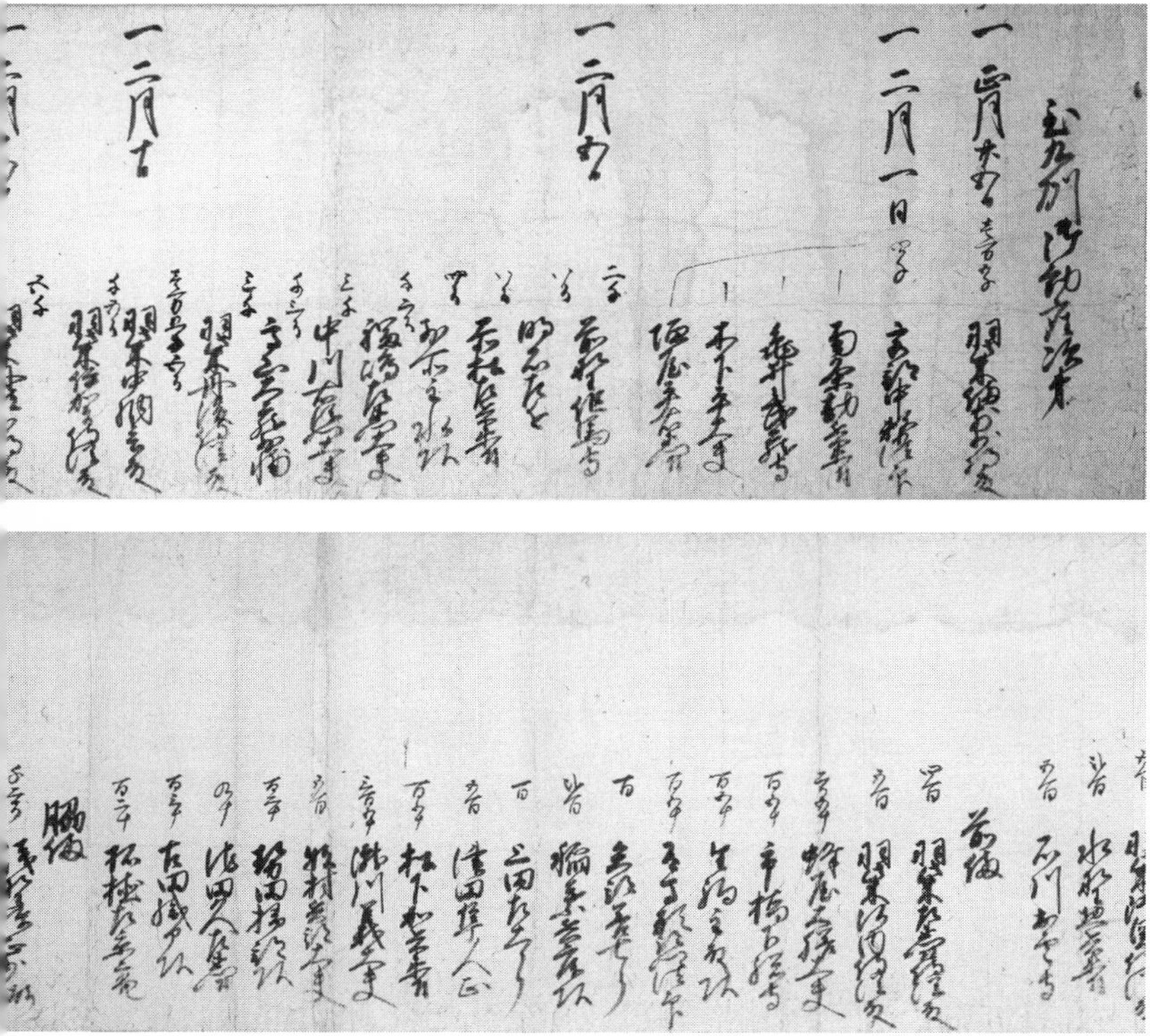

16　羽柴北庄侍従充、至九州御動座次第（「大阪城天守閣所蔵文書」、大阪城天守閣所蔵）

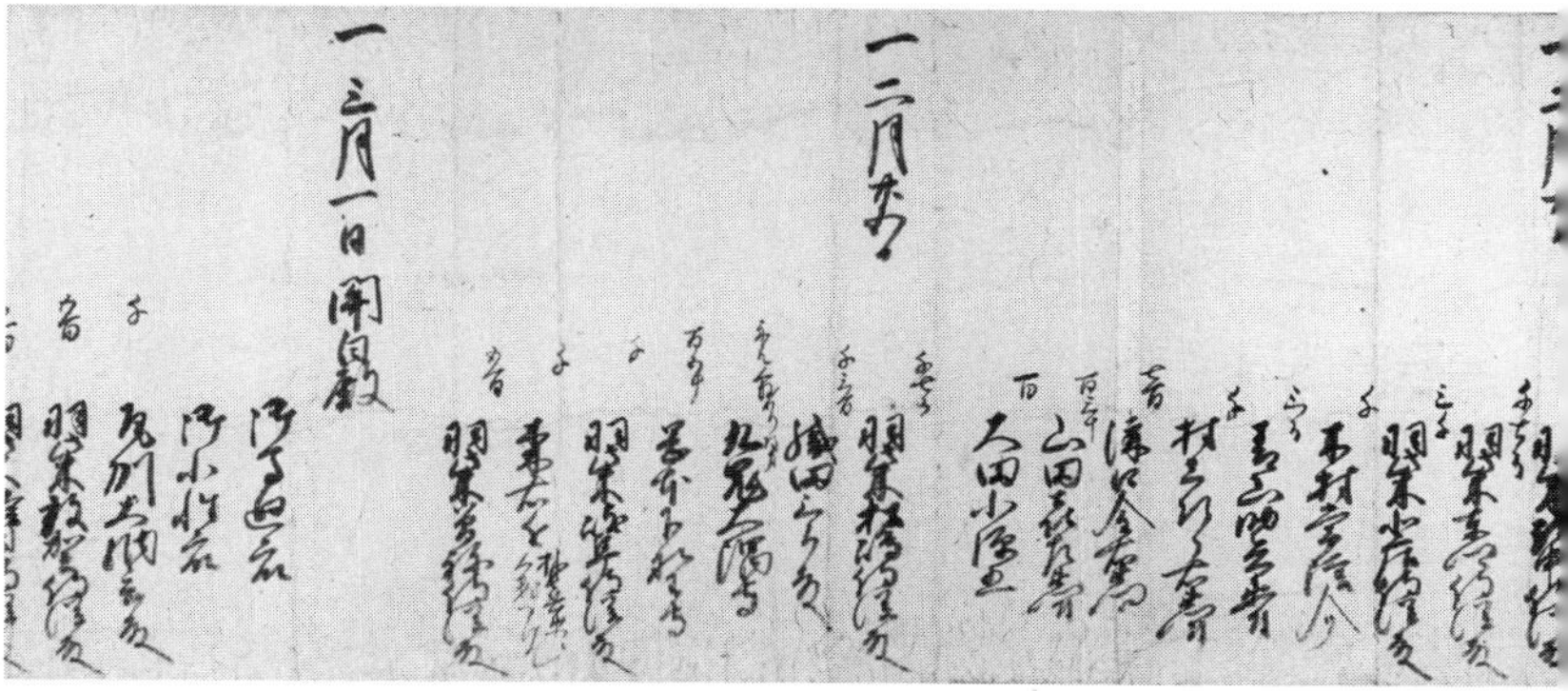

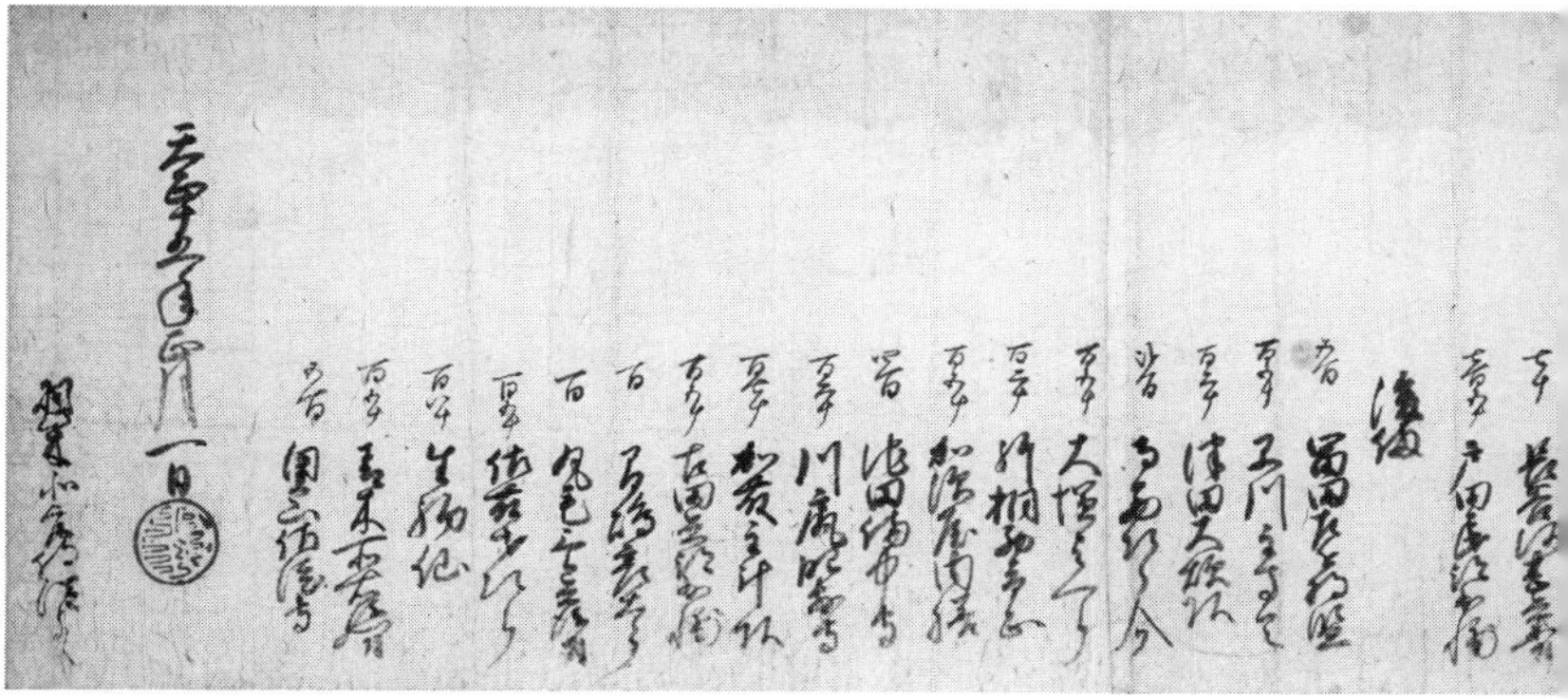

筑前博多は長い間、諸勢力の激しい争奪戦にさらされ、甚大な戦禍を蒙っていた。旧来の博多町衆には、肥前の唐津など周辺各地に疎開する者も多かったようである。秀吉は、彼ら博多町人の還住《げんじゅう》を、孝高と恵瓊に命じている。ところが、次に示す書状（正月二十五日付秀吉朱印状）から明らかなように、充所のひとりである恵瓊は、天正十五年（一五八七）への改年後早々に上洛している。豊後戸次川における敗戦をうけて、秀吉に親しく指示を仰ぐためと考えられる。博多の状況もあわせて秀吉に報告されたのであろう。一方の黒田孝高も豊前国内を転戦しており、この還住指令がただちに機能したとは考えられない。

ところで、秀吉は同じ正月二十三日付で、原田弾正少弼や龍造寺政家（民部大輔）に充てて、花押を据えた直状を発し、自らに与して忠節を尽くしていることを「神妙」とし、九州下向後の「新地」充行について明言している。いうまでもなく、龍造寺家は肥前佐賀、原田家は博多の西に位置する怡土郡を本拠としており、博多に対しては大きな影響力を保持していた。黒田孝高と安国寺恵瓊がただちに博多へ関われない段階で、秀吉が原田弾正少弼や龍造寺政家に直状を発給する背景には、博多復興を間接的に保証するという意図があったのであろう。

近づく秀吉の出陣　秀吉は安国寺恵瓊を九州に差し帰すにあたり、すでに先勢は発向し自身の出勢も間もなくであると告げ、前線の諸将を督励する。恵瓊に託された文書が次のものである。

旧冬十二月廿三日の書状并びに安国寺上洛、其の表様体具に聞こし召され候、各長々在陣苦労候、然れば先勢として羽柴八郎其の外、追々人数差し遣わし候、関白殿御動座日限の事、最前仰せ出さる通に候条、弥聊爾の儀之無き様申し付くべく候、今廿日・卅日間の事に候条、下々まで能々右申し聞くべく候、委細の段、安国寺仰せ含まれ、差し下さるるの条、申し渡さるべく候、其の意を得べく候なり、

正月廿五日　（秀吉朱印）

小早川左衛門佐とのへ

吉川治部少輔とのへ

黒田勘解由とのへ

〔福岡市博物館編『黒田家文書』第一巻七八号〕

元春の死去をうけ、吉川家の充所は後継の元長（治部少輔）となっている。前に表明された計画に従って、宇喜多秀家（羽柴八郎）をはじめとする先勢が発向し、秀吉自身の出陣も予定通りに遂行されるので、軽率な行動をおこなわないように厳命する。戸次川の敗戦を意識したものであろう。

一方、豊後の制圧に苦慮する島津勢は、秀吉勢主力の九州下向を前に動揺を隠せない。日向国臼杵郡の塩見城にいた島津義久は、この期に及んで使僧南光坊を大坂に遣わす。南光坊は、秀長および秀吉側近の石田三成充ての書状を携行していた(35)。書状の内容は、戸次川合戦に関する弁明である。すなわち、義久は、大友家が領域を侵したため、やむを得ず出兵したのであり、大友方に仙石・長宗我部勢が加勢するとの風聞は知っていたが、四国勢を打ち破ったことは想定外であったとする。秀吉の意向を粗略にするつもりはないし、府内で立ち往生する上方・四国勢のために、弟の家久（中務少輔）

が複数の大船を調達したことを力説し、決して敵対はしていないとする。やむなく仙石・長宗我部勢を巻き込んでしまったものの、戸次川合戦はあくまで大友・島津間の「私戦」から出来《しゅったい》した、想定外の事変である、との主張である。

秀吉自身の九州出陣が現実的となることで、局面は大きく動き出す。秀吉本隊の下向は、九州の諸勢力に告げられていたが、肥前平戸の松浦鎮信に充てた御内書形式の判物には、「人質黒田勘解由・小西弥九郎両人かたへ相渡し候由、尤もに候」とある[36]。松浦鎮信への軍令は黒田孝高と小西行長《こにしゆきなが》によって通達され、鎮信はさっそくこの両名に対して人質を差し出している。これまで、松浦氏を含めた西肥前の諸将は、尾藤知宣（左衛門尉）によって秀吉に仲介されていた。ところが、戸次川の敗戦によって没落した仙石秀久の軍勢（讃岐勢）を尾藤知宣が率いることとなり、これをうけて黒田孝高（勘解由）と小西行長（弥九郎）が西肥前諸将の取り次ぎを担うことになったのであろう。

第二章　関白秀吉の「九州御動座」

一　秀吉の出陣と島津勢の豊後撤退

秋月種実の寝返り　「九州に至る御動座の次第」に示された通り、天正十五年（一五八七）正月二十五日には、「御先勢」の先陣を切って宇喜多秀家《うきたひでいえ》（羽柴備前少将）が大坂を発つ。志賀親次（太郎）充て二月八日付の秀吉朱印状には、「去月廿五日、羽柴備前少将打ち立ち候、羽柴中納言其の外追々差し遣わされ候、殿下来月朔日御馬を出され候条」とあり、豊臣秀長《とよとみひでなが》（羽柴中納言）以下がこれに続き、計画通り三月朔日には豊臣秀吉《とよとみひでよし》が出陣するという。出兵計画が順調に遂行されている様子がわかる。(37)

三月朔日の出陣を間近に控えた秀吉は、二月二十二日付の朱印状を黒田孝高《くろだよしたか》に充てて発する。(38)ここで秀吉は、秋月攻めは無用であるとの指示を下す。既述のように、秋月種実《あきつきたねざね》はいったん秀吉への服従を誓っていた。ところが、戸次川《へつぎがわ》の戦いののち、再び島津方に転じ、これが秀吉の逆鱗に触れたようである。見せしめのため、秀吉には秋月種実を自ら成敗するという決意があった。さらに、秀長の着陣まで島津勢を「懸け留め」、すなわち釘付けにするように命じている。島津勢が撤退し、領国の薩隅に籠もるような事態となっては、決して優位には戦えないという判断があったのであろう。

豊臣秀長の出陣　秀長も、計画通り居城大和郡山を二月十日に発する。『多聞院日記』の同日条には「中納言殿今朝陳（陣）立て、山崎へ出でられ了わんぬと云々」とある。[39] その後、秀長は二十六日には周防岩国に到着した。これをうけて秀長を出迎えるため、毛利《もうり》輝元《てるもと》・小早川《こばやかわ》隆景《たかかげ》は長府に出向いている。[40] この西下の途次、秀長は足利《あしかが》義昭《よしあき》との交渉をもったようである。次のような島津《しまづ》義弘《よしひろ》充ての義昭御内書が確認される。

和平の儀、申し遣る処、言上の趣先ず以て神妙、其れに就き、秀長存分の通、委細申し含め、昭秀これを指し下す、此の節入眼肝要、猶昭光申すべく候なり、

二月廿六日　（足利義昭花押）

嶋津兵庫頭とのへ

（『鹿児島県史料　旧記雑録後編』二―二三七号）

書き止めには「猶昭光申すべく候なり」とあるが、「昭秀これを指し下す」ともあるように、実際に使者として九州に下るのは、義昭側近の一色昭秀（駿河守）である。時間稼ぎの側面はあったにせよ、義昭は前向きな回答をおこなったのであろう。「入眼《じゅがん》」とは成就するという意味であり、義昭には今度こそ和睦を成立させたい、との想いがあったことがわかる。これをうけて義昭は九州に下向す

る秀長に、委細を申し含め、既述のように一色昭秀を島津の陣営に差し向ける。

その後、秀長は小早川隆景を従えて九州に入るが、毛利輝元はしばらく長府に留まる。厳島の大聖院・大願寺および厳島社の棚守房顕（左近衛将監）に充てた三月十四日付の輝元書状には、「我等事、長府・関の間まで罷り出でて御一礼候、爰元を十六・七両日の間に罷り立つべく候」と述べている[41]。輝元は、厳島社宝蔵の「千鳥刀」を秀吉に進上する心算であったが、これがいまだに届いておらず、気をもんだ輝元は、長府からせわしく催促したのである。輝元はこの刀を請け取ると、ただちに豊前へ向かうこととなる。

豊臣秀吉の出陣　秀吉は、京都の留守を秀次《ひでつぐ》に委ね、前田利家《まえだとしいえ》にその補佐を命じる。その上で、計画通り、秀吉は三月朔日に大坂を発する。これを勅使はじめ摂家・門跡以下が見送る。このなかにいた吉田兼見《よしだかねみ》は日記に「巳の刻、御進発、八万許りか、馬回《（馬廻り）》武具以下、中々筆舌に尽くし難し、古今希有の儀なり」と書き残している。秀吉の許で島津家との交渉にも関わってきた細川（長岡）幽斎は自らの紀行『九州道の記』を「ことし天正十五三月はしめ、博陸殿下九州大友島津わたくしの鉾楯をとゝめらるへき為に御進発のことあり」と書きはじめる[42]。「博陸」とは関白の唐名で、いうまでもなく秀吉を指す。ある種のプロパガンダであろうが、この戦さに臨む秀吉の立場が「わたくし」のものではないことが雄弁に述べられている。

発足の当日は播磨兵庫で宿泊する。秀吉に従った右筆の楠長諳によると、「二日、兵庫御立ち、須磨までは御歩行、道すから御連歌あり、須磨より御船にて明石御泊まり、舟中も御連歌なり」とある[43]。

楠長諳はこの紀行に自らの歌を書き残しているが、ここに「御」を冠して敬意を表していることから、秀吉主催によるものとみなされる。煌びやかな行粧で大坂を発した秀吉の軍勢は、須磨・明石という名所《などころ》で連歌を催行しながら、西へ向かう。大軍の移動にあたって課題となったのは渡河であり、秀吉は次のような朱印状を発する。

賀古川（加古川）渡船の事、近辺舟共、有り次第召し寄せ、軍勢滞り無く、越し申すべし、由（油）断すべからず候なり、

三月四日　（秀吉朱印）

賀須屋内膳正とのへ

〔個人蔵・『豊臣秀吉文書集』二一〇六号〕

この段階で、秀吉はすでに姫路を過ぎて赤穂に入っており、加古川渡船の糾合は後続する軍勢のための措置である。充所《あてどころ》の賀須屋真雄（内膳正、苗字は「糟谷」とも表記、実名は「武則」など数多く称したようであるが、ここでは「真雄」で記述する）は加古川の出身といわれており、その点「地の利」を活かした配置といえよう。

山陽路を西下する秀吉　三月六日に備前岡山に入った秀吉は、ここで四日間の休息をとる。[44] いうまでもなく、備前岡山は宇喜多秀家の城地である。その後、秀吉は備後赤坂で足利義昭と対面する。既述のように、義昭は毛利領備後鞆《とも》に拠点を置いて以来、反信長の立場から九州の政局にも大きく関わってきた。秀吉西下を好機として、義昭は赤坂に出向き、対面によって両者の間に和睦が成立する。

図 17　厳島神社（フォトライブラリー提供）

三月十三日には備後の三原に到着する。ここには加藤嘉明からの注進状が届けられており、嘉明は豊後の臼杵城に兵粮二〇〇石を差し籠めたことを告げている。秀吉は、自らの意を体した措置として、これをよろこんでいる(45)。秀吉は三原でも一日の休息をもつ。三原は毛利領内における小早川隆景の本拠となる。のちに秀吉は隆景に対し「今度路次中、泊々并茶屋已下、殊三原普請等、彼是念を入れられ候儀、感じ思し食し候(46)」と書き送って、その入念な対応に謝意を表している。十五日には安芸国内に入る。海田を経て廿日市に至り、ここに一日逗留し、対岸の厳島神社に参詣し、ここで和歌の会などを催行する。「九州御動座記」には「いつく嶋へ御参詣成られ、種々御慰み御歌など遊ばされ候て、当社大破の体、御覧なられ候て、八木五千石当座に御寄進」とある(47)。

さらに、秀吉はここで和歌を奉納している。

き丶しより眺めにあかぬ厳島見せばやと思ふ雲

の上人

厳島社に秀吉の詠歌として伝えられるものである（『芸藩通志』）。厳島の絶景を謳ったものであるが、秀吉がそれをみせたいとする「雲の上人」とは、後陽成《ごようぜい》天皇を指すのであろう。関白たる秀吉はあくまで天皇の代理として、島津を討とうとしていることを、歌に託したのである。

このように、秀吉の行軍は決して急ぐものではなかった。初めて踏み入る毛利領内をつぶさに実見するとともに、関門海峡の渡海を余裕をもたせつつ、間断なく円滑に進める、という意味合いもあったようである。厳島から廿日市に戻った秀吉は、三月十八日付の朱印状を黒田孝高に充てて発する。秀吉は前年来の働きを労《ねぎら》いつつも、さらなる緊張を強いる(48)。秀吉の到着を前に、失態を演じれば、改易・成敗もやむを得ないということであろう。孝高の立場は、戸次川の戦いを強行した仙石秀久《せんごくひでひさ》と共通する部分を有しており、厳にその轍を踏むことのないよう、慎重な振る舞いを命じたのである。

秀長の九州上陸　九州上陸を果たした豊臣秀長は、三月六日に豊前小倉に着陣する。ここから味方の諸勢に対して軍令を発する。この間の経緯は、大友義統《おおともよしむね》が筑後下妻郡の国衆辺春能登守に充てた書状から明らかとなる。

前六中納言殿、小倉に至り御着陣なられ、諸軍に仰せ遣わさるに依り、義統事、黒田官兵衛尉方同心を以て、一昨日十一由布院に至り罷り越し候、然る処野上へ滞在の悪党、昨日十二敗北の条、急度府内へ取り懸かり、薩摩の逆徒一人洩らさず討ち果たすべき覚悟に候間、此の節忠義を励まるべき事肝要に候、委細、黒官仰せ遣わされ候間、口能に及ばず候、猶重々申すべく候、恐々謹

言、

三月十三日　　　　　　　　義統（花押）

辺春能登守殿

〔「光照寺文書」三号・『熊本県史料　中世篇一』〕

大友義統は、戸次川での敗戦ののち高崎城（現・大分市）に入り、さらに豊前の龍王城（現・宇佐市）に逃れていた。右の書状によれば、義統は黒田孝高とともに、三月十一日に豊後の由布院に到着したという。義統は、秀長の命に従って軍勢を南下させており、島津勢を「懸け留め」にするための行動だったと考えられよう。ここに昨十二日に玖珠郡野上に駐留する島津勢が敗れた、との報が届けられたようである。

さて、秀長に前後して九州に上陸した豊臣秀勝《ひでかつ》（小吉）も、秀長陣所に近接して陣を敷き、その配下の五〇〇〇が門司城の警衛にも当っている。この段階では、秀吉本隊の到着を待って、まずは秋月種実を下し、ついで「懸け留め」、すなわち釘付けにしていた島津勢を叩くことになっていたようである。したがって、秀長や秀勝は、小倉で秀吉本隊の到着を待つこととなる。

一方、豊前に戻った毛利輝元は、小早川隆景・吉川元長《きつかわもとなが》らとともに豊後に入り、島津勢の「懸け留め」に従う。ここは宇喜多秀家を主将とし、ほかに蜂須賀家政《はちすかいえまさ》・黒田孝高や宮部継潤《みやべけいじゅん》（善祥房）らが同陣していた。

先述したように、足利義昭の命に拠って、一色昭秀が九州に下った。これについて「旧記雑録」が引く「図書頭忠長譜」には、次の記事が確認される(49)。

殿下秀吉公、島津氏の罪を数えて曰く、其の咎赦しを欲する所無く、即ち西海に向かい、已に関戸を渡るの声、豊後に振る、且つまた三月十五日、高野木食興山上人・一色宮内少輔府内に来たり、和睦の事を勧む、而るに諸将の心に合わず、僉謂えらく、他邦に在り死生を争うより、早く我国に帰るに如かず、以て薩隅日三州要害の処を保ち、地の利に依りて其の時を待つと、茲に於いて義珍(義弘)主、家久・忠長と我軍を二分すと議す、其の一分は島津左衛門督歳久・同姓右馬頭征久をして、将に肥後路を退かせ、其の一分は義珍主に従い日向路を退くなり、

ここにみえる「左衛門督歳久」は、義久《よしひさ》・義弘の弟、家久《いえひさ》の兄に当たる。官途名の「左衛門督」にちなんで「金吾」と通称されている。また、歳久とともに肥後へ向かう「右馬頭征久」とは島津以久《もちひさ》のことで、義久兄弟とは従兄弟の間柄となる。

島津勢の豊後撤退　二次史料ではあるが、この「図書頭忠長譜」から一色昭秀とともに、木食応其《もくじきおうご》が九州に下向したことがわかる。引用史料中にもあるように、応其は高野山の僧であり、秀吉の紀州攻めに際して高野山を護った人物として知られ、秀吉の信認も篤かった。この史料に拠れば、木食応其と一色昭秀が三月十五日に豊後府内に入り、島津方に和睦を申し入れたとする。対応を協議するため、すでに義弘も府内に移動しているようである。

この間、島津方では、豊後の日田郡を確保することで、北部九州における優勢を保とうとする構想などが検討されたようだが(50)、結果的には実現していない。いずれにしろ島津家中には徹底抗戦を主張

するものも多く、態勢を立て直すため、いったんは豊後から退くことに決した。秀吉が安芸に入ったころ、豊後にいた島津勢も撤退を開始する。先にみた史料よれば、島津勢は二手に分かれ、義弘らは日向方面に、歳久らは肥後方面に向けて移動したようである。

破綻する秀吉の戦略

のちに秀吉が菊亭晴季《きくていはるすえ》や大坂の留守居連中に送った戦況報告には、「彼の面、五・六里に取り詰め候の処、去月《(三月)》十五日の夜、大雨にまきれ《(紛れ)》敗軍せしめ、日向へ北《(逃げ)》入り候ところを、千余之を討ち取り……」とみえている。(51)追いつめられた島津勢は三月十五日の夜、折柄の大雨を利用し、これに紛れて撤退を開始したのである。秀吉方も日向方面でこれを追撃し、その結果多くの大将首を含め、一千余を討ち取ったようである。前に触れた「図書頭忠長譜」に従えば、木食応其と一色昭秀が和睦を申し入れた、まさにその日のこととなる。

追撃して一定の打撃を与えたにしろ、秀吉の軍令はあくまで島津勢を釘付けにし、豊後国内に留めておくことであった。結果として、毛利勢以下は秀吉の軍令を遂行できなかったのである。この失態によって、黒田孝高と蜂須賀家政は、秀吉からとりわけ激しく叱責されることとなる。秀吉は周防富田から孝高・家政に充て、三月二十一日付の朱印状を発し、次のように難詰している。

一、敵退かざる様に、山取らるべき由、再三申し遣わし候処、はや五里六里まで相陣を構え候に依りて、敵敗軍いたし候、付け入りに仕り、豊後の内にて大将分討ち留めざる事、先衆ぬるき故と思し召され候事、

一、黒田勘解由・蜂須賀阿波守両人者、日頃秀吉付け入り候段存じ候に、何と仕りたる子細に中

納言所へ、日向の儀節所にて候間、打ち返し秋月を取り巻くべきか、と申し候事、分別能わず候事、

〔福岡市博物館編『黒田家文書』第一巻八五号〕

秀吉は、島津勢が退かないよう再三を命じていたのに、豊後国内で敵大将を討ち逃したのは「先勢」の怠慢であるとする。「付け入る」とは、「敵がみせる隙に乗じて攻め込む」といった意味をもっており、不合理な攻め方がこうした結果を招いたということであろう。孝高も家政も、秀吉の戦い方を熟知しているはずなのに、なにゆえ秀長に対し、日向攻めを諦めて秋月を攻めるなどと、誤った進言をおこなったのか理解不能と責めている。

同じ三月二十一日の「亥の下刻」、すなわち深夜に至って秀吉は、さらに次のように書き送る(52)。

追って申し候、日向口へと仰せ遣わされ候へ共、肥後口へ成るとも、日向口へ成るとも、順路よく候ハん方へ乱入すべく候、豊後へ討ち入り候人数を跡へ引き返し候事これ在るまじく候、秋月事ハ馬廻ばかりにて成るとも首を刎ぬべき事、案内候、

秀吉が自らの軍勢をもって秋月を攻めるので、豊後に入った秀長以下の軍勢は、そのまま肥後口なり日向口なりを南下すべし、との命である。

島津勢の立て直しと秀吉勢の陣容　追撃はうけたものの、島津勢は日向あるいは肥後への撤兵を終える。島津義弘は日向県を経て、三月十九日には高城《たかじょう》に入る。一方、島津義久もこれにあわせて都於郡まで出張っており、三月二十日にこの都於郡で義久・義弘・家久らが軍議をもつ。島津方は、この都於郡あたりを防衛拠点に想定し、その北に位置する児湯郡の高城で豊臣の軍勢を阻止すると決した。

三月二十五日に長門関戸に着陣した秀吉は、最新の戦況をもとに、先発していた軍勢を再編成し、新たな陣容を示す(53)。その概要を整理すると、次のようになる。

一番　森吉成　高橋元種　宇都宮朝房（城井弥三郎）
二番　前野長泰　斎村政広（赤松左兵衛尉）　明石元知　別所重宗
三番　中川秀政　福島正則　高山右近
四番　細川忠興　岡本良勝
五番　丹羽長重　生駒親正
六番　池田照政　林直次　稲葉典通
七番　長谷川秀一　青山忠元　木村常陸介　太田一吉
八番　堀秀政　村上義明　溝口秀勝
九番　蒲生氏郷
十番　前田利長
十一番　豊臣秀勝（小吉）

秀吉は九州上陸を目前に控え、陣容を整えている。既述のように、大半は上方から下ってきた軍勢であるが、森吉成《もりよしなり》（壱岐守）のもと「一番」に編成される高橋元種《たかはしもとたね》（九郎）と宇都宮朝房（城井《きい》弥三郎）は、いずれも豊前の在地勢力である。築城郡城井谷城《きいだにじょう》に拠る宇都宮（城井）家の当主は鎮房であるが、当時は病身と称し、嫡子朝房に手勢をつけて秀吉に従わせている。一方の高橋元種は、しばしば述べてきたように、鑑種《あきたね》を養父とする一万田系高橋家の当主である。規矩（企救）郡小倉ついで田川（田河）郡香春岳《かわらだけ》に拠って秀吉方に抗ってきたが、このころには秀吉に服従している。戸次川の戦いののち、実父秋月種実・実兄種長が再び島津方に寝返ったのに対し、一貫して秀吉に従っていることがわかる。

さらに、秀吉は翌二十六日付で、いまだ合流を果たしていない自陣営の立花統虎や筑紫《つくし》広門《ひろかど》などに対し、いっせいに朱印状を発する。秀吉は、二十七日を期して豊前小倉に入り、その後自ら秋月種実を攻めることを告げ、立花統虎や筑紫広門には秋月での合流を命じる。また、日向口には、秀長・宇喜多秀家以下毛利一門と四国勢など都合一四、五万を向かわせることを告げ、さらにこのたび組織された船手衆の具体的な陣容面々を明らかにしている。海陸ともに万全の体制であることを知らしめ、自陣の優位性を誇示するためであろう。

ちなみに、ここに船手として名があがっているのは、九鬼《くき》嘉隆《よしたか》（このころ右馬允を改め大隅守となる）・小西《こにし》行長《ゆきなが》（日向守、のち摂津守）・脇坂《わきさか》安治《やすはる》（中務少輔）・加藤嘉明（左馬助）・菅達長（平右衛門尉）・石井与二兵衛・梶原弥助のほか、村上水軍の村上（能島）元吉・村上（来島《くるしま》）通総《みちふさ》・得居通幸といった面々である。

二　秀吉の九州着陣

秀吉の九州上陸と豊前岩石城攻め

関戸（赤間関）での逗留が二日に及んだため、秀吉の九州渡海は予定より一日遅れ、実際の小倉入りは三月二十八日のこととなる。翌二十九日、馬ヶ岳城《うまがたけじょう》（現・行橋市および京都郡《みやこ》）に入った秀吉は、秋月攻めの具体的準備として、軍用道の整備を命じている。

小倉・香春の間道・橋、百姓共召し出し、肝煎宮木長次郎相談、入念相作るべく候、又其の方事、馬岳より七曲坂越え、秋月通り路次事候はば、間の百姓共申し付け、奉行相付け、早々これを作るべく候、由断すべからず候、

三月廿九日　　秀吉公御朱印

片桐東市正とのへ

〔国立公文書館・内閣文庫『譜牒余録』・片桐又七郎分〕

小倉から田川郡香春に至る間の道路整備を宮木豊盛（長次郎）に命じ、馬ヶ岳から七曲坂（京都郡から田川郡へぬける仲哀峠）を越え、秋月へ至る経路は片桐且元《かたぎりかつもと》（東市正）を奉行とする。宮木豊盛は苗字を「宮城」とも表記し、黒田孝高とともに「筑前検使」をつとめた宮木宗賦の養子と考えられている。既述のように、前の四国平定戦では、秀長の下で兵站補給の任に当たっていた。

秀吉率いる軍勢は、四月朔日に豊前田川郡板（伊田）原に到着する。ここから秋月への路次に位置

する岩石（「巌石」とも表記）城を、秀吉は「ささはり《（障り）》」とみなし、放置せずに殲滅することを決する。秀吉は秀勝（羽柴丹波少将）・蒲生《がもう》氏郷《うじさと》（羽柴松島侍従）・前田利長《としなが》（羽柴加賀侍従）に命じて攻め立て、「則時」にここを陥落させた(54)。

秋月種実・種長の降伏　翌二日、秀吉は嘉麻郡大隈に進み、秋月方の益富城（大隈城）を包囲する。大隈町に対しては、浅野長吉（弾正少弼、晩年の実名は「長政」）・森吉成（毛利壱岐守）の名で禁制が発せられる。

おくま《（大隈）》町

当所、かくの如く　御朱印なされ候条、則ち之を遣わされ候、もしこの旨をそむき、みだりのやから之あらば、そのものをとどめおき、きつとこの方へ申し届くべきなり、

天正十五年　卯月　日　　浅野弾正少弼（花押）

毛利壱岐守（花押）

〔嘉麻市・旧嘉穂町・教育委員会所蔵文書〕

対する秋月種実も、益富城を決戦の場と思い定め、ここに入って防備体制を整えていた。しかしながら攻城軍の規模は「五万余」あるいは「五万騎」といわれる大軍勢であり、加えて出城の岩石城がわずか半日で陥落したこともあって、種実は抗しきれないと観念する。種実は家督を譲っていた長子種長（三郎）とともに剃髪して、森（毛利）吉成の陣営に入り、秀吉への降伏を願い出る。

秀吉は、秋月家に対し厳罰で臨むことを明言してきたが、結局は父子ともに助命することとなる。

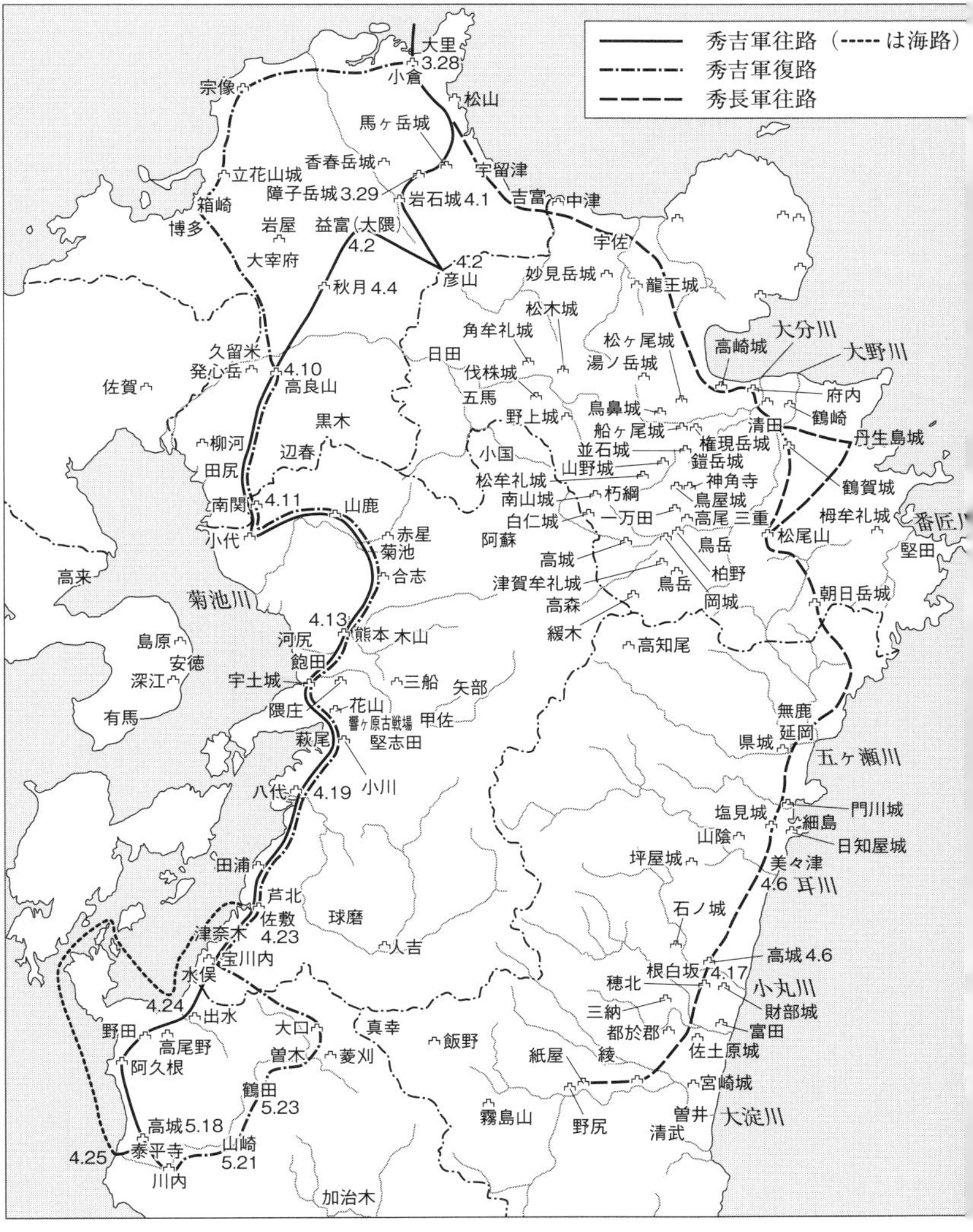

図 18　豊臣秀吉・秀長行軍図
（『大分県史』中世編 3、1987 年をもとに作成）

種実は息女を人質として差し出し、茶器の大名物として名高い「楢柴」の肩衝、また金一〇〇両と米二〇〇〇石を進上している。とりわけ、「楢柴」の肩衝は大友宗麟《そうりん》ら垂涎の大名物であり、これによって秀吉の心が軟化したともいわれている。

秀吉の秋月・荒平着陣　四月四日に秋月家の里城となる夜須郡荒平城に入った秀吉は、ここに五日ほど滞在する。既述のように、秀吉は立花統虎や筑紫広門に対し、筑前秋月での合流を命じていた。ここまで孤塁を護ってきた統虎も、岩石城陥落の知らせをうけて、立花山城《たちばなやまじょう》を発って秀吉の陣営に向かう。立花家中城戸清種（豊前守）が遺した記録（いわゆる『豊前覚書』）に拠って、この間の状況をみておこう。(55)

殿様《（立花統虎）》、庄山より、同（四月）五日未明より御立ちなされ、秋月里城へ御陣を御取り、則ち関白様へ秋月城にて御対面なれら、御懇の上意浅からざる由に候、此の時、御腰物・御馬・同道具共に御拝領なられ、御陣所へ御帰りなられ候、此の刻、御家中の慶び斜めならず、たとえ申すべき様も御座なく候、庄山里城まで一里半、三夜三番目野陣なられ候、此の間、矻と関白様御前へ御詰めなられ候、此の砌、秋月・原田・筑紫・蒲池・麻生、此の衆左近将監（立花統虎）御手に付き、浅野弾正殿与頭仕られ、左近殿は薩摩の御先手を御承り……

立花統虎は、荒平城で秀吉へ拝謁する。秀吉の秋月滞陣は数日間に及ぶが、右の記述から、統虎に前後して、原田弾正少弼や筑紫広門らも参陣したようである。筑前・筑後の諸勢力は、浅野長吉（弾正少弼）を組頭とする軍勢に編成されたことがわかる。

秀吉の高良山在陣と兵站補給　秀吉は、秋月の留守居として生駒親正《いこまちかまさ》を残し、筑後高良山《こうらさん》に向かう。イエズス会のルイス・フロイスは「そこ（秋月の城）には千人の兵とともに、一指揮官（生駒雅楽頭）を残留させた」とさらに詳しく記している(56)。

筑後の高良山には、肥前の龍造寺政家《りゅうぞうじまさいえ》が伺候してくる。隆信《たかのぶ》を失い、かつて程の勢いはないとはいえ、大友・島津とともに九州を三分した龍造寺家の帰順は大きな意味をもつ。秀吉は賀須屋真雄《かすやさねお》を高良山の留守居として、南下し肥後に向かう。肥後の南関、高瀬を経て、四月十六日に肥後の「府中」とされた熊本（当時は「隈本」とも表記）に入る。ここは島津方の肥後国衆《くにしゅう》城久基（十郎太郎）の居城であったが、久基は戦端を開くことなく、人質を差し出して秀吉に降る。

熊本城に入った秀吉は、ここで一日の休息をとる。熊本入城の翌日、秀吉は進軍の万全を期すため、兵站補給についての指示を下す。少々長くなるが、次にその「覚」を紹介しておこう。

覚

一、秋月より兵粮弐千石、京升を以て進上候の間、早川主馬頭（首）・片桐市正両人これを請け取り、則ち秋月近辺の人足申し付け、ちりく（千栗）まで相届くべく候事、

一、高良山ニハ留守居、慥かに置き候て、賀須屋事ハちりくへ罷り越し、兵粮置き所の儀、何の家なるとも明けさせ、用意仕り相待つべく候、ちりくの儀は龍造寺知行ニ候の間、則ち龍造寺かたへも仰せ出され候事、

一、秋月より兵粮ちりくへ悉く相届き候ハ、、主馬首ハ大熊へ罷り帰り、其元政道の儀、弥かた

く申し付くべく候事、

一、百六十一石五斗　京升　まてら《麻氏良》ニこれ在り

一、五十石　もミ《籾》　ひゑ《稗》　同所

一、弐百廿五石　京升　ほうまん《宝満》

一、三十石　もミ　同所

此の両所ニこれ在る分は、浅野弾正少弼かたより、ちりくへ相届け、片桐市正・賀須屋内膳ニ相渡すべきの由、仰せ付けられ候間、ちりくにて請け取るべき事、

一、五百石、京升、原田かたより、ちりくへ相届くべき旨、仰せ付けられ候間、是も右同前ニ両人請け取るべき事、

一、五百石、宗像人足を以て、小倉よりちりくへ持ち届くべく候旨、仰せ付けられ候間、是又両人請け取るべき事、

一、原田・むなかた両人かたへも御朱印遣わされ候、兵粮請け取り候ハヽ、市正・内膳かたより請け取り遣わすべく候事、

一、右兵粮、ちりくへ悉く相届き、請け取るニ付てハ、御左右申し上ぐべく候、船仰せ付けられ、御陣所へ召し寄せらるべく候事、

以上　米合わせて、三千三百八十六石五斗

もミ・ひへ合わせて、八十石

卯月十七日　　秀吉公御朱印
賀須屋内膳正とのへ
片桐市正とのへ
早川主馬首とのへ

〔国立公文書館・内閣文庫『譜牒余録』・片桐又七郎分〕

補給の基盤となったのは、秋月種実から進上された兵粮米二〇〇〇石である。秋月の兵粮米は、筑前大隈（大熊）の留守を預かる早川長政（主馬首）が担う。このほか豊前（小倉）や筑前（麻氏良・宝満）の城々や、原田家らから拠出された兵粮米が、肥前の千栗《ちりく》（現・三養基郡）に集積される。ここは、筑後高良山と筑後川を挟んで対岸に位置しており、秀吉は高良山の留守居とした賀須屋真雄に、千栗へ出張って、片桐且元（東市正）とともに兵粮を差配するよう命じた[57]。

秀吉勢後衛の体制　さて、ここまでみてきたように、秀吉は制圧した要地には、自らの子飼いを配置してきた。筑前国嘉麻郡の益富（大隈）城には早川長政（主馬首）、秋月氏の里城たる夜須郡荒平城には生駒親正（雅楽頭）、筑後高良山には賀須屋真雄（内膳正）といった具合である。この体制は、肥後国内でも準用されることとなる。すなわち、四月二十日付の毛利輝元充て朱印状で、秀吉は「肥後熊本の事、命を助けられ、城を請け取り候、彼の地国のかなめ所に候間、一両日逗留せしめ、留主居など仰せ付けられ、宇土・熊庄の城へ取り懸かり候」と述べている。ここに熊本城留守居の具体的な名は記されていないが、たとえば、『黒田家譜』には「（四月）十三日高瀬を御着、同国熊本の城主城十郎大夫も降参す、同十六熊本の城へ入給ふ、其後熊本を御立有て、同十九日同国宇土の城に御入、熊本の城には富田左近将監を入をかれ、同廿一日同国八代の城へ御着、宇土の城には加藤主計頭を留をかれ、八代ら御逗留有て、当国の仕置等仰付られる」という記事を確認することができる。

『黒田家譜』はあまり良質な史料ではないが、「秋月居城をば生駒雅楽頭に預らる」など、一次史料で確定される部分についての齟齬も認められず、右の記述にも一定の信頼を置くことができると思う。いずれにしろ、ここでは参考史料として提示しておく。

三　島津勢の敗北

秀長勢の豊日路南下　岩石城攻めの前日（天正十五年三月三十日）付で、秀吉は黒田孝高に充てて、次の書状を送っている(58)。

其の面の事、早日向国へ乱入の由候、其の分に候や、敵ハ何方ニたまり之有るや、いすれの城を取り巻き候とも、人数損なわざる様ニ申し付くべく候、諸事中納言と相談を遂げ、諸陣中へ心を添え、越度無き様ニ申し付くべき事肝要候、其の面様体、指したる儀無く候とも、切々言上すべく候、

ここから、秀長がすでに、秀吉とは別に南下している様子がうかがえる。同じ三月晦日付で、秀吉は小早川隆景にも同内容の朱印状を発しており、毛利一門の軍勢と黒田孝高との同陣が想定される。

撤退した島津勢を追っており、秀長もこれに加わるべく豊後国内を南下する。

こちらの軍勢は黒田孝高・蜂須賀家政・尾藤知宣・大友義統らを先鋒とし、これを伊東祐兵・佐伯惟定が嚮導した(59)。こちらについてもやはり船手衆が海上から警衛している。しばらくして秀吉が家康に充てた文書の写には「一、日向口警固船の事、長宗我部宮内少輔・紀伊国舟・備前警固・中国の警固・豊後警固、是又日向浦口・薩摩口押し廻り候」とあり、その陣容が明らかとなる。日向沿岸の警衛は、陸上の軍勢と連動するかたちで、秀長（紀伊）・毛利（中国）・宇喜多（備前）・長宗我部・大友（豊後）の船手によったのである。

日向根白坂の戦い　秀長はほどなく先発の諸勢と合流したようである。日向国内に入った軍勢は、三月二十九日に県城を降す。四月三日、島津義久は足利義昭側近の真木島昭光（玄蕃頭）に書状を送り、義昭斡旋による秀吉との和睦を受け容れる旨を伝えた(60)。既述した前年十二月四日付の義昭御内書への回答となる。義久は御内書を受けとったのを「参月五日」と述べているものの、いかにも遅すぎる対応であった。

秀長の軍勢はさらに南下を続け、四月六日には耳川《みみかわ》を越えて、島津方の前線高城の包囲を開始する。輝元以下の毛利一門の軍勢および宇喜多勢・大友勢が城を包囲し、黒田孝高・宮部継潤（善祥房）のほか、阿波・讃岐の軍勢が後詰《ごづ》めとなる。

囲まれた高城を救援するため、島津義久・義弘らは都於郡（現・西都市）を発する。島津勢は四月十七日、宮部継潤が籠もる根白坂《ねじろざか》の砦を攻撃する。これに対し、翌十八日に、隆景や孝高らが加勢して包囲を破り、逆に島津勢を崩す（「高城・根白坂の戦い」）。高城救援に失敗した義久は都於郡に退くが、ここを一色昭秀と木食応其が訪れ、義久に降伏を促すこととなる。覚悟を決めた義久は、重臣伊《い》集《じ》院《ゆういん》忠棟《ただむね》・平田増宗を秀長の陣営に送り、降伏を申し入れる。

これをうけて毛利輝元は、厳島社の棚守房顕（左近衛将監）に充てて、次のような書状を発している。厳島社から贈られた巻数と供米に対する礼であるが、後半で和議が調い、島津方から人質が提出されたことを告げている。

陣中御祈念として、一七ヶ日別して社籠を遂げられ、御巻数・御久米送り給い候、頂戴満足せしめ候、此の表の儀、高城一着候、惣和談相整い、薩州人質指し出し候条、近日隙明くべく候、尚慶事を期し候、恐々謹言、

卯月廿一日　　輝元（花押）

棚守左近衛将監殿　御報

〔「厳島野坂文書」五四六号・『広島県史　古代中世史料編Ⅱ』所収〕

五月に入ると、義久は都於郡を発して鹿児島に帰還し、義弘は居城のある日向諸県郡の飯野城に戻る。義久は秀吉に恭順する意向であったが、義弘は抗戦の構えをいまだ崩していない。義弘は五月七日付の本田親貞（下野守）に充てた書状で、「一、飯野の事、随分手強く持ち答《（応う）》うべき覚悟に候」と述べており、こののちも飯野城に籠もり続ける。

秀吉勢の肥後国内南下　一方、熊本を発した秀吉の軍勢は、熊庄・宇土・豊福などを経て四月十九

日に八代に至る。ここまで述べてきたことからも明らかなように、八代は肥後における島津家の最重要拠点であった。ここは『九州御動座記』でも「隠れ無き名城」と評されており、新納《にいろ》忠元《ただもと》（武蔵守）・伊集院久信（肥前守）・町田久倍（出羽守）・島津以久（右馬頭）ら島津家の歴々が立て籠もっていた。秀吉は八代の島津勢を殲滅する勢いであったが、城方は夜陰にまぎれて遁走してしまう。秀吉はこれを追撃するが、結局大将分を討ち取ることはできなかった。

秀吉は八代に前後四日ほど留まるが、ここに相良家の家老深水長智（三河守）が出仕してくる。島津家へ服従していた相良家では、忠房の跡を弟頼房（四郎次郎、宮内大輔、実名はのちに「長毎」と改める）が継いでいた。当時頼房は義弘の許で日向に滞陣中であったが、深水長智は島津家を裏切って秀吉への臣従を決する。

秀吉勢の薩摩入り　八代を発した秀吉は四月二十四日に田浦、二十五日に佐敷、二十六日に水俣を経て、二十七日に薩摩出水《いずみ》に入る。肥後国境に位置する出水郡には、薩州家の島津忠永（又太郎、実名はのちに「忠辰」と称する）がいたが、秀吉勢の接近を前に、一戦も交えることなく降伏する。『九州御動座記』には、「御動座に就き、一支え無く、人質に実子を奉り候て、降参申し候事」とある。秀吉は出水亀ヶ城に入り、ここに二日ほど滞在する。これには人馬休息の意味合いもあるが、むしろさらなる進軍準備のためと考えられる。薩摩国内へさらに移動するためには、舟橋の架設が必要であるという認識があり、秀吉は船手の到着を待っていたようである。出水で徳川家康《とくがわいえやす》からの書状を披見した秀吉は、その返書に「是より九里先、京泊と申す所に大河候条、舟橋仰せ付けられ候の間、二三日此の地に於いて人馬相休め、明日朔日京泊の城へ相移るべく候」とみえる(61)。

これに先立つ二十七日には、西九州の沿岸を南下していた船手衆が、川内川の河口に位置する薩摩京泊に到着している。この段階における秀吉麾下の船手は、当初に編成された九鬼嘉隆（大隅守）・小西行長（日向守、のち摂津守）・脇坂安治（中務少輔）・加藤嘉明（左馬助）・菅達長（平右衛門尉）・石井与二兵衛・梶原弥助のほか、能島・来島・間島の村上水軍に加え、在地の壱岐国、麻生・宗像ら筑前国、松浦、麻生、宗像、有馬、龍造寺など肥前国の船手が新たに組織され、さらに規模を拡大させていた。これによって、大軍の渡河を可能とする舟橋の架設はいうまでもなく、海上から島津方に圧力をかけたことは想像に難くない。

秀吉の出水・川内滞陣　秀吉が出水に入った四月二十七日段階では、日向方面の戦況もまだ届いていないようで、秀吉は後方からの兵粮補給についても指示を下している。既述のように、兵粮の集積地は筑後川に沿った肥前の千栗であり、ここには片桐且元（東市正）と賀須屋真雄（内膳正）が残り、兵粮米の差配に従っていた。秀吉は廻漕用の船を差し向けるので、予定の兵粮が集積されたら、すみやかに連絡するように命じている。その際、「八木《（米）》共ぬれ《（濡れ）》ざる様に申し付け置くべく候」と細心の配慮を求めている(62)。秀吉は、海事勢力や後方支援まで含めて万全の体制を整え、島津領国の中枢部への侵攻に備えていたのである。

ほどなく、この出水の陣中に、日向高城・根白坂における秀長勢の捷報（勝報）と、島津義久降伏の報がもたらされる。秀吉は高城・高鍋両城の接収を了承しつつ、いまだ義久以下の処分については判断を下していない。軍勢は五月朔日に阿久根、二日に高城《たき》を経て、三日に川内《せんだい》に入る。この間、秀長は島津義久の恭順を秀吉に伝え、その助命を懇望したようである。これをうけて、秀吉は鹿児島への進軍をとめ、しばらく川内に留まることとなる。

この陣中に、対馬島主宗家の使者として、柳川調信《やながわしげのぶ》（権助）が伺候している。宗義調《そうよししげ》（讃岐守）の書状に対する返書のなかで、秀吉は「抑も九州の儀、悉く平均仰せ付けられ、早く御隙明けられ候間、高麗国に至り御人数差し渡さるべく候条、其の意を成し、忠義を抽んずへき事肝要候」と述べる。九州平定ののちは朝鮮半島（「高麗国」）へ軍勢を遣わすので、その旨を承知するように告げ、改めて実子を人質として差し出すように命じている(63)。九州平定戦の先に「唐入り」が想定されていたのは既述した通りである。

島津義久の降伏　さて、いったん鹿児島に戻った義久は、恭順の意を示すため剃髪した（「龍伯」と号す）。この間に、義久からは助命嘆願の申し入れがあったようで、五日付で相良家中の深水長智に充てた秀吉の朱印状には「島津事走り入り、国郡知行等の儀は相構わず、身命の儀まで相免し候様にと、種々歎き候間、是非無く候、手立て事相止むべく候なり」とみえる(64)。義久は、甘んじて領知剝奪も受け容れるので、身体生命だけは許してくれるように嘆願したのである。

勝利を前提に、いささか誇張する部分もあろうが、これによって島津家の処分については方針転換を余儀なくされた。結果、秀吉はさらなる進軍をやめ、川内泰平寺の陣中に留まることとなる。五月八日に至って、義久自ら川内泰平寺を訪れ、降伏を申し出る。義久は十六歳になった実の女《むすめ》（三女

「亀寿」）を人質として差し出している。また、『九州御動座記』には「家老共四五人、同じく黒衣の姿にて御礼申し上げ候」とあり、数名の家老が墨染めの衣で義久に従ったことがわかる。彼らも義久同様に剃髪して、泰平寺の陣中に伺候したのであろう。この時、伊集院忠棟（右衛門大夫）も剃髪し、以後は「幸侃《こうかん》」と号する。

四　島津家に対する戦後処理

島津義久への薩摩一国充行　島津義久の降伏をうけ、秀吉は次のような判物を与える。自らの書判（花押）を居えたものであり、形態としては、九州停戦令として先に紹介したものに通じる（五九頁参照）。年号をともなうのは、この文書が知行充行の機能をもつためである。停戦を求める勅命に背き、関白秀吉に抗った義久であったが、秀吉はこれを宥免《ゆうめん》し、旧領のうち薩摩一国を充行《あておこな》った。

日本六十余州の儀、改めて進止すべきの旨、仰せ出さるるの条、残らず申し付け候、然りて九州国分の儀、去年相計る処、御下知に背き、猥りなる所行に依り、御誅罰のため、今度関白殿薩州に至り御動座なられ、既に討ち果たさるべきの剋、義久一命を捨て走り入る間、御赦免候、然る上、薩摩一国充て行われ訖わんぬ、全く領知せしめ、自今以後　叡慮を相守り、忠功を抽きんずべき事、専一候なり、

天正十五年五月九日　（秀吉花押）

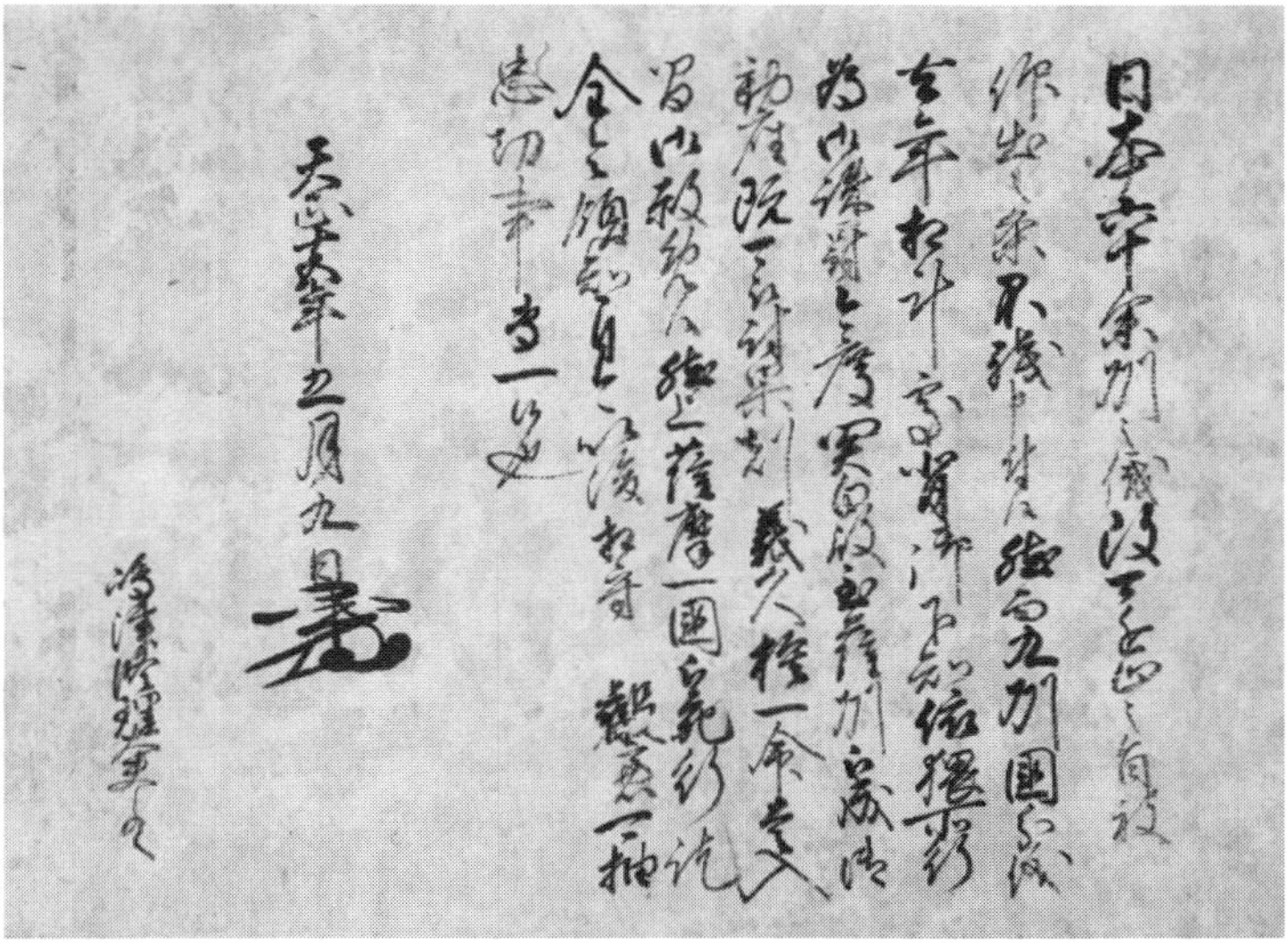

図 19　島津義久充豊臣秀吉判物（「島津家文書」、東京大学史料編纂所所蔵）

島津修理大夫とのへ

〔大日本古文書『島津家文書』三四五〕

改めて文書の内容をみておくと、次のようになる。関白となった秀吉は日本全国の「進止」、すなわち支配を命じられた。これを根拠として、秀吉は九州の国分《くにわ》け案を提示したが、島津義久はこれに従わなかったので、誅伐の対象となった。もはや殲滅も間近という時になって、義久が赦免を申し出てきたので、やむなく助命し、薩摩一国を充行う。以後は天皇の考えや気持ち（「叡慮」）に従い、忠功を尽くすことが何より大事である。

秀吉に「日本六十余州」の支配を委ねた主体について、明示はされていない。しかし、書き止めにみえる「叡慮」から考えて、これが天皇（当代は後陽成天皇）であることは間違いない。ここに至る西国・九州の政治秩序を規定していたのは、織田信長《おだのぶなが》や近衛前久《このえさきひさ》の関わった「豊薩和平」や、足利義昭が求めた毛利・島津間の連携であったが、秀吉はさらにそれらを凌駕する「叡慮」という上位概念を動員することで、新たな政治秩序を構築する。この前提となるのは、秀吉の内大臣ついで関白への任官であり、やはりこの意義は大きい。

さて、こののちも秀吉はしばらく川内の泰平寺に留まる。義久が降参したとしても、これを諒としない勢力が残存したからにほかならない。この状況を『九州御動座記』は、「是より御帰坐たるべきを、今少し山際などに節所を構え、嶋津にも随わざる者これ在るに就き、御坐なられ候事」と述べている。さらに、秀吉はここに半月ほど滞陣し、まず旧島津領を対象とした戦後処理を開始する。

大隅・日向の処置　島津義久に薩摩一国を充行うことは既定であるが、天正十五年（一五八七）五月十三日の段階で秀吉が秀長に示した国分け案によると、大隅と日向は島津家から剝奪されることになっていた。すなわち、大隅は土佐の長宗我部元親《ちょうそかべもとちか》に加増し、そのうえで国内の一郡を伊集院幸侃に与えるという(65)。一方の日向については、大友宗麟の隠居領とするという案が示されている。豊後は大友家の本領として義統に許されるが、島津勢の侵攻にあたって特に忠節を尽くした志賀親次や佐伯惟定には日向国内で、それぞれに一城を与えることになっていた。また、日向の旧主であった伊東義祐の子である祐兵（民部大輔）にも一郡を付与し、宗麟の与力を命じようとしている。

こうした国分け案を提示しつつ、秀吉は日向にいた毛利輝元・小早川隆景・吉川元長および黒田孝高に手勢を率いて川内に出向くよう指示している。この間の軍功を賞し慰労するためでもあろうが、大隅・日向両国には秀吉へ抗う島津家中も多く、こうした抵抗勢力への対応について談合をもつためとも考えられる。秀吉に拝謁した島津義久は、五月十六日付の書状で、その様子を日向庄内（都城）の北郷時久《ほんごうときひさ》（「一雲」と号す）に伝えている。

尚々、大隅の事、重畳侘び申すべき心底に候、事成るまじき段、必定に存じ候、

防戦の成り立ち、是非に覃ばざるにより、頓て川内へ差し出で、相順うまでに候、しからば、厥表の儀など色々侘び致し候と雖も、隅州の事は国分けにて、長宗閑部（長宗我部）に遣わさるるの由、堅く仰せられ候、猶なお申し理るべく覚悟候えども、迚も成りがたかるべき様子に候、さては当時の身持ち成しの分別候て、向後は廻り合うべき地体肝要に候、春日・八幡の御照覧、隔心の儀之無く候、仍って後日の為、染筆候、恐々謹言、

五月十六日　　義久

北郷入道殿

〔「都城島津家文書」・『都城市史　史料編　古代・中世』七七六号〕

義久は、大隅を長宗我部領とする国分け案を、北郷時久に報じている。島津一門の北郷氏は、大隅国内にも「本知」をもっており、事前に了解した上で、すみやかに対応すべく求めたのであろう。義久は国分け案の撤回を秀吉に求め続けるとはいっているものの、事態の打開は困難であろうと、かなり悲観的な見通しを告げている。「本知」剝奪という危機を前に、北郷氏が事態を静観するとは考えられない。ここに日向に関わる言及はないが、既述のように、飯野城の島津義弘も抗戦の構えであり、

大隅・日向両国の引き渡しには、多大な困難が予想された。

豊臣秀長と島津義弘の交渉　高城・根白坂で島津勢を撃破した秀長は、そののち都於郡に入る。その時日は明確ではないが、しばらくここに滞陣するようである。都於郡には、早々に秀長への服従を決した島津家久（中務大輔）も同陣している。家久降伏の時期は定かではないが、これに先立って人質を差し出し、居城の佐土原も引き渡そうとしている。しかしながら、すでに重篤な病に冒されていたようで、このあたりも恭順を決した背景かもしれない。

五月十四日早朝、鹿児島に向かうため、秀長は都於郡を発するが、その出立を前に重臣の福智長通（三河守）が島津義弘に充てて書状を送っている。既述のように、島津義弘は未だ居城の飯野城に立て籠もり、抗戦の構えをみせていた。

猶々、此の返事早々高原へ待ち奉り候、御来條ならられ候はば、桑修相待ち申され候様に之在るべく候、必ずやがて待ち入り存ぜしめ候、兼ねて又一巻拝領、毎々忝く存じ奉り申し上げ候、追々御諚得べく候、以上、

紙屋に於いて、御使僧に御目に懸かり、仰せ越される旨、具に存知仕り候、再三口上に申し入れ候如く、明日十四日早天、都於郡を秀長打ち立ち申され候、中務殿も御同道候、御病中遂って申し上げる段、如何しく存ぜしめ候と雖も、秀長御同道ならられ候て、かこ嶋へ御参候、尤もに存ずる計りに候、但し御煩いの通、先度も申し上げ候間、御子息様御出頭も目出べく候、同じくは御来條此の時に候、善悪とも、尚以て拙者に任され、諸事御存分たるべく候、恐れ乍ら存念の通、毛

頭残し置かず、御使僧へ申し渡し候、御意を得らるべく候、恐惶謹言、

福智三河守

五月十三日　　　長通（花押）

兵庫頭様　まいる御報

〔『鹿児島県史料　旧記雑録後編』二―三一三号〕

福智長通が紙屋城に義弘の使僧を迎えたと述べられており、飯野城に籠もる義弘と秀長陣営の間に、前提となる交渉がもたれていたことがわかる。秀長の都於郡滞陣が数日間に及ぶのは、こうした背景に拠るのであろう。家久も病をおして、秀長に従って鹿児島に向かおうとしており、義弘にも子息（又一郎久保）を出頭させるよう促している。長通としては、義弘の意向を尊重する用意もあるので、万事自身に任せるよう述べ、袖書きで高原で返信を待つとする。高原は都於郡の南西にあり、鹿児島に至る経路にあたる。秀長は高原に桑山重晴（修理大夫）を残し、義弘との交渉を進めると伝えている。

島津義弘の恭順　ここに至って、義弘はようやく降伏を受け容れ、秀長配下の桑山重晴の陣に下る。この報せをうけた福智長通は、次のような指示を伝えている。

両人書状披露申し候、御まちかねにて候、

一、兵庫頭殿御礼事、御尤もに候、必々明日参上申され候様に、返すがえす仰せ遣わされ、然るべく存じ候、

一、なにかたへも人を遣わされず候や、兵庫殿へ仰せ越され、御尤も候か、其の分別専用に存じ

候、

一、昨日罷り越し候通、申し上げ候、御せい入れ申し候との御意にて候、明日は必々兵庫殿御同道待ち奉り候、

殿下様へ、兵庫殿御礼相延び申し候由に候、明日御出で候はば、御談合候て、それさま大平寺へ御同道なされ候様に之在るべく候や、と御諚に候、御内々其の御心得なさるべく候、暮れ申し候て、明日追々御意を得べく候、恐惶謹言、

福三

十六日　長通（花押）

桑修様人々御中

〔『鹿児島県史料　旧記雑録後編』二―三一四号〕

冒頭の「御まちかねにて候」から、秀長陣営の安堵が率直に伝わってくる。長通は桑山重晴に、義弘をともなってすみやかに秀長の陣に来るよう促しており、そこから共に秀吉の本陣（川内泰平寺）に向かおうとしている。秀長も直接鹿児島には向かわず、一度秀吉と合流することに計画を改めたのであろう。

義弘の恭順は大きな節目とはなるが、これで日向国内の混乱が終息したわけではない。庄内（都城）に本拠をもつ北郷時久（「左衛門入道一雲」と号す）とその子忠虎は、麾下の軍勢を日向都城・安永、大隅末吉・財部などに配して籠城し、秀吉・秀長への服属を拒んでいる。このうち都城と安永と

は日向国内の城であるが、末吉と財部は大隅国曽於郡に位置する。すなわち、ここでの「財部」は、のちに「高鍋」となる日向の「財部」とは別の地点である。

日向国内の混乱　五月十三日付で秀長に与えた秀吉の書状には「日向の内に三つも四つも然るべく候や、其の内の城を一つ大隅かたへかたつけ、城に一郡相添え、伊藤《(東)》民部大輔に是を取らせ、休庵与力として、合宿させ申すべき事」とある。(66) 後述のように、大友宗麟（休庵）への日向充行《あておこない》は実現していないが、伊東祐兵（民部大輔）への充行は既定であり、この場合の具体的な城は、次に示すように飫肥城《おびじょう》を指す。飫肥城は、伊東一族が没落する前に、祐兵が父義祐から任されていた故地である。このあたりは、秀吉の温情と理解すべきであろう。ところが、この飫肥城の引き渡しを島津家中が拒むという事態が起きた。

飫肥の事、伊民へ去り渡すべきの段、度々申し下し候の処、今に堪忍候や、それに就き、幽斎・石治少以ての外、御気色悪しく候、然る処、又は飫肥に於いて、喧嘩出合い候由、聞こし召し付けられ候故、長門父子迷惑に及ぶべきの様、相聞こえ候と雖も、雑説候か、其の後兎角の儀之無く候、さては片時も急ぎ相渡すべき事、肝要候、自然尚々難渋に於いては、即ち当家の為に成るまじく候の条、聊かも油断有るべからざる旨、長門入道へ仰せ越さるべき者なり、

五月廿一日　　　　龍伯（花押）

鹿之
老中へ

〔『鹿児島県史料　旧記雑録後編』二―三三五号〕

この史料にみえる「長門」とは、島津家中の上原尚近（長門守、長門入道）である。上原尚近は、伊東氏没落ののちに飫肥城へ入り、(67)これは九州平定戦まで継続し、高城・根白坂の合戦後も飫肥籠城を続けた。上原尚近は飫肥退去を承伏せず、細川《ほそかわ》（長岡）幽斎《ゆうさい》・石田《いしだ》三成《みつなり》などの不興をかっている。さらに、上原勢は、おそらく伊東氏側との間に「喧嘩」まで引き起こしている。

秀吉の薩摩仕置き　一方、秀吉は川内泰平寺を五月十八日に出立し、大口方面に向かう。大口には恭順を拒む新納《にいろ》忠元《ただもと》（武蔵守）がおり、これを討つためであろう。さらに、その後は鹿児島に向かう予定で、石田三成に木食応其と服属した島津家中の伊集院幸侃をともなわせ、先駆けを命じたようである。

義久は途次、祁答院《けどういん》を宿所とするよう秀吉に申し入れ、秀吉もこれを諒承した。ところが、先手の衆から、祁答院には問題があるとの報告が入る。秀吉は事実究明のため、三成と幸侃を祁答院に向かわせた。祁答院（宮之城虎居城）には義久・義弘の弟歳久がいたが、歳久は徹底抗戦を主張し、城からの退去を拒んでいたのである。義久からこうした事態を告げられた秀吉は、三成らに祁答院の開城を命じ、もし歳久が開城を拒めば成敗もやむなし、と告げている。(68)結局、歳久は恭順するものの、自身は病を理由に秀吉への拝謁には応じていない。

秀吉は、平佐を経て山崎へ進み、五月二十二日に鶴田に入り、ここに三日程滞陣する。この間に義弘が伺候してくる。ついで二十六日に大隅の曽木に入るが、ここにやはり「防戦一篇」を唱えてきた新納忠元（武蔵守）が参陣してくる。大口城の忠元は、義久・義弘の命に従って、秀吉の軍門に降る。兵粮補給に問題を抱える秀吉勢は、長陣には耐えられないだろうと、徹底抗戦の構えをみせていたが、上意には背けないとして恭順を決した(69)。

島津義弘への大隅充行　抗戦の構えをみせてきた島津義弘や新納忠元らの帰順によって、秀吉の九州平定戦・島津攻めも大きな節目を迎えることとなる。すなわち、秀吉はこの大隅曽木で、新たな国分けを公表する。以前の国分けは長宗我部元親に固辞され(70)、また大友宗麟もこのころには没している(71)。いずれにしろ、当初の国分け案は変更を余儀なくされており、新たな国分けが不可避のものとなっていた。

図 20　島津義弘画像（尚古集成館所蔵）

新たな国分けによって、大隅国は結局「新恩地」として島津義弘に充行われる。次に紹介する「覚」に述べられているように、しかるべき「物主」がいないという理由に拠るものであった。秀長が義弘の懐柔に努めたであろうことは既述の通りであり、大隅国充行についても、秀長の意向がはたらいたのかもしれない。また、その翌日付で、義弘の長子久保（又一郎）にも、日向国の一郡を与えている。

今度、九州事御改替成られ、新御恩地として、大隅国之を充行れ畢わんぬ、全く領知せしめ、自今以後忠勤すべし、但し肝付一郡の儀、伊集院右衛門大夫に対し、遣わさるべきの旨、最前より仰せ出されるの条、速やかに引き渡すべき者なり、

天正十五

五月廿五日　（秀吉朱印）

島津兵庫頭とのへ

〔大日本古文書『島津家文書』三七八号〕

日向国真幸院付き一郡の事、充行れ畢わんぬ、全く領知せしめ、向後奉公忠勤を抽んずべく候、

天正拾五

五月廿五日　（秀吉朱印）

島津又一郎とのへ

〔大日本古文書『島津家文書』四二五号〕

大隅国のうち肝付郡については、当初の案通りに伊集院幸侃へ引き渡され、さらに日向国の一部についても、島津家中に許されることとなる。秀吉は、翌二十六日付で薩隅日三国の領知について、その大要を次のように述べている。

覚

一、義久・義珍（義弘）御赦免の儀、忝なく存ずるに付て、心底残らず、人質進上致し、并びに兵庫頭居城、日向内にて候とて、御理り申さず、明け申すべきの由、聞こし召し及ばれ候、左様候へば、兵庫頭之在るべきの所、相定まらず、迷惑すべく候間、右の飯野城に付け、真幸郡又一郎に之を取せすべく候事、

一、大隅の儀、物主作し付けらるべく相定候と雖も、右両人を始め、伊集院親疎無き躰見及ばれ候間、兵庫頭に大隅の儀、遣さるべきと思し召し候事、

一、此の上は、兵庫頭質物別に一人出すべく候、又一郎儀は御そはに召し仕られ、自分の部屋栖として真幸郡下され候、其の上、御扶持方など上かたにて、仰せ付けらるべく候、左候へば、兵庫頭覚悟相ちかひ候とも、又一郎儀は不便に思し召され候条、人質に成るまじき事、

一、大隅の内、伊集院右衛門大夫居城に付候一郡の儀は、最前より右衛門大夫に仰せ付けられ候条、其の意を得べく候事、

一、島津中務少輔（家久）の儀、人質を出し、居城を明け、中納言に相つき、上かたへ罷り上り、似合の扶持をうけ奉公有るべき由、神妙に思し召され候間、日向の内佐土原城并びにに城付の知行以下あげ候とて、召し上げらるべき儀ニあらす候間、是又中務少輔に返し下さるべき事、

一、島津右馬頭（以久）儀は、義久次第に覚悟致し、人質を召し連れ、御本陣へ相越し候間、向後まで彼城相立て、本知相違無き様、兵庫頭申し付くべき事、

一、本（北）郷儀、人質を出し候はば、大隅の本知、相違せざる様、申し付くべき事、

一、日向の内に北郷当知行千町ばかり之在る由に候、これは国切れ候事に候間、人質の外に子を一人、又一郎同前に相つめさせ、奉公これ在るに於いては、右の千町、其身に下さるべき事、
一、両条に一ヶ条相背むくに於いては、彼の北郷御成敗ならるべく候間、其の意を得、彼城取り巻くべき人数の事、
一、中納言・毛利右馬頭・備前少将・大友左兵衛督・小早川左衛門佐・吉川治部少輔・宮部中務卿法印・蜂須賀阿波守・長宗我部宮内少輔・尾藤左衛門尉・黒田勘解由・島津修理大夫・同兵庫頭、両国の人数を召し具し、取り巻き討ち果し申すべし、左様候はば、其の跡職、大隅の内の儀は、兵庫頭に仰せ付らるべく候事、
一、右、北郷御下知に相背くにおいては、其面在陣の衆へ、悉く兵粮残らず下さるべく候間、其の意を得べく候、猶安国寺・石田治部少輔申すべく候なり、

五月廿六日　（秀吉朱印）

島津兵庫頭とのへ

〔大日本古文書『島津家文書』三七九号〕

日向国南部の領知　既述のように、島津久保（又一郎）には「真幸郡」が与えられるが、これには義弘の恭順的態度が前提にあったことがわかる。結局、義弘は居城（日向飯野）の明け渡しを了承したようである。秀吉はこれを諒としつつ、それでは居所を失うこととなって、義弘も困るであろうと、義久の子久保に飯野を含む地域（「真幸郡」）を与えたのである。義弘には大隅国が与えられており、

日向国内の給付対象は久保ということになったのであろう。いずれにしろ、義弘・久保父子に大隅と日向の一部が充行れることとなる。こうした措置によって、義弘は実質的に従前の飯野城を中心とする地域の支配を認められたのである。五月二十五日付の知行充行状に「日向国真幸院付き一郡、充行れ畢わんぬ」とあり、ここに「真幸郡下され候」とある通りである。しばしば述べてきたように、飯野城は真幸院内の要地であった。

ところが、秀吉朱印状にみえるこれらの文言が、大きな混乱を惹起することとなる。国郡制的な地域概念でいうと「真幸院」は諸県郡内に位置しており、その意味で「真幸郡」は公的な呼称ではない(72)。すなわち、秀吉（政権側）の想定を越えて「日向国真幸院付き一郡」を諸県一郡と解釈することも可能であり、こうした認識の齟齬によって、政権と島津家側との間には軋轢が生じることとなる。

この「諸県郡」をめぐる問題はのちに詳述するが（二〇二頁参照）、このほか島津一門に対しては、義久の三弟家久（中務少輔）に佐土原城とその城領が還付され、秀吉への伺候を果した以久（右馬頭、貴久の実弟忠将の子）も「本知」を安堵され、さらに北郷時久（「一雲」と号す）・忠虎（讃岐守）にも大隅国内の「本知」に加えて、日向国内の「当知行千町」が許されている。ただし、北郷氏に対しては応分の人質提出が命じられており、これに従わない場合には、秀長以下の軍勢はもとより、義久・義弘の軍勢までが加わって、成敗されることとなる。

島津家久（中務少輔）については、秀長から次のような書状が下されている。ここで、家久には佐土原城とその城領の支配が認められた。これをうけて家久は上洛の準備に入る。

今度、身上の儀、言上候処、佐土原城ならびに本知、之を返し付くべきの由候の条、其の意を得らるべく候、謹言、

五月廿七日　　秀長（花押）

嶋津中務少輔殿

〔『鹿児島県史料　旧記雑録後編』二―三三九号〕

「諸県郡」をめぐる問題などが未解決な部分は残こるものの、南日向については一定の方向性が示された。こうして、秀吉が島津領国に留まる間に、薩隅の両国および日向の一部についての「国分け」「国割《くにわ》り」が確定する。(73)

佐土原城主島津家久の急死　とはいえ、しばらくは不安定な状況が続く。佐土原城を許されたばかりの島津家久（中務少輔）が、野尻の秀長陣中で様態を悪化させ、間もなく没してしまう。六月五日のこととされる。病中にあったとはいえ急逝であり、毒殺されたとの説もあるが、詳細は不明である。家久には嫡子豊久（又七郎、実名は「忠豊」とも）がおり、秀長は次の書状を託して、豊久の許に重臣藤堂高虎《とうどうたかとら》を遣わした。

誠に中務不慮の仕合わせ、是非に及ばす候、然れども生死の習いに候の条、分別専用（専要）に候、其れに就き、藤堂遣わし候、諸事談合然るべく候、其の方覚悟次第、向後引き立て申すべく候間、其の意を成すべく候、子細に於いては委曲藤堂申すべく候、謹言

六月十日　　秀長（花押）

嶋津又七郎殿　進之候

〔『鹿児島県史料　旧記雑録後編』二―三四二号〕

豊久は元亀元年（一五七〇）の生まれで、天正十二年（一五八四）に元服したばかりである。[74] こうした状況を鑑み、秀長は継嗣の豊久を「引き立て申すべく候間」と助力を約束している。とはいえ、「其の方覚悟次第」とあるように、豊久が家久の遺跡継承が認められるか否かは、確定ではない。

島津義久による日向回復運動　さらに、日向の北部については、その帰趨も判然とはしていない。こうした混乱に乗じるようにして、義久が日向における旧領回復に向けた動きをみせている。

條々

一、日向国一円下し置かれるに於いては、礼儀として貴所へ金子二百枚進すべき事、

一、右国半国下されるに於いては、金子百五十枚礼儀として進すべき事、

一、右国三分一下し置かれるに於いては、礼儀として金子百枚進すべき事、付り秤目京目たるべき事、

一、右、彼の趣仰せ出され候て後、一ヶ月の外延引無く、礼儀相済ますべき事、

一、彼の国に於いて、又一郎・中務跡目・伊東民部大輔、最前より知行の儀、仰せ出され候間、此の儀に於いては、申し分有るまじき事、

一、拙者家来の者、彼の国に於いて、御直御知行等、自然下さる族之在ると雖も、是は拙者に下し置かる分と存ずべき事、

一、右の御訴訟、貴所頼み入り、彼のケ条相調う上を以て、若し下し置かるる儀、直に仰せ出され候か、然らざれば当時の御使いを以て仰せ出され候とも、貴所御馳走と存ずべくの間、右の趣相違有るまじき事、

天正十五年

六月十一日　　嶋津

義久（花押）

〔大日本古文書『島津家文書』一四三九号〕

充所を欠いてはいるが、日向国内の島津領回復を「貴所」に依頼した内容であり、「貴所」は秀吉あるいは秀長に対して相応の影響力をもつ人物となる。ちなみに、『都城市史』は「貴所」を木食応其ではないかとしている。いずれにしろ、日向国内の中部・北部については「御公領」、すなわち政権の直轄領に措定されており、義久としては巻き返しも充分可能と考えていたようである。

それにしても、島津家（家中を含む）に許される地域の規模に応じた礼金の額が示されており、いかにも生々しい。この段階で日向国内に領知を認められているのは、島津久保（又一郎）と島津家久の後継（中務跡目）、および伊東祐兵（民部大輔）であるが、義久としてはこれに異論はないとしている。北郷時久・忠虎については、島津の家中ということで、あえて言及していないのであろう。

第三章　戦後の九州仕置き

一　九州国分け

秀吉の凱旋　大隅曽木を発した豊臣秀吉《とよとみひでよし》は、それ以上島津領に入り込むことはせずに撤収を開始する。五月二十七日の夕方（酉刻）には肥後の水俣に入る。ここから相良家重臣深水長智（三河入道）に朱印状を発し、翌日佐敷に出頭するように命じている[75]。肥薩国境の詳細について説明させるためである。なお、ここで秀吉は「みなまた（水俣）の城、其の方へ預け遣わすべく候」と、長智に水俣の城を預けるとも告げている。

後年の史料から、肥後の芦北郡に「御蔵入《おくらいり》」が存在していたことが確認される[76]。「御蔵入」とは、大名領ではなく、秀吉の直轄地を指し、この段階で設定されたものと考えられる。通常、御蔵入地には支配のための代官が置かれるが、深水長智がその代官に任じられたのであろう。秀吉が肥薩国境に関心をもっていたことを想起すると、再び島津家と対峙するようになった場合に備え、薩摩国境に接近する地域に、兵粮補給の拠点を設けておく必要があったのではなかろうか。

五月二十八日、佐敷に入った秀吉は徳川家康《とくがわいえやす》に充てて判物を発し、また京の留主を守る秀次《ひでつぐ》側近の一柳直末《ひとつやなぎなおすえ》（伊豆守）らに朱印状を発する。これらには、これまで実施されたものも含め、九州国分《くにわ》けの具体が述べられている。すでに決した薩隅に続けて、秀吉は肥後を佐々成政《さっさなりまさ》（陸奥守）に、豊前を黒田孝高《くろだよしたか》（勘解由次官）に、筑前・筑後を小早川隆景《こばやかわたかかげ》に与えると、その心算を告げている。さらに博多に陣を移して、そこで城郭普請をおこなうとも述べている(77)。

博多に構築される城郭は、朝鮮半島に向けての派兵基地と位置付けられた。秀吉は、ただちに京坂へ凱旋することはせず、いったん博多に留まり、朝鮮半島への派兵をうかがうこととなる。しばしば言及する天正十四年（推定）四月十日付の秀吉「覚」の内容を踏まえた行動計画となる。

こののち秀吉は、博多に向けて北上するが、その途次つどつどに知行充行《あておこない》を実施していく。五月九日付義久充ての秀吉判物にみえる「進止」権の行使にほかならない。

肥後の国割り　五月晦日、秀吉は八代に入ったと考えられるが、ここで相良頼房（宮内大輔）に肥後国球磨郡（求麻郡）を充行い、佐々成政の与力を命じる。さらに、信任を篤くした相良家中の深水長智には、直々に知行朱印状を与えている。秀吉は、長智に球磨郡内の本知を許した上で、芦北郡の水俣と津奈木を加増している。既述のように、球磨郡は主君たる相良氏の領知であるが、芦北郡は相良領ではない。相良家の陪臣を秀吉蔵入地の代官とするにあたって、その域内に代官給的な領知を与えたものと解釈される。

さらに、秀吉は同日付で、ほかの肥後国衆《くにしゅう》たちにも知行充行の朱印状を発給したようである。直接確認されるのは、大矢野種基（民部大輔）充てのものなどに限られるが、(78)ほかにも秀吉は多くの肥後国衆に対して朱印状を与え、銘々の知行を保証している。やや先の史料になるが、秀吉はこの年九月八日付の森吉成《もりよしなり》・黒田孝高充朱印状で、「肥後国に於いて、御朱印下され候国人の事」として、国衆の名を列挙している。(79)次に概要を整理して、列挙しておこう。実名が判明する者については実名をあげ、史料上の表現を（　）内に補っている。

志岐鎮経（兵部大夫）　上津浦種直（愛宮）　栖本親高（八郎）　西郷越中守
赤星統家（備中守）　城武房（十郎二郎）　伯耆顕孝（次郎三郎）
内空閑鎮照（備前守）　小代親忠（伊勢守）　大津山家稜（関城主）
隈部親永（但馬守）　八代十四人衆　八代三十人衆
阿蘇惟光（阿蘇宮神主）

ちなみに、志岐・上津浦・栖本などは、大矢野と同じく天草郡に本拠を置く国衆である。とはいえ、ここには前に触れた大矢野種基の名があがっておらず、必ずしも網羅的な内容ではなさそうである。すなわち、この史料は後述する肥後国衆一揆に際して作成されたものであり、秀吉は森吉成・黒田孝高に対し一揆勃発に至った経緯を、ここに名のあがった国衆に問い質し糾明するように命じている。この史料については、またのちに触れることとして（二二一頁参照）、ここでは多くの肥後国衆に充てて知行充行・領知安堵の秀吉朱印状が与えられた事実についてのみ確認しておこう。

彼らも相良頼房と同様に、佐々成政の与力を命じられたと推定される。こちらものちの史料にはなるが、こうした措置について秀吉は「肥後の儀は取り分け、何れの御国々よりも、御精を入れられ、静謐に仰せ付けられ候」と述べており、特別な配慮があってのことだった(80)。

九州も五畿内同前　六月朔日に秀吉は熊本に入り、端午祝詞と見舞いの品々に対する礼状を本願寺に発している。秀吉はここで、「九ヶ国（九州）の儀、毛頭残る所無く、御隙明けられ候と雖も、遠国の儀に候間、国々置目などの事、五畿内同前仰せ付けらるべき為、御滞留なられ候、頓て馬納むべく候条、其の節を期し候」と述べている(81)。

九州の平定は完了したものの、何分遠国なので各国の仕置《しお》きが「五畿内同前」となるまで、滞陣を継続するということである。九州出兵の軍事的な目的は、島津《しまづ》義久《よしひさ》とその与党を討ち果たすことにあったが、後陽成《ごようぜい》天皇から「日本六十余州」の「進止」を委ねられた関白秀吉としては、それで事足れりとはならない。九州にも「五畿内同前」の置目《おきめ》（＝支配）を実現することが求められたのである。遠国のことゆえ、秀吉がしばしば下向することも叶わないので、仕置きの徹底をみるまで九州に留まる、との決意である。

ここで、「五畿内同前」という言説に注目したい。「五畿内」を秀吉の膝元と理解することも可能であるが、当時の大和国が秀長領であり、ほかの諸国にも大名が配されていることを考えると、これは必ずしも妥当しない。むしろ、令制に拠った国郡制的表現を用いていることから、関白秀吉を超えた、天皇の膝下という意味合いで解釈すべきであろう。天皇の住まう都周辺（五畿内）の静謐《せいひつ》を実現した秀吉には、九州についても「五畿内同前」とすることが求められたのである。これ以降、秀吉は九州静謐の実現を期した国分けを進めることになるが、これは何より天皇の信任に応えるという目的の実現にほかならない。

翌二日付で、規定の方針に従って、肥後国が佐々成政（陸奥守）に与えられる。ここを実見した秀吉は「肥後、一段能き国に候間、羽柴陸奥に下され、熊本名城の事候間、居城として普請丈夫に仰せ付けられ候事」と評しており、成政に寄せる期待も大きかった[82]。のちの史料にはなるが、秀吉は、

国人くまもとの城主・宇土城主・小代城主かうべ（首）をゆるされ、堪忍分を下され、城主妻子ともに大坂へ召し連れられ、国にやまひ（病）のなき様に仰せ付けられ、其の外残りの国人の儀、人実を召し置かれ、妻子ども陸奥守これ有るくまもと置かれ候処……、

と述べている。肥後の国衆のなかでも最有力であった熊本（隈本）城主の城、宇土城主の伯耆（苗字は「名和」とも）および小代氏は、当主が妻子ともども上坂するよう命じられ、そのほかの国衆も妻子を人質として熊本城に差し出している。秀吉としては、こうした策を講じることによって、成政の肥後支配が順調に滑り出すものと確信した。「国にやまひ（病）のなき様」という表現は、静謐の実現を期する知行充行の遂行にあたり、いかにも印象的である。

筑後へ向かう秀吉　さらに、秀吉はこの日（六月二日）早朝に、賀須屋真雄《かすやさねお》・片桐且元《かたぎりかつもと》に充てて、次のような朱印状を発している。

尚々、川見の儀、いそぎ御返事申し上ぐべく候、以上、

急度仰せ遣わされ候、昨日朔日にくまもと迄、御馬を納められ候、四日か五日に其の城へ御移りなられ、それより博多へ御座たるべく候間、其の意を成すべく候、然ればちくご川の事、水ふかく候はんと、思し召されるる事に候、何となるとも御船はしを相懸くべく候、さ候と舟橋かけ候事、成らず候間、川の瀬をふませ、人夫子ども輙ち引き渡し候様、分別仕り置くべく候、いつれも由断有るべからず候なり、

うの刻

六月二日　（秀吉朱印影）

加須屋内膳正とのへ

片桐市正とのへ

〔「加須屋左近所蔵文書」・『新編会津風土記』〕

秀吉は、筑後川の渡河を随分気にしていたことがわかる。島津領への侵攻に際しては、筑前秋月から筑後高良山《こうらさん》に入ったため、筑後川は左岸から遠望したのみであった。おそらく、この時の印象が強く残ったのであろう。賀須屋真雄・片桐且元に対して、舟橋の架設あるいは瀬踏みによる渡河地点の検出を命じている。この両名は、肥前千栗《ちりく》にあって兵粮補強の差配をおこなっていたが、このころにはその任を終え、賀須屋真雄も本来の任地である高良山に戻っていたものであろう。

その後、予定通り、秀吉は六月五日に筑後の高良山に入る。ここで生駒親正《いこまちかまさ》（雅楽頭）・早川長政（主馬頭）に充てて、次の朱印状を発する。

急度仰せ遣され候、今日高良山に御座なされ候、明日宰府へ御座を移され候、然れば箱崎之宮、御座然るべきの由候間、即ち彼宮をそさうニこしらへ申すべく候、当座の儀に候間、其意をなし候て、早速出来候様精を入るべく候、明後七日ニそれへ御座候事に候間、由断なく申し付くべく、尚片桐市正申すべく候也、

午下刻

六月五日（秀吉朱印）

生駒雅楽頭とのへ

早川主馬頭とのへ

〔東京大学史料編纂所所蔵影写本「大山文書」〕

翌六日の宿所は大宰府と定まっていたようであるが、肝心の博多における在所を筥崎宮（在所から「箱崎宮」とも記される）と最終的に決したのは、五日の正午過ぎだったのである。同日付で秀吉は生駒親正の子一正（三吉、のちの讃岐守）に充て、

はかたに当座かりの御座所、見計らい立て候へと、雅楽頭かたへ仰せ遣わされ候、然れば秋月にて、かりいの御座所に立つべき家をこほち候て、早々もたせ罷り越し、雅楽頭申し談じ立つべく候、大なる家は入らざる事に候間、其の意を成し、見計らいこほち候て、はかたへ急に罷り越すべく候

という内容の朱印状を下している。秀吉は、生駒親正に対して秋月の留守居を命じており、子の一

正も、ともに秋月にいたものと推察される。一方の早川長政は嘉麻郡の益富（大隈）城在番を命じられていた。この朱印状にも日付に懸けて「午刻」と時刻が付記されており、秀吉の指示が慌ただしかったことがわかる。

既述のように、秀吉は島津攻めに際して、自らに味方する北部九州の諸将に対し、秋月で軍勢を合流をするように命じていた。実際に秀吉はここに数日留まっており、秋月にしかるべき施設があったことは確実であろう。秀吉は秋月にあった「御座所」の解体させ、その部材を用いて筥崎宮の境内に自らの「御座所」を建てさせたようである。

秀長らの日向仕置き　筑後高良山を発した秀吉は、筑前太宰府を経て、六月七日に筥崎宮に入る。一方で、秀長らはいまだ日向国内に留まっている。筥崎宮に入って数日ののち、秀吉は次のような朱印状を発する。

其の面の儀、先度御一書の如く定まり候や、自然滞り事之有りて、取り巻くに於いては、中納言・右馬頭・備前少将にも、兵粮下さるべく候間、其もとの様子、此の御請けに具に言上されるべく候なり、

六月十一日　（秀吉朱印）

安国寺

石田治部少輔とのへ

〔大日本古文書『小早川家文書』三三二号〕

ここにみえる先度の「御一書」とは、五月二十六日付で秀吉が島津義弘に与えた「覚」であろう。既述のように、ここには薩隅日における支配の大要が示されていた。秀吉は既定方針に沿って事態が進んでいるかどうかの確認をおこない、万一事態が秀吉の指示通りに進展せず、城攻めなどが必要となった場合は、秀長《ひでなが》（中納言）や毛利《もうり》輝元《てるもと》（右馬頭）・宇喜多《うきた》秀家《ひでいえ》（備前少将）にも兵粮を送るので、日向の現状を具体的に言上するようにと、安国寺《あんこくじ》恵瓊《えけい》・石田《いしだ》三成《みつなり》に命じている。実際、六月十四日付の義弘充て安国寺恵瓊書状の袖書きにも「尚々、中納言殿は日州（日向）に今少し御逗留たるべく候」とみえており、秀長の日向滞陣が確認される[83]。

図21　豊臣秀長画像（永観堂禅林寺所蔵）

秀長とその幕下にある輝元以下の毛利一門をはじめとして、宇喜多秀家・黒田孝高・宮部継潤《みやべけいじゅん》・蜂《はち》須賀《すか》家政《いえまさ》・尾藤知宣らの軍勢は、新たな領知支配を実現するため、各地で在地の引き渡しなどの交渉に従っていた。安国寺恵瓊は、六月十三日付で上井覚兼《うわいかくけん》（伊勢守）に、城地宮崎についての交渉を福智長通（三河守）とおこなうよう促しているが、そこには「(宮崎) 過分の下地にて候間、御礼儀など一廉御分別ならるべく候」とみえる。先にみた天正十五年（一五八七）六月十一日付の義久「條々」にも通じる内容であるが、島津側のみならず、秀吉（秀長）の側にも、領知交渉も礼金次第と認識されていた点は興味深い。しかしながら、覚兼はこれに先立って、義久《よしひさ》から薩摩伊集院に隠居するように命じられており、宮崎城は秀長の軍勢に無事引き渡されている。

日向庄内北郷氏の恭順　同じ六月十三日付で、秀長の重臣桑山重晴（修理大夫）は義弘に対して、北郷氏への対応を申し入れている。当主の義久は、伊集院幸侃・本田親貞・町田久倍らとともに上洛を命じられており、国許の家中対策は実弟の義弘に委ねられることとなる。ここで、桑山重晴は、

北郷の儀、縦い此の方へ罷り出でられず候とも、其の方筋にて相済む儀に候はば、急度御左右存じ奉り候《(待ちカ)》、其の次第に此れ等分の御人数入れらるべく候、此の段までに諸勢滞留候儀、さても さても謂われざる御事に候、急速御究めなされ、御左右肝要に存じ候

と述べている。北郷氏の人質が秀長の陣営ではなく、義弘の許に差し出されれば、恭順とみなすということであろう。五月二十六日付の義弘充て秀吉朱印状によって、「本知」「当知行」の剥奪を免れた北郷氏は、秀吉への恭順に決したものの、人質を差し出すことについては逡巡があったのであろう。これが島津家内部の問題に置換されることで、北郷時久《ほんごうときひさ》や忠虎としても受け容れやすくなったとみて

よい。

この翌々日の六月十五日には、秀長自身が北郷時久（左衛門入道）に次のような指示を下している。

先日申し渡す国々法度、書き付け之を進せ候、猶様子に於いては、福智三河守申し越すべく候、諸事相談有り、慥かに申し付けらるべき事簡要候、向後聊かも粗略有るべからず候、謹言、

六月十五日　　秀長（花押）

北郷左衛門入道殿

〔『鹿児島県史料　旧記雑録後編』二―三五一号〕

こうして人質の件も含め、北郷氏の恭順がようやく決した。秀長は「国々法度」を時久に示し、以後は福智長通（三河守）への連絡と相談を義務付けている。二次史料ではあるが、「北郷一雲譜」に拠れば、北郷時久・忠虎氏が大隅宮内に石田三成・安国寺恵瓊を訪ね、ついで野尻で秀長に拝謁したという(84)。北郷氏は忠頼と三久（ともに時久の子、忠虎の弟）を人質として差し出す。秀吉の要求通りに、二名の人質である。この結果、本郷氏は秀吉から直接朱印状を下され、既定の方針通り「本知」と「当知行」を安堵されることとなる。

秀長、日向を離れる　北郷時久の恭順によって日向の国割《くにわ》りも一段落することとなり、こののち秀長は、野尻の陣所を離れて「船元」へ移動する。具体的な場所は不明ながら、赤江（現・宮崎市）あたりであろうか。いずれにしろ、秀長は海路で日向を離れるようである。秀長の跡を伊集院久治（下野守）が追って「船元」に向かっているが、単なる見送りとも考えられない。詳細は不明であるが、

こののちの日向支配について指示をうけるためであろう。いずれにしろ日向、特に南部の仕置きを島津家中（具体的には義弘）に委ねるという選択のなかで、秀長は日向を離れる。秀吉の命令に応じて、筑前へ向うのであろうが(85)、日向国内の混乱が根本的に解消されたわけではなく、この後もしばらくは不安定な状況が続くこととなる。

海路、日向灘を北上した秀長は十九日には豊後国内に上陸する。秀長には重臣の福智長通や桑山重晴などが従い、さらに島津家久《いえひさ》の遺児豊久（又七郎）をともなっていた。これは豊久の佐土原領継承を秀吉に認めさせるためであろう。秀長はしばらく豊後国内に留まる模様であり、おそらく領国支配について大友義統《おおともよしむね》にもろもろの指示を下したものと考えられる。この間に、福智長通と桑山重晴は上井覚兼に連署状を発し、豊後滞陣中に「白い唐犬」を贈り届けるよう求める。これは秀長の所望という。その後の動向は必ずしも明らかではないが、秀長は陸路で豊前に入ったと考えられる。すなわち、毛利輝元が六月二十四日に豊前松山（現・京都郡苅田町）に着陣しており、秀長の動きもこれに前後したものと推察される。

そうした一方で、福智長通が途中で秀長らと分かれ、再び日向に戻る。長通は土持（現・延岡市）に入り、日向仕置きを継続する。六月のうちに土持城に入った長通は、ここから義弘に充てて日向仕置きの指示を発する。これに先立って、河上大炊助ら島津家中が、日向財部（のち高鍋）を含む豊臣家の「御公領所」で種々の違乱を働いていた。義弘はこの事実を長通に上申し、長通は、こうした事態が直接秀吉あるいは秀長に知られれば取り返しのつかない大事になると、すみやかな鎮圧を命じている。ところが、この福智長通もまた、豊後から博多への移動を命じられてしまう。長通は自らの名代として西田等介らを財部に残すので、日向国内の案件について、以後はこの西田らと相談するように求めている(86)。

二　博多築城・博多町割り

秀吉の博多・箱崎凱旋　秀吉は天正十五年（一五八七）六月七日に筑前箱崎に凱旋し、陣取りを終えた秀吉は、早速次のような「禁制」を発する。

筑前国箱崎

条々

一、当所陣取りの儀、御免許成らるると雖も、雨降りに付きて諸卒、小屋かくる《掛くる》間、五三日陣取り仰せ付けらるる条、其の意を成すべき事、

一、らんはう・らうせきの族、一銭切りたるべき事、

一、さうし・薪・ぬか・わら以下に至るまで、一切亭主に乞い取るべからず、面々に相調うべき事、

右、違犯の族、之在るに於いては、忽ち罪科に処さらるべき者なり、

天正十五年六月七日　（秀吉朱印）

〔名古屋市博物館編『豊臣秀吉文書集』六〇四九号〕

この段階では、朝鮮半島への渡海という可能性も残されており、秀吉の箱崎滞陣は長期に及ぶことも想定されている。将兵の長滞陣に備え、雨露を防ぐための小屋掛けをおこなっている。結果的にここでの滞陣は六月末に及び、この間に秀吉はさまざまな政策を打ち出していく。これらのうちには、その後の近世国家を規定していく重要政策も含まれる。いわゆる「伴天連追放令《バテレンついほうれい》」は、その代表的なものといえよう。

九州出兵中における秀吉と「伴天連」の接点としては、イエズス会日本副管区長ガスパル・コエリョとの面談が知られている。コエリョは島津領へ向け南下の途次にあった秀吉を肥後八代に見舞い、ポルトガル貿易の継続許可を願い出ていた。しかしながら、ここでは充分な話し合いが出来なかったようで、コエリョは再び秀吉との面談を期して、その凱旋を待つ。いったん長崎に戻ったコエリョは、平戸を経由してここに八日間滞在し、博多では秀吉の凱旋まで七日間待機していたという。フロイスの『日本史』に拠れば、この間、博多湾に臨む姪浜《めいのはま》で足利義昭《あしかがよしあき》とも面談したようである。(87)

「博多町ワリ」の開始　義昭との面談を終えたコエリョは、姪浜から船で箱崎に向かう。折柄、秀吉は戦禍に荒れ果てた博多の復興を期して、海上からの視察に向かおうとするところであった。秀吉は、コエリョのフスタ船に乗り込んで、非常に上機嫌だったと伝える。(88)

博多再興に関する史料としては、博多町人神屋《かみや》宗湛《そうたん》によって記された「日記」(いわゆる『宗湛日記』)が知られる。ここには「(六月)十一日ヨリ、博多町ノサシ図ヲ書付ラレテ、十二日ヨリノ町ワリ也、博多町ワリ奉行衆事、瀧川三郎兵衛トノ　長束大蔵トノ　山崎志摩トノ　小西摂州　此五人ナリ、下奉行三十人有り」との記事がある。

秀吉は、町割りの奉行として、滝川雄利（三郎兵衛尉）・長束《なつか》正家《まさいえ》（大蔵少輔）・山崎片家（志摩守）・小西行長（摂津守）らを任命した。最後の「此」については、石田三成とする説もあるが、史料の性格を考えると、この日記の記主の神屋宗湛とみるべきであろう。彼らの下に三〇人の下奉行が置かれ、こうした陣容によって博多再興の基盤となる「町割り」が進められる。ちなみに、博多の町割りに際して用いられ、宗湛の家に伝わったとされる間杖には「旹天正十五年丁亥林鐘中旬四日壬申除博多町割吉辰　宗湛」なる識文があったという。[89]「林鐘中旬四日」、すなわち六月十四日が、町割り

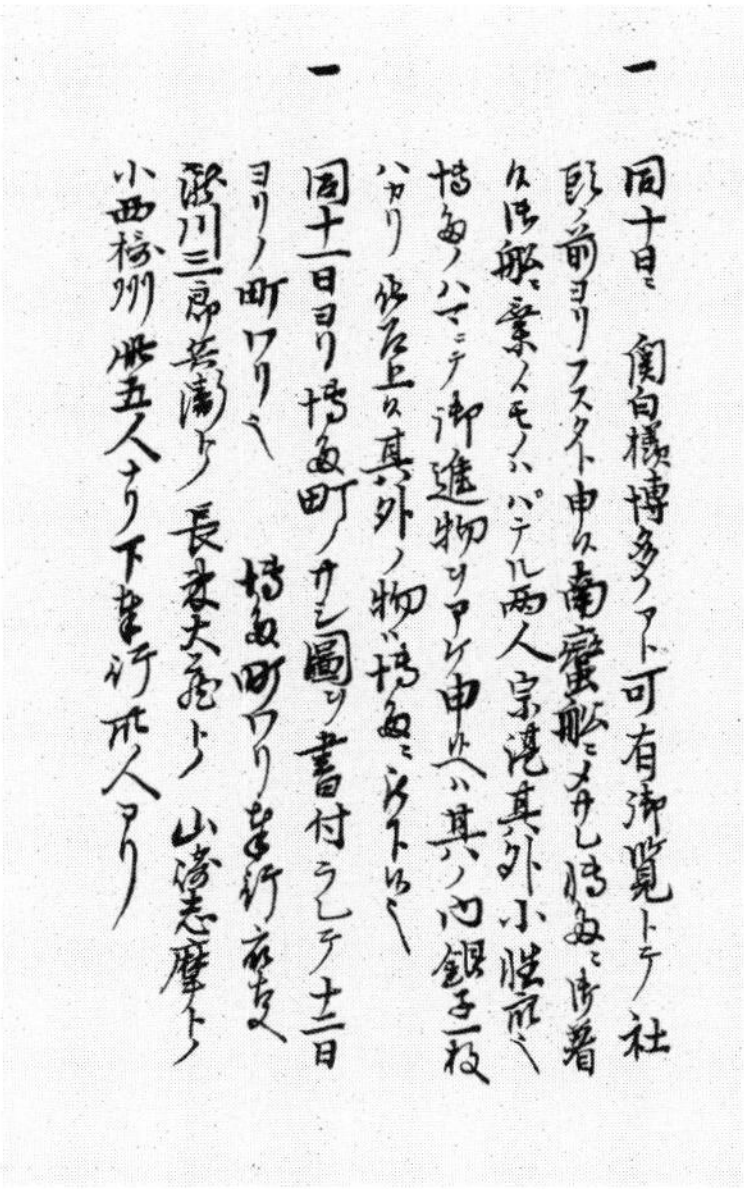

図 22　『神屋宗湛日記』天正 15 年 6 月 11 日条（東京大学史料編纂所所蔵）

開始の日ということであろう。

ところで、この博多の町割りに関しては、単に港湾都市としての機能回復が期待されたのではなく、「城下町」としての整備が求められたと考えるべきである。秀吉は、島津義久を服従させて間もないころから、しばしば博多における築城計画に言及してきた。たとえば、五月十五日付の朱印状には「国々置き目など仰せ付けられ、御隙明き次第、筑前国博多に至り御座を移され、彼の地、大唐・南蛮国よりの船着き候間、丈夫に城普請仰せ付けらるべく候、然れば高麗国へ人数差し遣わされ、御成敗ならるべき事」とある。(90) 海外との結節点である博多に城を設け、そこを拠点に朝鮮半島への派兵を目論んだのである。(91)

新たに設けられる博多の「城」が大陸への派兵基地となるなら、さまざまな需要を満たす商・工業的機能を備えた「城下町」が必要となることはいうまでもなかろう。

変容する博多の位置付け　ところが、五月下旬に至ると、秀吉は筑前と筑後を小早川隆景に与えることに決し、博多の城（御座所）についても隆景を留主居とすることとなる。これは、九州からただちに朝鮮半島へ派兵するという当初の計画が見直されたことの反映である。秀吉は、箱崎の陣中に伺候した対馬の宗義智《そうよしとも》（対馬守）・同義調《よししげ》（讃岐守）に、六月十五日付の判物を与え、「対馬一国」を安堵するので朝鮮国王を来日させるよう、にと命じている。朝鮮側がこの参洛要求に従わなければ、「御誅罰」として朝鮮に派兵するとしている。(92) そうなった場合には、宗義智にも朝鮮の地で知行を与えるというが、いずれにしろ朝鮮半島への派兵はひとまず先送りとなり、宗家の仲介による朝鮮国王の参洛交渉が進められることとなった。

参内して（日本の）朝権に服すべしとは、九州平定に当たっての島津氏に対するものと共通する論理である。秀吉による独善的な認識であるとはいえ、朝鮮国王を強いて日本的な政治秩序のなかに編入しようとするものにほかならない。この点、秀吉は本願寺に充てた朱印状のなかで「我朝の覚に候間、高麗国王参内すべきの旨、仰せ遣わされ候」と述べており(93)、象徴的である。周知のように、朝鮮王朝はこの要求を拒み、秀吉の派兵へとつながっていくこととなる。その意味で、のちの「唐入り」、すなわち「朝鮮出兵」「大陸派兵」は、この箱崎の陣中に始まるともいえよう。

博多城普請の実際　当面の派兵が見送られたとはいえ、博多が対外的な要地であることに変わりはなく、しばらくは博多築城・城下町の整備は継続する。このうちの博多築城計画は、どの程度の実効性・具体性をもったのか。不明な点が多いものの、次に紹介する秀吉朱印状が一定の示唆を与えてくれる。

尚以、委細口上に含み仰せられ、片桐市正遣わされ候、以上、

態と染筆候、

一、其の城普請、何ほど出来候やの事、

一、城内に、はや家をいかほど、相い立て候やの事、

一、御普請出来候ばば、一夜泊に御覧ならる為、御座なさるべく候、然れば、此方より御成の路次をつくらせ、渡り候船以下相集め、御左右申し上ぐべく候、由断無く指し急ぐべく候なり、

六月廿一日　（秀吉朱印）

羽柴丹後侍従とのへ
羽柴松加島侍従とのへ
羽柴岐阜侍従とのへ
羽柴曽祢侍従とのへ
羽柴若狭守《（侍従カ）》とのへ
林長兵衛とのへ
戸田民部少輔とのへ
龍造寺民部大夫とのへ

〔「田尻文書」・名古屋市博物館編『豊臣秀吉文書集』二二四六号〕

秀吉がどこかの城普請に言及しているが、具体的な地名はいっさい登場していない。そこで、文書の年紀を絞り込んでいく作業が必要となるが、とりあえずの結論を述べると、この文書は天正十五年（一五八七）に比定されることとなる(94)。秀吉は天正十五年六月に筥崎宮の陣所にあったわけであり、そこからどこかの城普請を督していたのである。文書中に明示はないものの、既述した秀吉の意図を踏まえると、ここで普請の対象となっているのは「博多」の城である可能性が高い。

この文書にみえる城普請が博多のことだとすると、筥崎宮に入った秀吉は、細川忠興《ほそかわただおき》・蒲生氏郷《がもううじさと》・池田照政《いけだてるまさ》・稲葉典通・丹羽長重《にわながしげ》・林直次・戸田勝隆・龍造寺政家《りゅうぞうじまさいえ》らに命じて築城を開始したこととなる。使者として遣わされる片桐且元（東市正）をはじめ、龍造寺政家以外の諸将の名は、天正十五年正月一日付の「至九州御動座次第」にみえており、彼らすべての九州従軍が確認される[95]。秀吉は普請や作事の状況について具体的に問うており、普請もそれなりに進捗していたとみるべきであろう。ちなみに、イエズス会の記録や『宗湛日記』の例をあげるまでもなく、当時焼け野原であった博多へは、箱崎や姪浜から船で行き来することが普通だったようであり、最後の箇条にみえる「渡船」の準備も、決して不自然なことではない。

三　領主権力の制限といわゆる「伴天連追放令」

肥前深堀氏の賊船行為　いくぶんか時間を遡らせることとなるが、イエズス会一行の箱崎滞在が数日間に及んだころ、日本副管区長のガスパル・コエリョも同席するなか、秀吉の御前で西肥前における海賊行為が話題にのぼった。フロイスの『日本史』には、天正十五年（一五八七）の六月十五日のこととして、次のように記されている。

そして、（秀吉はコエリョ）師とくつろいで歓談しつつ、伴天連はすでに何日かここで過ごしており、長崎は遠いことだから、もう帰るがよかろう、と言った。折しも我らのことを関白に話していた者が、長崎付近には深堀（純賢）と称する大海賊がおり、掠奪を働き、長崎の住民に多大の害を及ぼしていると告げるところがあった。すると彼はただちに肥前の国主に書状を送り、深堀氏の城を破壊し、人質を徴し、それに類した処置を為すように命じ、当人をば厳罰に処するであろうと伝えた。

〔フロイス『日本史』第二部九六章〕

ここにみえる深堀純賢は、同じ肥前の国衆で伊佐早（諫早）を本拠とする西郷信尚の実子であり、深堀家に養嗣子として入った人物である。後述する西郷純堯は実兄にあたり、彼らの実妹は大村純忠《おおむらすみただ》の正室となっている。深堀領は肥前長崎半島一帯に及び、居城俵石城は長崎湾の入り口にあたり、港市としての長崎を統制するうえできわめて重要な地点に位置する。

西郷純堯・深堀純賢は、九州平定戦以前から、長崎港における貿易の利をめぐって、義弟の大村純忠としばしば争っていた。既述のように、この段階で長崎は純忠からイエズス会へ寄進されており、深堀純賢はイエズス会とも対立関係にあった。海賊行為というフロイスからの指弾も、こうした文脈で考えていく必要があろう。

それはともかく、朝鮮国王に来日と参洛を要求する秀吉としては、海賊行為は決して看過できるものではない。長く「倭寇」に苦んだ朝鮮の国王に来日を要求する以上、海上の静謐は是非とも実現すべき課題であった。まさにこの話題がのぼった当日、六月十五日付で次のような朱印状（写）を発し、深堀氏への対応を命じている[96]。

急度申し遣わし候、仰せ聞かる如く、筑前・筑後・肥前立て置く城々のほか、少々の屋敷構えなるとも、残らず破却すべく候、然れば国々に於いて、海賊・盗賊之無き様に仰せ付けられ候の処、肥前国高来郡内深堀の事、海端者に限らず大唐・南蛮ならびに諸商買船に妨げをなす徒者の由、聞こし召し候条、彼の者人質を取り置き、屋敷夫々引き崩すべく候、知行事は主に下さるべく候、去りながら、自今以後無道仕り候者、御成敗を加えらるべくの間、右の趣龍造寺に能々申し聞け、請け取るべく候なり、

六月十五日　御朱印

浅野弾正少弼とのへ

戸田民部少輔とのへ

〔「深堀家文書」三八一号・『佐賀県史料集成　古文書編』第四巻〕

秀吉は、筑前・筑後・肥前の三カ国において、存置させる城以外は屋敷程度の構築物であっても、容赦なく破却すべきとしていた。およそ一カ月ほど前の五月十三日付で、秀吉は「肥後・筑後・筑前三箇国は城を拵え、物主それぞれ仰せ付けられ入れ置かれ、……ならびに入らざる城はわらせ《（割らせ）》然るべき事」と令していた。三カ国の内訳が肥後と肥前とで入れ違っているものの、この段階ですでに肥後は佐々成政に充行われており、秀吉の関心は肥前に移っていたのであろうか。

肥前深堀氏からの人質奪取と居城の破却　いずれにしろ、ここで浅野長吉（弾正少弼）と戸田勝隆（民部少輔）に課されたのは、深堀氏（当主は中務少輔純賢）から人質を取って、その居所（俵石城）を破却し、知行を「主」すなわち龍造寺氏へ返付させることであった。(97)

深堀家の由緒に拠れば、九州平定戦に際し、平戸の松浦家とともに秀吉麾下の船手の「案内」をつ

とめたようである。(98) こうした軍功があったにもかかわらず、深堀純賢は「賊船」行為の咎をうけて改易の対象となった。深堀氏改易について、龍造寺家は迅速な対応をみせている。

フロイスが記したように、はたして秀吉は「肥前の国主に書状を送り、深堀氏の城を破壊し、人質を徴し、それに類した処置を為すように命じ」たのであろうか。深堀居城の接収は、浅野長吉や戸田勝隆の下向前に実施されており、龍造寺家重臣の鍋島直茂《なべしまなおしげ》からその報告がなされている。これをうけた浅野長吉・戸田勝隆の連署状を、次にみておこう。

尚々、深堀城わり《(割り)》候はで、之有るべきの由候間、わらせ候て相越すべく候、以上

態と申し遣わし候、深堀城請け取るべきの由、之を申す由、鍋島飛驒かたより申し越し候、惣別御朱印地の儀は、異儀無く候間、そのまま置くべく候、いさはや《(諫早)》の城、龍七郎殿へ相渡し候はば、早々罷り上るべく候、恐々謹言、

六月十七日　　民部　勝隆（花押）

弾正　長吉（花押）

いさはや番衆中

〔「深堀家文書」三八二号・『佐賀県史料集成　古文書編』第四巻〕

文書の背景を整理するため、少し話を遡らせる。秀吉の九州平定以前、肥前伊佐早（諫早）は西郷純堯の居城であった。既述のように、西郷純堯は深堀純賢の実兄である。ところが、純堯は秀吉陣中への出仕を怠ってしまう。病気が理由といわれるが、鍋島直茂の謀略があったともいう。いずれにし

ろ、秀吉はこれを許さず、西郷氏は改易されてしまう。こうして空城となった伊佐早城には「番衆」が派遣されることとなる。連署状の充所《あてどころ》とされた「いさはや番衆中」は、こうした性格の軍勢である。

龍造寺家として深堀城の接収はおこなったものの、破却には及んでいない。浅野長吉・戸田勝隆は「いさはや番衆」に対して深堀城の破却を命じ、その後は「いさはや」の城を龍造寺家晴（七郎左衛門尉）に引き渡して、撤収するように指示している。

これに先立つ天正十四年（一五八六）四月十日付で、秀吉が毛利輝元（右馬頭）に充てた「覚」のなかで、毛利氏の領主権力を大きく制限する指示を下していた（七四・七五頁参照）。ここにみる深堀純賢の改易や、伊佐早城の龍造寺家晴に対する引き渡しも、大名領国への積極的干渉であり、そうした政策の延長線上に位置付けることができよう。

大名・給人と伴天連　さらに、より根本的な問題として、それぞれの国において、「物主」が必要とする城以外は破却対象となった。「物主」とは、一軍の将といった意味合いであるが、ここでは秀吉から知行充行を許された「大名」といった程度の感覚であろう。これに関連して、秀吉は領主概念の明確化とでもいうべき「覚」を発している。

覚

一、伴天連門徒の儀は、其の者の心次第たるべき事、

一、国郡在所を御扶持に遣わされ候を、其の知行中の寺庵・百姓已下を、心さし（志）も之無き所、押して給人、伴天連門徒に成すべき由申し、理不尽なる候（儀脱カ）段、曲事候事、

一、其の国郡知行の義、給人に下され候事は、当座の義に候、給人はかはり《替わり》候といへども、百姓は替わらざるもの候条、理不尽の義、何かに付けて之有るに於いては、給人を曲事仰せ出さるべく候間、其の意を成すべく候事、

一、弐百町・二三千貫より上の者、伴天連に成り候においては、公儀の御意を得奉り次第に成り申すべき事、

一、右の知行より下を取り候者は、八宗・九宗の義候条、其の主一人宛ては心次第に成すべき事、

一、伴天連門徒の儀は、一向宗よりも外に申し合わせ候由、聞こし召され候、一向宗其の国郡に寺内をして、給人へ年貢を成さず、ならびに加賀国一国、門徒に成り候て、国主の富樫を追い出し、一向宗の坊主もとへ知行せしめ、其の上越前まで取り候て、天下のさはりに成り候儀、其の隠れ無く候事、

一、本願寺門徒、其の坊主天満に寺を立てさせ、免し置き候と雖も、寺内に前々の如くには仰せ付けられざる事、

一、国郡又は在所を持ち候大名、其の家中の者共を、伴天連門徒押し付けを成し候事は、本願寺門徒の寺内たて候よりも然るべからざる義に候間、天下のさわり成すべく候条、其の分別之無き者は、御成敗を加えらるべく候事、

一、伴天連門徒、心さし次第に下々成り候義は、八宗・九宗の儀候間、苦しからざる事、

一、大唐・南蛮・高麗へ日本仁を売り遣わし候事、曲事たるべし、付けたり、日本においては人

の売買停止の事、
一、牛馬を売り買い、殺し食う事、是又曲事たるべき事、
右、条々堅く停止され畢んぬ、若し違犯の族之有らば、忽ち厳科に処せらるべき者なり

天正十五年六月十八日

〔「三方会合記録」・『古文書研究』第二五号所収〕

この「覚」では、数カ所で「伴天連門徒」すなわちキリスト教信者に言及しており、もちろんその文脈で理解すべきであろう。これに加えて、秀吉は「伴天連門徒」問題に関連付けて、あるべき領主像についても触れている。秀吉は、大名や給人の知行は「当座」の事とし、在地に根ざす百姓の存在と峻別する。また、家中に対して信仰を強制することは「曲事」として厳禁された。この段階では、長崎廻りには「伴天連知行せしむ分」が設定されており(99)、「伴天連」この場合具体的にはイエズス会にも、ここでの領主概念が適応されよう。

豊臣政権下の「領主」概念　現実に「伴天連知行せしむ分」が存在するという状況を認識した秀吉は、「伴天連」問題を梃子に、従前の領主権力に大きく制限をかけたのではなかろうか。大名・領主に対して抜本的な意識改革を迫ったとみてよい。これがどの範囲に拡がっていたのかは大きな問題ではあるが、秀吉が「其の国郡知行の義、給人に下され候事は、当座の義に候、給人はかはり《（替わり）》候」と考えていたことは重要である。ここまでの経緯を踏まえると、島津本家はもとより、その家中のありよ

う、振る舞いが、秀吉の思考に影響を与えた可能性は高い。

秀吉は、島津義久・義弘兄弟に薩摩国と大隅国を充行っているが、これは従前の知行を追認したのではない。秀吉への降伏に際し、義久は領知剝奪もやむをえないと述べており、あくまで新たに充行われたものである。義久充ての判物には「薩摩一国充て行われ訖わんぬ」とあり、義弘充ての朱印状には、より明確に「新御恩地として、大隅国之を充て行われ訖わんぬ」とある。

「日本六十余州の儀、改めて進止すべきの旨、仰せ出さるるの条」とあるように、背景にある原理は、後陽成天皇が「改めて」秀吉に委ねた、全国「進止」権である。これまで述べてきたように、「進止」とは支配の意であり、「進退」とも同義とされる。とはいえ、全国を単独で統治することは不可能であり、実質は所領・所職についての充行や補任、改易や没収の権利行使となる。さらに「改めて」とある以上、秀吉に委ねられたこの権限は、必ずしも従前の領知関係を前提にはしない。この点、たとえば島津義弘が大隅国を「新御恩地」として充行われたことは注目される。たとえば、従前の軍役は本貫を除いて賦課されるのを原則としたが、全領知が「新恩地」とされることで本貫という観念が消滅し、領知の全てが軍役の対象となる。もとより、新たに大名として取り立てられた場合も同様である。

九州平定に先立つ国分け案も、この権限に拠るものである。平定戦後における知行充行も、秀吉の知行充行判物・朱印状によって具体化された。秀吉によって領知を認められた「物主」「大名」は、地域公権としての機能を課される。すなわち、島津氏には日向国内の秩序回復が課され、龍造寺氏には肥前地域の海域静謐が求められている。しかしながら、彼らの知行はあくまで「当座」のものに過ぎず、公権としての機能不全に陥れば、たちまち所領は改易され、また、所職は没収されることとなる。先にみた六月十八日付の「覚」は、「伴天連」問題を梃子にしつつ、こうした原理を明文化したものにほかならない。

いわゆる「伴天連追放令」の発布　秀吉は、先に触れた六月十八日付の「覚」に続いて、翌十九日には次のような「定」を発布する。一般に「伴天連追放令」などとして、知られるものである。

定

一、日本は神国たる処、きりしたん国より邪法を授け候儀、太《はなは》だ以て然るべからず候事、

一、其の国郡の者を近付け、門徒になし、神社仏閣を打ち破るの由、前代未聞に候、国郡在所知行など給人に下され候儀は当座の事に候、天下よりの御法度を相守り、諸事其の意を得べき処、下々として猥りの義、曲事の事、

一、伴天連其の知恵の法を以て、心さし（志）次第に檀那を持ち候と思し召され候へば、右の如く日域の仏法を相破る事、曲事候条、伴天連の義、日本の地にはおかせられ間敷く候間、今日より廿日の間に用意仕り、帰国すべく候、其の中に下々伴天連に謂われざる族、申し懸くるもの之在らば、曲事たるべき事、

一、黒船の儀は商買の事候間、各別に候の条、年月を経、諸事売買いたすべき事、

一、自今以後、仏法のさまたげを成さざる輩は、商人の儀は申すに及ばず、いつれにてもきりし

たん国より往還くるしからず候条、其の意を成すべき事、

已上

天正十五年六月十九日

〔「松浦文書」四九号・京都大学文学部国史研究室編『平戸松浦家資料』〕

「日本は神国」であるとして、秀吉は「きりしたん国より邪法」を厳しく糾弾する。しかしながら、一般に知られるように、「伴天連」の追放を目指したものとはいえない。確かに三カ条目において、「伴天連」は二十日以内の日本退去を命じられている。しかしながら、これは無条件にそうなのではなく、「仏法」の妨げをなす場合に限られている。事実、最後の五カ条目において、「仏法」を妨げさえしなければ、「商人」はいうに及ばず、「いつれもきりしたん国より往還」は問題ないとする。当然、「いつれも」には「伴天連」をはじめとする、キリスト教宗教者も含まれることになろう。

すなわち、この「定」は「伴天連」らによる「仏法」排撃を禁じたものであり、さらにこれを容認してきた大名・給人も処断されることとなる。二カ条目は、十八日付の「覚」を踏まえて考えると、そうした理解につながろう。「きりしたん国より邪法」を「仏法」と同列ないしはその下位に置き、[100]ともに俗権に従うべきことを明言する。俗権を構成する大名・給人もまた、完全に秀吉の統制下に置かれ、秀吉はその生殺与奪権を握ることとなる。[101]「伴天連追放令」などと評されたこの六月十九日付「定」の本質は、こうしたところに求めるべきであろう。

イエズス会の反応　とはいえ、ここまで秀吉との関係を良好に進めてきたイエズス会は、この通告

を迫害と受け止め、教団内部には激震がはしる。さらに、フロイスの『日本史』（第二部九九章）には、秀吉が重ねて下した十九カ条の命令が書き上げられている。秀吉の決定は、悪意ある周囲の讒言に拠るとしてその誤解を解くべく弁明に努めるべきとする。

その一方で、コエリョら主戦論者は有馬《ありま》晴信《はるのぶ》などの「キリシタン大名」に秀吉への抗戦をよびかけている。巡察師ヴァリニャーノが、のちにイエズス会総会長に充てた書翰（一五九〇年一〇月一四日付アレッサンドロ・ヴァリニャーノのイエズス会総会長宛て書翰）には、次のように記されている。

彼（コエリョ）は直ちに有馬に走り、有馬殿およびその他のキリスト教徒の領主たちに対し、力を結集して関白殿への敵対を宣言するよう働きかけた。そして、自分はかね（金カ）と武器・弾薬を提供して援助すると約束し、直ちに多数の火縄銃の買い入れを〔会員たちに〕命じ、火薬・硝石、その他の軍需品を準備させた。そして結局、無理に上述の領主たちをして関白殿への敵対を宣言させようとし、すんでのところで戦争が勃発するところであった。

〔大航海時代叢書Ⅱ『イエズス会と日本　一』岩波書店、一九八一年〕

九州大名の協力が得られないと知ったコエリョは、次にスペイン人の軍勢を日本に引き込もうとする挙にでる。結局はこちらも具体化されることはなく、イエズス会一派による武力抵抗は未然のままに終わった。

四　九州国分けの最終段階

筑前・筑後の国割り　毛利輝元は天正十五年（一五八七）六月二十四日、豊前松山に達しており、二十六日ごろには箱崎に入った模様である。毛利勢と同陣していた秀長もこれに前後して筥崎宮に到着したものと考えられる。

このころ、六月二十五日付で、秀吉は次のような「覚」を発給している。[102]毛利家に伝ったものであるが、四国平定戦ののち伊予（伊与）一国は小早川隆景が領していたので、実質的には隆景に充てられたものと判断される。

覚

一、伊与一ヶ国、之を相上ぐ
　以上
一、筑前一国
一、筑後一国
一、肥前一郡半
　以上
六月廿五日　（豊臣秀吉朱印）

〔大日本古文書『毛利家文書』九八一号〕

秀長や輝元らと同じく東九州の仕置きにあたっていた小早川隆景はこの六月二十五日に筥崎宮への着陣を果たしたのであろう。ここまでの軍功を称え、この「覚」を親しく手交したと考えたい。ここで秀吉は従来からの方針に沿って、隆景に筑前・筑後の両国の支配を認め、これに肥前国内一郡半を加えた。(103)

ところで、筑後の大部分については、やはり六月二十五日付の知行充行朱印状によって、立花統虎らに与えられる。すべてが一次史料で確認されるわけではないが、状況からみて三潴・山門・下妻郡が立花統虎、三池郡が統虎の実弟で吉弘系高橋家の統増に、上妻郡が筑紫《つくし》広門《ひろかど》に与えられる。また、御井（三井）・御原（三原）・山本の三郡は小早川秀包《ひでかね》に充行われたと考えられる。秀包は毛利元就《もとなり》の末子で隆景の養子となり、かつて秀吉の許に人質として差し出された人物である。すなわち、筑後国を郡単位で充行われたのはいずれも秀吉方として九州平定戦を戦った面々である。

とはいえ、同じ六月二十五日付の朱印状で、秀吉は「筑前・筑後両国、小早川に仰せ付けられ候、然れば博多津大唐・南蛮・高麗国よりの船付きに候間、殿下御座所と号し、普請仰せ付けられ、御留主居として小早川在城させられ候事」とも述べている。秀吉には、筑前・筑後の支配を隆景に委ねたという認識があり、加えて博多に建築中の「御座所」についても隆景に預けるとしている。(104)充行の対象地が重なっており、大名権力の重層化ともとれるが、立花統虎ら筑後に封じられた諸大名は、おそらく隆景の与力大名としての働きを期待されたのであろう。さらに、次の目録が同じ六月二十五日付で発せられる。

筑前国中

一、立花

一、宗像

一、秋月

一、原田

一、肥前内筑紫城

壱郡半之在り

以上

六月廿五日　（秀吉朱印）

〔大日本古文書『毛利家文書』九八二号〕

この目録は、隆景領内に残置されるべき城々を指示したものと考えられる。とはいえ、従前これらの城々に拠った国衆は、ことごとく転封を命じられている。既述のように、立花山城《たちばなやまじょう》の立花統虎は筑後柳川に、肥前勝尾城《かつのおじょう》（筑紫）の筑紫広門も筑後上妻郡の福島に移封され、秋月家の家督三郎種長は日向高鍋に知行を与えられることとなる（後述一九九頁参照）。さらに、怡土郡高祖城《たかすじょう》の原田弾正少弼と宗像郡の宗像才鶴は、小早川隆景の与力を命ぜられ、筑後国内に領知を与えられる。隆景は空城となったこれらの城を請け取り、その上で残置することを命じられたのである。

肥前の国割り　さて、隆景が直接領知するのは、筑前のほか北筑後に位置する竹野・生葉の二郡と東肥前の基肆郡と養父郡の一部となる。残る養父半郡と有馬郡の一部は、やはり六月二十五日付で、龍造寺家重臣鍋島直茂に与えられる。政権からみた場合、龍造寺家における直茂の位置付けは、大名家の家臣でありながら、秀吉から直々に知行を与えられるという点で、島津家における伊集院幸侃や相良家の深水長智などに通じる。

龍造寺家をはじめとする、ほかの肥前諸勢力については、次に示す松浦家以外の一次史料は確認されない。

今度充て行わるる領知方、壱岐国其の外所々の事、検地せしめ召し置くべくの由に候なり、

六月廿八日　（秀吉朱印）

松浦肥前守とのへ

松浦道可入道とのへ

〔「松浦文書」五〇号・京都大学文学部国史研究室編『平戸松浦家資料』〕

当面は従前の本知支配を許しつつ、正式な充行いは、検地の実施を待っておこなうとの意である。龍造寺家についての判断は避けるが、ほかの有馬・大村・五島（宇久）といった諸家については、松浦と同様の措置が講じられたものと判断される。

筑前博多・箱崎を離れる秀吉　一カ月近い滞陣を終え、秀吉は箱崎を発して帰途につく。その時日は詳らかではないが、二十七日付の秀吉朱印状に「頓て御馬を納めらるべく候」とあるので[105]、右にみ

た二十八日付の朱印状を発して程なくして、筥崎宮内の陣を払ったのであろう。

ところで、秀吉は箱崎滞陣中に次のような「定」を発する。博多津内の地子《じし》を免除し、公正な商業の発展を期して、津内の安寧を保証したものである。博多・箱崎に凱旋した直後に定めた可能性もあるが、当時の博多には都市的な実態もない。秀吉としては、自ら「町割り」を主導して復興させた博多津の今後の発展を期したのであろう。すなわち、この「定」にみえる条規はいずれも商人・職人の集住を促すものであり、ひいては博多津を「城下町」として再起動させることを目論んだのである。

筑前国博多津

定

一、当津において諸問・諸座、一切有るべからざるの事、
一、地子・諸役、御免許の事、
一、日本国、津々浦々において、当津の廻船、自然損う儀、之有ると雖も、違乱の妨げ有るべからざるの事、
一、喧嘩・口論仕るにおいては、理非に及ばず、双方成敗すべき事。
一、誰々によらず、付け沙汰、停止の事、
一、出火・付火、其の壱人成敗すべき事、
一、徳政の儀、之あると雖も、当津は免許せしむべき事、
一、津内において、諸給人家を持つ儀、之有るべからざる事、
一、押買・狼藉、停止の事

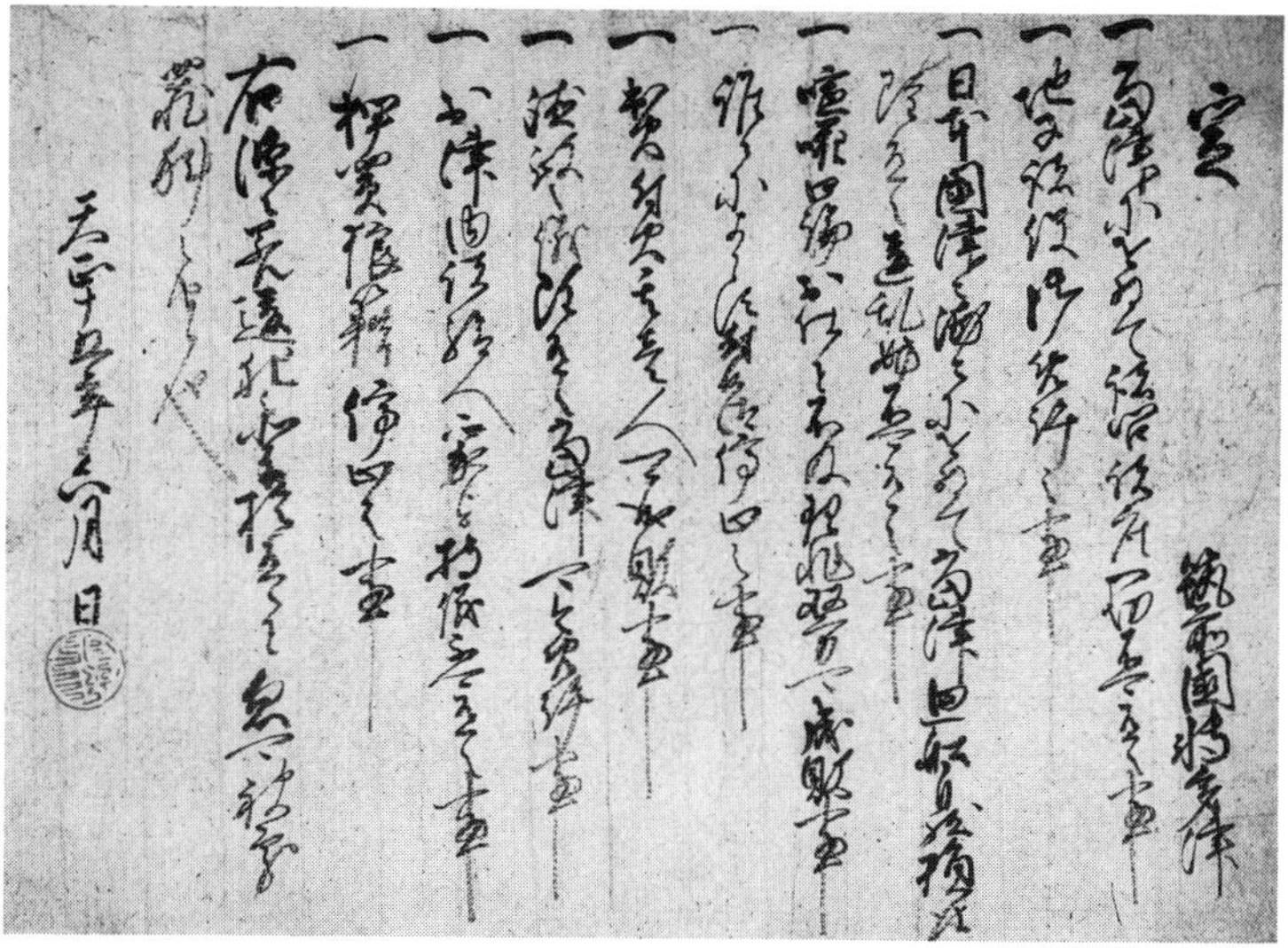

図 23　筑前国博多津宛定（「櫛田神社文書」、櫛田神社所蔵）

右の条々、若し違犯の輩、之有るにおいては、忽ち罪科に処せらるべき由に候なり、

天正十五年六月　日　（秀吉朱印）

〔「櫛田神社文書」一〇号・『新修福岡市史資料編・中世一』〕

おそらく六月の末に箱崎を発した秀吉は、七月二日には早くも関門海峡を渡り、長門の関戸に達する。これにともなって多くの軍勢が、秀吉とともに九州を離れる。

豊前の国割り　関戸到着の翌七月三日付で、秀吉は九州国分けの総仕上げとなる豊前と日向の知行充行をおこなう。まず、豊前からみていくこととする。対島津戦にあって、重要なはたらきをした黒田孝高については、豊前一国の充行が取り沙汰されていたが、実際に領知を許されたのは京都・築城・中津・上毛・下毛・宇佐の豊前六郡となる。

今度、御恩地として豊前国に於いて、京都・築城・中津・上毛・下毛・宇佐六郡の事、充て行われ訖んぬ、但し宇佐郡内妙見・龍王両城当知行分は之を相除き、其の外全く領知せしめ、いよいよ奉公・忠勤を抽んずべくの由候なり、

天正十五

七月三日（秀吉朱印）

黒田勘解由とのへ

〔福岡市博物館編『黒田家文書』第一巻一八五号〕

さらに、但書きにある通り宇佐郡については、妙見城と龍王城の城廻りが黒田領から除外される。この地域を豊後大友家が当知行していたからである。京に戻った秀吉は孝高に充てて、追加的に次のような朱印状を発する。

豊前国宇佐郡内、妙見・龍王両城当知行分、四百八拾九町三段の由、其の方所へ申し越す旨に候、其の帳面に任せ相改め、検地致し、右田畠の員数、彼の両城へ相付け、大友左兵衛督に慥かに相渡すべく候なり、

七月廿七日（秀吉朱印）

黒田勘解由とのへ

〔福岡市博物館購入史料・雑文書二四号『新修福岡市史　資料編・中世一』〕

豊前国は八郡から構成されるが、残る規矩（企救）・田川（田河）の二郡は森（毛利）吉成に与えられ、規矩郡小倉を城地とする。さらに、豊臣方が攻めあぐねた田川郡の香春岳城《かわらだけじょう》が森家の支城とされる。

北日向の国割りと島津義久の上洛　ついで、日向国についてみていく。秀吉は、豊前の場合と同じく七月三日付で、秋月種実《あきづきたねざね》の後継種長《たねなが》（三郎）に、日向国内での領知を許している。

今度御恩地として、日向国高鍋城仰せ付けられ候条、同じく其の廻り明き所分の事、充て行われ畢んぬ、但し、知行方目録、中納言より之を請け取り、全く領知せしめ、自今以後忠功を抽んずべきの由候なり、

天正十五年

七月三日　（秀吉朱印）

秋月三郎とのへ

〔「秋月文書」一四六号・『日向古文書集成』〕

秋月種長には高鍋城とその周辺が充行れるが、「知行方目録」は秀長（中納言）から請け取ることとなっており、この段階では領知内容はあきらかではない。また、一万田系高橋家の元種（九郎）には、県（延岡）城とその周辺が与えられたようであるが、残念ながら一次史料による確認はできない。おそらく秋月種長と同じような朱印状を与えられたのであろう。とはいえ日向の場合は、豊前国のように、郡ごとの充行にはなっていない。

さて、前述のように、上洛を命じられていた島津義久は、六月十五日に博多に向けて鹿児島を出立する。義久は人質となる三女（亀寿）をともなっており、これに伊集院幸侃・本田親貞・町田久倍らの重臣が従っていた。博多あるいは箱崎に入ったのち義久は石田三成らとともに上方へ向かい、七月十日には泉州堺に着岸している。

秀長・隆景に任される豊後・日向の仕置き　細川（長岡）幽斎の『九州道の記』によれば、「七月四日、殿下《（秀吉）》関門より御帰陣也」とあって秀吉が七月四日に関戸を発ったことがわかる(106)。こうした一方で、伊予から国替えとなった小早川隆景は、そのまま筑前に残ることとなる。大友義統充ての次のような朱印状が確認される。

小早川左衛門佐事、筑後・筑前両国仰せ付けられ、即ち在国せしむの条、其もと万端入魂致すべく候なり、

七月三日　（秀吉朱印）

大友左兵衛督とのへ

〔大日本古文書『小早川家文書』一八三号〕

秀吉は、隆景は筑前に在国するので、円滑な関係を保つよう、義統に命じている。さらに、次の書状からわかるように、秀長もしばらく九州に留まって、小倉城の普請に従っている。

尚以て、先度申し越候法度の旨、聊かも御由断無く申し付けらるる由、尤もに候、御用事如何様とも承るべく候、旁三河守申し聞けべく候、以上、

帰陣以来、申し越さず候、未だ豊前小倉城普請申し付け、之在る事候、仍って日州の儀、秋月・高橋仰せ付けられ相越し候、堅固に申し付くべき旨に候間、諸事御入魂、自然境目以下申す事、之在るに於いては聞き届け、速やかに申し付くべく候条、其の意を得らるべく候、京都御用いか様とも、申し越さるへく候、聊かも疎意有るべからず候、尚福智三河守申し越すべく候、謹言、

七月五日　　秀長（花押）

北郷左衛門入道殿

〔『鹿児島県史料　旧記雑録後編』二―三六二号〕

攻城戦の被害を修復し、要害としての増強をはかったのであろう。島津家の服従が成ったとはいえ、九州を押さえる上で、また続く大陸への派兵を考える上でも、やはり豊前小倉は重要な拠点であり続けた。さらに、ここで秀長は日向に秋月・高橋の両家が入部することを告げている。

日向における領知引き渡し　具体的な領知内容の確定は秀長に委ねられることとなるが、実際の差配はこれまでと同様、秀長の重臣福智長通（三河守）がおこなうようである。長通は改めて日向の土持に入ったようであり、ここから島津義弘に充てて書状を発する。

猶以て、それ様へは、双無く上様御懇ろにて御座候の条、若し御届け無き様に思し召され候はば、如何に候条、存じ寄り通り、残らず心底申し入れ候、当国の儀、秀長仰せ付けられ候如く、諸事申し付け候て、罷り帰り候、御分別肝要に存じ候、以上、

日州御公領分の儀、秋月・高橋仰せ付けられ、二三日以前土持に到り罷り下り候、秀長直札を以

て申され候条、進覧せしめ候、仍って飫肥郡志布之《志布志》・大崎を初め其の外方々、御構いの由候て、各訴状を以て申し上げられ候、先度野尻に於いて、安国寺・拙者を以て、御理り候条、御取り成し申し入れ候と雖も、真幸郡御給いの事に候の条、諸県の儀、毛頭同心申されず候、日向・豊前・豊後三ヶ国置き目・法度・領智かた、何も中納言仰せ出され候条、御分別過ぐべからず候、恐々謹言、

七月十九日　福智三河守
長通判

嶋津兵庫頭殿
人々御中

〔『鹿児島県史料　旧記雑録後編』二―三六六号〕

日向における知行充行を進めるため、長通は再度の土持入りを果たしたのである。この書状は、義弘に充てた秀長書状を前提としており、副状としての意味をもつものと判断される。島津家中の一部は、この期に至っても、なお「飫肥郡」の志布志・大崎など日向国内の各地に割拠し、城々の明け渡しには応じていない(107)。

「諸県郡」の地域概念をめぐって　ここにおける「訴状」の内容は詳らかにできないものの、秀吉ないし秀長に対して、当知行の安堵を求めたものと推察される。文書にみえる「野尻」は、秀長が陣所を置いていたところであり、ここで安国寺恵瓊や長通によって達せられた知行充行の方針に、変更

はないという。家久の佐土原領を除くと、日向国内で島津本家に許されたのは、久保の「真幸郡」のみであり、「諸県郡」の領有は望むべくもないということであろう。長通は袖書きで、秀吉の義弘に対する篤い信頼について言及するが、それに背くことのないようとの含意であろう。いずれにしろ、豊前・豊後・日向三カ国の仕置きは秀長に任されているので、これに従うように求めている。

重ねて、福智長通は七月二十一日付でも、義弘充ての書状を発する。基本的な立場は七月十九日付の副状と重なるが、ここにはより踏み込んだ内容も確認されるので、次にみておこう。

猶以て、当国案内者綾新右衛門尉、秀長へ目録仕り候て、郡分け　上様へ御進上候、其の写し之を進せ候、御目に懸けらるるに付いて、御分別として此の如くに候、野尻に於いて御理りの由候、一円秀長御同心無く候、去りながら　上聞に達せられ、仰せ出され次第、と御返事にて候、安国寺如何御返事申され候や、以上、

先書に申し入るる如く、秋月・高橋、御公領分に仰せ付けらる、在国の儀候、諸事仰せ談ぜられ、御馳走有るべき事、肝要に思し召さるる旨、拙者として相心得、各へ申し達すべき通、堅き　御諚に候、自然下船の為の験之在らば、公儀に対され御不忠たるべきの旨に候、殊に諸県郡御拝領の由候て、都於郡同然候、飫肥郡志布之・大崎御違乱の由候、然るべからずと存じ候、日州・両豊州の儀、秀長へ仰せ出され、領知方目録を以て、申し付けられ候、其の意を成さるべき事専用に存じ候、恐惶謹言、

福智三河守

七月廿一日　　　　　　　　長通判

嶋津兵庫頭殿

まいる御宿所

〔『鹿児島県史料　旧記雑録後編』二―三六八号〕

志布志・大崎における騒擾については先にも言及されていたが、さらに「諸県郡」を拝領したとして、都於郡（現・西都市）の支配を既成事実化しようとする義弘の動きも確認される。長通はこれを「然るべからず」と叱責する。

綾新右衛門尉の日向国「目録」　さらに、袖書きにみえるように、秀長は日向の在地状況を把握するため、綾新右衛門尉なる人物を登用している。綾新右衛門尉は伊東家譜代の被官とされ、右の史料では「当国案内者」とあるが、ほかの一次史料には「綾新右衛門尉、代々日向国中の目明かし候」「所柄目明かしの新右衛門」などともある(108)。秀長はこの綾新右衛門尉に日向国の「目録」を作製させ、その写しを義弘にも送っているようである。それをもって「御分別」すべしと促していることから、綾新右衛門尉の「目録」では、「諸県郡」の範囲も限定的に記されていたのであろう。あるいは「諸県郡」とは別に、「真幸郡」といった実態が概念化されていたのかもしれない(109)。

ここでも豊前・豊後・日向の仕置きは秀長に委ねられていることを強調しているが、袖書きでは最終的な決定は秀吉が下すとも述べており（「上聞に達せられ、仰せ出され次第」）、先便と比べると、いささか調子が落ちている感は否めない。これに関連して、袖書きの書き止めから、安国寺恵瓊が秀吉の意向を確認するため、上方へのぼっているようである。

難航する日向の国割り　日向国内の郡界・郡名をめぐっては、ここに至る過程で関係者相互の認識が大きく相違していることが明らかとなっており、島津家側はまさに生存を賭けて自らに有利なように郡界・郡名を設定するように求めている。いずれにせよ、この問題を合理的に整理しない限り、在地の混乱が解消される見込みはなかった。

秀吉がどのように考えていたのか判然としないが、結果的にこの問題がすぐに解決することはなかった。仕置きを任せた秀長の体面を慮った可能性もあるが、秀吉は親しく義弘の意見を聴いて、最終的な裁決を下すことにしたようである。当事者としてこの問題にかかわった島津義弘の説明を親しく徴することに、意味合いをみつけたのであろう。

しかしながら、ほどなく佐々成政の統治する肥後で騒擾が勃発し、これが北部九州に広く波及する。詳細は次にみていくが、これによって義弘の上国は見送られ、日向の国割りをめぐる問題も、解決は先送りされてしまう。

この間に、飫肥城からの退去を命ずる政権の上使が上原長門入道常近のもとへ派遣され、逆に殺害されるという事件が起きている。『日向記』はこれを天正十五年（一五八七）十二月十三日のこととする。編纂史料による情報であり、具体的な時日については再考の余地もあろうが、上使殺害自体は一次史料（島津義弘充て後五月晦日付の福智長通書状）からも判明する確定的な史実である。日向国内におけるこうした混乱は、さらに天正十六年の前半まで継続することになる。

〔注〕

（1）写しが「毛利家文書」に残る（大日本古文書『毛利家文書』九五〇号）。

（2）長野誠編『福岡啓藩志』所収文書。

（3）九月八日付の吉川元長（治部少輔）書状に「黒田事も去る五日下関下向候」とある（「湯原文左衛門家文書」八五号『萩藩閥閲録』第三巻）。

（4）「麻生家蔵文書」（長野誠編『福岡啓藩志』所載）。

（5）児玉就英（内蔵大夫）充て八月二十二日付小早川隆景書状（「児玉惣兵衛家文書」六一号『萩藩閥閲録』第三巻）。小早川家による伊予支配については、山田治朋「四国平定直後の伊予の城郭整理」（愛媛県歴史文化博物館編『伊予の城めぐり』特別展図録）、二〇一〇年）。

（6）内藤元実（弥左衛門）充て九月十日付毛利輝元書状（「内藤弥兵衛家文書」一〇号『萩藩閥閲録』第三巻）。

（7）九月十二日付の二宮就辰（太郎右衛門）充て毛利輝元書状（二宮太郎右衛門辰相家「譜録」二六号『広島県史　古代中世資料編Ⅴ』）。

（8）「柏木文書」二号（『兵庫県史　史料編　中世二』）。

（9）原田弾正少弼九月晦日付小早川隆景書状に「輝元一昨関着候」とある（広渡正利編著『大蔵姓原田氏編年史料』文献出版、二〇〇〇年）。

（10）仁保元種充て九月二十五日付吉川元春書状（「阿川毛利家文書」八号『山口県史　史料編・中世3』）。

（11）北里次郎左衛門に充てた十月六日付大友義統書状に「前三宇佐郡に至り、著陣せしめ候の処、早々示し給い候」とある（「北里文書」二〇号『熊本県史料』中世篇一）。

（12）『鹿児島県史料　旧記雑録後編』一―一八三・一八四・一八五・一八八号。

（13）十月十三日付聖福寺充て黒田孝高（官兵衛）書状（「聖福寺文書」一六号『新修福岡市史　資料編・中世一』）。

(14) 太宰府天満宮編集『吉田家伝録』。
(15)「会津津川文書」(広渡正利編著『大蔵姓原田氏編年史料』文献出版、二〇〇〇年)。
(16) 大日本古文書『小早川家文書』三三四号。
(17) 長宗我部家に関わる事例も僅少であり、判断しがたいところではあるが、あとで触れる霜月十三日付の仙石秀久・長宗我部信親充て文書は朱印ではなく、花押を据えた判物の形態をとっており、厚い礼式を用いている(「百瀬文書」名古屋市博物館編『豊臣秀吉文書集』二〇一三号)。
(18) 福岡市博物館編『黒田家文書』第一巻七〇号。
(19) 豊後国内に深く入り込むのに前後して、長宗我部元親は領国内舟水主の諸役免除を命じている(「土佐国蠧簡集」巻之五・土佐国史料集成『南路志』)。

舟水主共、此の度九州馳走の間、当国中津々浦々に於いて、諸公事免除せしむ者なり、

天正十四年十月晦日　　元親(花押影)

吉成五郎右衛門殿

(20) 一連の文書で、羽柴秀吉は軍勢が豊後国内を離れた様に認識しているが、実際は筑後国境といいながら玖珠郡に在陣しており、豊後国内を離れていたわけではない。
(21) 寺島隆史「加藤嘉明・大友義統発給文書について」(『信濃』第六六巻第八号、二〇一四年)、山内治朋「加藤嘉明発給文書の基礎的研究」(愛媛県歴史文化博物館『研究紀要』第二七号、二〇二二年)。
(22) 鍋島直茂充て十一月六日付小早川隆景・黒田孝高連署状写「直茂公譜」五『佐賀県近世史料』第一編・第一巻。
(23) 福岡市博物館編『黒田家文書』第一巻七一号。
(24) 香春岳城の詳細については、川添昭二「中世の豊前香春・香春岳城とその史料」(『中世九州地域史料の研究』第四章、法政大学出版会、一九九六年)。

(25) 大日本古文書『小早川家文書』四〇六号。
(26) 十二月八日付問注所刑部大輔充て大友義統書状写・河原文夫氏所蔵「古文書写」(『西国武士団関係資料集』三三巻所収)。
(27) 前掲注(24)川添論文には、落城に至る諸史料が網羅されている。
(28) 福岡市博物館編『黒田家文書』第一巻七四号。
(29) 『鹿児島県史料　旧記雑録後編』一―二三二号。
(30) これをうけて、秀吉が長宗我部五郎次郎に充て「天正十四年十二月十九日」付で、元親・信親が討ち死にした場合も土佐国を安堵する旨の朱印状を発したことになっている(「土佐国蠹簡集」巻之五『土佐国史料集成　南路志』)。ただし、現状で確認されるのは写しのみであり、これが史実か否かについては判断を控えたい。
(31) 秀吉が脇坂安治に充てた十二月二十二日の朱印状によれば、阿波・淡路の軍勢は当面、黒田孝高とともに豊前経略を命じられることとなる(龍野歴史文化資料館編『脇坂家文書集成』第三九号)。
(32) 堀秀政(羽柴北庄侍従)充て「至九州御動座次第」(大阪城天守閣所蔵文書)。
(33) 福岡市博物館編『黒田家文書』第一巻七六号。
(34) 東京大学史料編纂所所蔵影写本「近江水口加藤文書」。
(35) 正月十九日付義久書状案文(『鹿児島県史料　旧記雑録後編』二―二三〇・二三一号)。
(36) 「松浦文書」四七号(京都大学文学部国史研究室編『平戸松浦家資料』)。
(37) 「志賀文書」(名古屋市博物館編『豊臣秀吉文書集』二〇九九号)。
(38) 福岡市博物館編『黒田家文書』第一巻八〇号。
(39) 竹内理三編纂本。臨川書店から復刻版として刊行。
(40) 二月晦日付小早川隆景書状(『萩藩閥閲録』志道太郎右衛門分51号)。

(41)「厳島野坂文書」五四五号（『広島県史　古代中世史料編Ⅱ』）。なお、これに先立つ二月三十日付の書状で、輝元は秀長・秀吉の出迎えに遺漏がないよう家臣に命じている（『萩藩閥閲録』三上喜左衛門分34号）。
(42)土田将雄編『衆妙集』（『古典文庫』二七〇）
(43)秀吉の右筆をつとめた楠（楠木）長諳は、実名を「正虎」と称し、苗字は「大饗」ともする。詳細については桑田忠親『豊臣秀吉研究』（角川書店、一九七五年）を参照。
(44)「九州御動座記」（新城常三編『近世初頭九州紀行記集』九州史料叢書）。
(45)東京大学史料編纂所所蔵影写本「近江水口加藤文書」。
(46)大日本古文書『小早川家文書』四六四号。
(47)「九州御動座記」は、尊経閣文庫所蔵本による新城常三編『近世初頭九州紀行記集』（九州史料叢書）を利用。また、内閣文庫本を底本とした翻刻が、清水紘一『織豊政権とキリシタン』（岩田書院、二〇〇一年）に収録されている。
(48)福岡市博物館編『黒田家文書』第一巻八二号。
(49)『鹿児島県史料　旧記雑録後編』二―二九八号。ちなみに、「興山上人」の号は天正十八年に秀吉の奏請によって、後陽成天皇が特賜したものである。また、昭秀の官途も異なっており、この史料は同時代のものではない。
(50)天正十五年三月三日付「内覚」（『鹿児島県史料　旧記雑録後編』二―二四二号）。
(51)「伊藤文書」（名古屋市博物館編『豊臣秀吉文書集』二一四四号）。
(52)福岡市博物館編『黒田家文書』第一巻八六号。
(53)三月二十五日付秀吉朱印状（「銀山寺文書」名古屋市博物館編『豊臣秀吉文書集』二一二七号）。
(54)中村一氏（式部少輔）他充て卯月八日付木下吉隆（半助）書状（「古文書類纂」）。
(55)川添昭二ほか校訂『筑前博多　史料豊前覚書』文献出版、一九八〇年。

(56) フロイス『日本史』第二部九三章。
(57) 『九州御動座記』の「御在陣中に各進上物」によれば、九州の大名・国衆から金子や太刀、茶道具のほか多くの兵粮米が進上されたことがわかる。すなわち、秋月種実からの米二〇〇〇石のほか、龍造寺政家から三〇〇〇石、平戸の松浦隆信から五〇〇石、薩摩出水の島津忠永から五〇〇石、肥後隈本の城氏から三〇〇石などである。
(58) 福岡市博物館編『黒田家文書』第一巻八七号。
(59) 伊東祐兵（兵部少輔）は義祐の次男で、義益の異母弟にあたる。豊後にいた伊東義祐とその一族は高城・耳川合戦ののち、天正七年に伊予に移って河野氏を頼るが、この間に一族は離散するようであり、義祐は流浪のなか天正十三年七月に没する。祐兵は播磨姫路に渡り、折柄中国攻めの最中にあった羽柴秀吉に仕官し、その後の山崎合戦や賤ヶ岳の戦いで軍功をあげる。一方の佐伯惟定は大神姓佐伯氏の嫡流で、海部郡栂牟礼城に拠る。天正十四年十月の島津勢侵入に際し、栂牟礼城に籠もって島津勢と対峙する。その後も府坂峠などで島津勢を破り、軍功をあげた。
(60) 『鹿児島県史料　旧記雑録後編』二―二八四号。
(61) 卯月二十九日付徳川家康（中納言）充て秀吉朱印状写（「水間寺文書」名護屋城博物館編『豊臣秀吉文書集』二二六八号）。
(62) 国立公文書館内閣文庫『譜牒余録』。
(63) 五月四日付宗義調（讃岐守）充て秀吉朱印状（武田勝蔵「伯爵宗家所蔵豊公文と朝鮮陣」『史学』第四巻三号、一九二五年）。
(64) 「相良文書」。
(65) 『南路志』（「土佐国蠹簡集」）には、元親（長宗我部宮内少輔）に充てた秀吉朱印状の写をあげる。文言も不自然であり、正文とは考えにくいが、参考として提示しておく。

旧冬、仙石権兵衛豊州に於いて、軍慮未練の働き、其の方数之を制すと雖も、其の意に応ぜず、味方敗北言語道断なり、それに就き弥三郎信親戦死、忠節比類無き処勿論なり、之に依り大隅国充行う者なり、
天正十五年五月　日　（秀吉朱印）
長宗我部宮内少輔殿

(66)「池田伊予文書」（『国立国会図書館所蔵貴重書解題』第八巻）一七一号。当時、池田秀雄（伊予守）は大和郡山の秀長に属しており、この関係から秀長充の文書が写しとして伝わったものと考えられる。

(67)上原長門守尚近（尚常とも）については『本藩人物誌』（『鹿児島県史料集』13）に、「同年（天正六年）日州飫肥院東方五百町地頭職被仰付、衆中千人被召付候、同七年三月高原縄瀬之地ヲ益賜フ、同八年二月飫肥他東別府之地ヲ益賜フ、遂ニ国老ニ挙ラル」とあり、伊東氏没落ののち飫肥城に入っている。同じく『本藩人物誌』には「飫肥ニ致籠城候処、竜伯様依御下知下城イタシ候、此時　竜伯様ヨリ閏五月十一日之御書被下候」とあるが、「閏五月」とあることから結果的に義久の命によって下城するのは天正十六年閏五月以降のこととなる。

(68)同じ五月十九日付で木食応其は義久に充てて書状を発する。いささか意味の取りにくい内容であるが、日付から考えて歳久の恭順を促すものであろう（『鹿児島県史料　旧記雑録後編』二―三三二号）。

(69)瀧聞宗清（越後守）・土持綱家（大膳亮）・二階堂阿波守充て、五月二十四日付新納忠元（武蔵守）書状（『鹿児島県史料　旧記雑録後編』二―三二六号）。この書状の袖書きで、忠元は「京勢粮つまりに成り、長陣成るまじく、見及ぼし候と雖も、上意背きがたき故、一和に成らるべく候、口惜しき次第に候」と述懐している。忠元は秀吉の軍勢が兵粮不足のため長陣には耐えられないとの観測をもつが、ここまでみてきたように秀吉の軍勢は兵粮自体はいうまでもなく、廻漕用の船舶の手当まで進めており、秀吉勢が短期に兵粮不足に陥るとも考えられない。

(70)長宗我部元親が大隅の加増を辞退した理由について詳細は不明である。戸次川の合戦で嫡子信親を亡くした失意から抜けきれなかったためともいわれるが、あるいは長く島津氏に従ってきた大隅国衆の統率は至難と判断され

たのかもしれない。

(71) 大友宗麟も日向の充行を辞退したと伝えられるが、宗麟自身が間もなく没してしまう。イエズス会の年報（天正十五年）によれば、この五月のうちに没してしまう。この時日は五月三日とも二十三日ともいわれている。

(72) 日向国は臼杵・児湯・那珂・宮崎・諸県の五郡からなるが、真幸院・三俣院・穆佐院・新納院・飫肥院・土持院・櫛間院・救仁院などこの行政区画とは別次元の地域概念が実効的に存在した。こうした地域概念・領域の重層化によって、ここにみたような混乱が惹起されることとなる。一連の経緯については、拙稿「豊臣政権と国郡制──天正の日向国知行割をめぐって──」（『宮崎県地域史研究』第一二・一三合併号、一九九九年）を参照されたい。

(73) 記述の混乱を避けるため、国単位の領国設定についてはこれまで通り「国分け」とし、ここでの日向のように一国内を分割するかたちでの領国設定については「国割り」と表現していく。

(74) 島津豊久（忠豊）については、桐野作人「島津豊久──戦いに明け暮れた〝静たる大将〟の三〇年」（『歴史群像』一五六、二〇一九年）を参照。

(75) 大日本古文書『相良家文書』六九二号。

(76) 七月八日付相良頼房（宮内大輔）充て寺沢正成（志摩守）書状（大日本古文書『相良家文書』七二四号）。ここに「御蔵入り水俣」とある。

(77) 佐賀県立名護屋城博物館所蔵文書。本文書については、武谷和彦氏による詳細な紹介がある（「（天正十五年）五月廿八日付徳川中納言宛『豊臣秀吉判物』について」『佐賀県立名護屋城博物館研究紀要』第一二集、二〇〇六年）。

(78) 「大矢野氏旧蔵文書」（『苓北町史』史料編・中世文書第一二三号）。

(79) 福岡市博物館編『黒田家文書』第一巻九一号。

(80) 天正十五年（推定）九月十三日付黒田孝高・森吉成充秀吉朱印状（福岡市博物館編『黒田家文書』第一巻九二

号)。
(81)「本願寺文書」(名古屋市博物館編『豊臣秀吉文書集』二一二三号)。
(82)元来、越中一国を治めていた佐々成政であったが、織田信雄や徳川家康に与して秀吉に抗ったため討伐の対象とされ、天正一三年八月以降は領知を越中国の新川一郡に削減されていた。
(83)『鹿児島県史料　旧記雑録後編』二―三四七号。
(84)『鹿児島県史料　旧記雑録後編』二―三三五号。
(85)秀吉は六月十八日付で、秀吉は毛利輝元に朱印状を送り「隙明き次第、早々相越さるべく候、待入り候事」と命じている(「中村家文書」三号『山口県史　史料編・中世3』)。東九州の仕置きを担ってきた秀長もおそらくこれに前後して筑前に向かうのであろう。
(86)『鹿児島県史料　旧記雑録後編』二―三六〇号。
(87)フロイス『日本史』第二部九六章。
(88)しかしながら、秀吉のコエリョやフスタ船に対する印象については、別の観察も存在する。コエリョは「ちょうど大提督のような」であり、秀吉はフスタ船を紛れもなく新奇な軍艦と理解した。共に居合わせた高山右近と小西行長は秀吉のイエズス会に対する敵愾心を感じ取って、件のフスタ船を秀吉に進上するようコエリョに勧めたが、コエリョはこの提案を受け容れなかった。
(89)大熊浅次郎「天正十五年博多町割間杖識文考」(『筑紫史談』第五九集、一九三三年)。
(90)五月十五日付加須屋内膳正充て秀吉朱印状写(「加須屋左近所蔵文書」『新編会津風土記』)。
(91)清水紘一「博多基地化構想をめぐって―天正禁教令との関連を中心として―」(藤野保先生還暦記念会編『近世日本の政治と外交』雄山閣、一九九三年)。のちに同『織豊政権とキリシタン』(岩田書院、二〇〇一年)に収録。
(92)武田勝蔵「伯爵宗家所蔵豊公文と朝鮮陣」『史学』第四巻三号、一九二五年。

(93)「本願寺文書」(名古屋市博物館編『豊臣秀吉文書集』二二二三号)。

(94)地名がないので人名の表記に拠りつつ、年紀比定を進めることになる。ここで、決め手となるのは、充所のひとり「羽柴松加島侍従」である。「羽柴松加島侍従」は蒲生氏郷のことであるが、氏郷は天正十六年四月に正四位下左近衛権少将に叙任されており、また八月には居城を伊勢松ヶ島から松阪に移し、以後は「羽柴松阪少将」と称されることとなる。ここから、この文書の下限は天正十五年となるが、充所に龍造寺政家(民部少輔)の名がみえることから、九州平定戦以前には遡らない。したがって、本編で述べた通り、この文書の年紀は天正十五年に確定される。考証の詳細については、拙稿「秀吉の箱崎着陣と途絶した博多築城」(九州史学研究会編『アジアのなかの博多湾と箱崎』勉誠出版、二〇一八年)を参照されたい。

(95)堀秀政(羽柴北庄侍従)充て「至九州御動座次第」(大阪城天守閣所蔵文書)。

(96)この文書の年次については天正十六年とするものがあるが、十六年六月の段階で浅野長吉は上方にいるようであり(相田文三「浅野長政の居所と行動」藤井讓治編『織豊期主要人物居所集成』第2版、思文閣出版、二〇一七年)、ここでは天正十五年に比定する。ちなみに、ルイス・フロイスの『日本史』でも、十五年のこととして記述されている。

(97)九州における戸田勝隆について、山内治朋氏は「秀吉動座後の三月二十六日、戸田勝隆は龍造寺氏と相談の上で陣取普請を担い、翌四月十五日には熊本周辺での龍造寺氏配下の狼藉を戒める秀吉の使者となる。島津降伏時の五月には秀吉が滞在予定の筑前で、浅野長吉・森吉成と連署で上意を奉じた禁制を那珂郡で発給」と述べられている(「豊臣期戸田勝隆の南伊予入封と支配」『戦国史研究』六九号、二〇一五年)。

(98)佐賀県立図書館蔵「深堀茂宅由緒」(中尾正美編『鍋島藩深堀史料集成』所収)。

(99)天正十六年卯月二日付鍋島直茂(飛驒守)充て秀吉朱印状(名古屋市博物館編『豊臣秀吉文書集』二四五四号)。イエズス会に寄進され、教会領となった長崎の詳細については、安野眞幸『教会領長崎　イエズス会と日本』（講談社選書メチエ、二〇一四年）を参照。

(100) 先にみた天正十五年六月十八日付の「覚」で、秀吉はキリスト教を「八宗・九宗」の一つと明言しており、仏教諸宗派と同列にみている。

(101) 周知のように、これに抗った高山右近は、居城の播磨明石城を没収され、追放処分となる。この通告は六月十八日のこととされるが、フロイスによれば秀吉は右近が肥後に赴き佐々成政に仕えることは認めた、と記している（『日本史』）。

(102) 『毛利家文書』九八一号。

(103) 同じ六月二十五日付の秀吉朱印状で天正十四年に再比定したものがあるが、この史料と次に紹介する目録については、天正十五年のものと考えたい。

(104) 渡辺世祐・川上多助共著の『小早川隆景』以来、小早川隆景が筑前・筑後領主として入国した後に、名島城が公領博多に近いので領国政治をおこなうのに不便という理由で、秀吉の許可を得て、筑前怡土半郡と公領博多を交換し、博多を私領（小早川領）としたという説が受け容れられている。この説は貝原益軒撰にかかる『黒田家譜』に拠るものであるが、森山恒雄氏が指摘するように、この説には疑義がある（『豊臣氏九州蔵入地の研究』吉川弘文館、一九八三年）。肥前唐津の寺沢広高は本領のほかに、文禄二年に薩摩出水領を加増される。ところが、慶長三年にこの出水領が島津忠恒に加増されることとなり、寺沢は小早川秀秋の越前北庄転封によって当時直轄領だった筑前の一部を代替として充行われることとなる。筑前の怡土半郡が唐津領となったのは、こうした経緯によるもので、博多の小早川領化などとは全く関係がない。

(105) 「京都十六本山会合文書」（名古屋市博物館編『豊臣秀吉文書集』二二五五号）。

(106) 前掲注（42）に同じ。

(107) 「飫肥郡」も「真幸郡」と同様、俗称であり正式な郡ではない。

(108) 後五月晦日付島津義弘（兵庫頭）充て福智長通（三河守）書状（『鹿児島県史料　旧記雑録後編』二―四七〇号）。

(109) 綾新右衛門尉が調整・作製したものして「日向国五郡分帳」なる資料が知られる（『日向郷土史料集』第五巻所収）。この「日向国五郡分帳」は、日向国内の五郡毎に郷村名とその地積について書き上げたものである。ここでは「一、真幸　五百五十町」も「諸県郡」に含まれている。しかしながら、この史料は天正十九年十一月十三日の日付をもっており、この時日から推して、同年の「御前帳」徴収に関連するものと判断される。日向国においても、天正十九年の「御前帳」徴収に際して、郡名・郡域の再編が進められたことは容易に推察できる。すなわち、この「日向国五郡分帳」における記載内容を、「御前帳」以前に遡らせる必要はなく、むしろ天正十五・六年段階で言及される「目録」と、天正十九年十一月の「日向国五郡分帳」とは別種のものと考えるべきであろう。

第Ⅲ部　新秩序への反動と体制の再編

第一章　未完の「九州平定」

一　北部九州の騒乱

肥後における騒乱の勃発　豊臣秀吉《とよとみひでよし》は、天正十五年（一五八七）七月十日には備前岡山まで戻り、十四日に大坂に凱旋する。しばらく大坂に留まったのち、二十三日には大坂を発して京都に向かう。秀吉の在京はしばらく続くが、この間に肥後国において騒擾が勃発する。日向における領知確定もいまだ完了しておらず、秀吉とその周辺は騒擾鎮圧に向けて、迅速な対応が求められることとなる。

九州平定後、肥後一国（球磨郡を除く）は佐々成政《さつさなりまさ》に与えられた。しかしながら、国内にはまだ数多くの国衆《くにしゅう》が存在している。秀吉に従って島津攻めに加わった彼らは、直々に秀吉朱印状を与えられ、知行充行《あておこない》や領知安堵がなされていた。彼ら国衆は、成政の与力を命じられたが、こうしたことに結果することから推して、両者の関係は当初からかなり不安定なものだったのであろう。ここまでみてきたように肥後、特に北部は、大友・龍造寺・島津といった諸勢力が交錯を繰り替えしてきた地域であり、時々の状況によって、国衆が与同する大名家も一様ではなかった。換言すれば、それだけ国衆の自立性・自律性が高かったともいえよう。こうした特質がにわかに変容するとは考えられない。むしろ、秀吉の直朱印を得たことで、彼ら国衆の自立性・自律性はさらに高まった可能性も考えられる。

秀吉が九州を離れてひと月も経たないうちに、成政の支配を嫌う国衆の隈部親永（但馬守）が、不穏な動きを始める。隈部親永は豊後の大友家に与同し、秀吉方として尽力したとして特に厚遇された国衆であり、秀吉は「本知」はもとより「新知一倍」を与えたという。詳細は定かではないものの、北肥後の菊池城に拠る隈部親永の動向は、小早川隆景《こばやかわたかかげ》（左衛門佐）や黒田孝高《くろだよしたか》（勘解由次官）・森吉成《もりよしなり》（壱岐守）らによって、秀吉に上申されている。これをうけた秀吉は、領国が接近する隆景に対し、隈部に与同する者が出ないよう厳命している。

去月廿三日の書状、今日京都に至り到来、披見候、隈部事、早速申し付くるの由、尤もに思し召し候、書中の如く、黒田勘解由・森壱岐守かたより言上候、其の方預け置き候両国の者ども、自然不届きの族之在らば、覚悟に任せ首を刎ねらるべく候、弥其の城普請などの事、念を入れ申し付くべく候、由断有るべからず候なり、

八月六日（秀吉朱印）

小早川左衛門佐とのへ

〔大日本古文書『小早川家文書』四三八号〕

文面からみて、隆景はすでに何らかの善後策を講じていたのであろう。秀吉はこれを諒としている。

ちなみに『毛利輝元卿伝』は、隆景が安国寺《あんこくじ》恵瓊《えけい》を久留米に遣わし、肥後の状況を偵察させたとする。そこに成政の使者が到着したので、肥後の状況をくまなく聞き取り、八月二十一日付にこれを秀吉に報告している。しかし、肥後国内の騒擾は、さらに拡がっていくこととなる。

成政は、秀吉に報告することもなく隈部親永を攻めた。ほどなく親永は剃髪して成政に下るが、親永の子親泰（式部少輔、実名は「親安」とも）はこれに反発し、山鹿城を拠点に近隣の国衆を誘って成政に抗うことになる。隈部家としても秀吉の「直朱印」を許された国衆としての矜恃があったのであろう。

新たな四国国分け　肥後における騒擾の勃発は、秀吉の西国仕《し》置《お》き全体にも影響を与える。九州平定の前哨戦たる戸次川《へつぎがわ》の合戦で失態を演じた仙石《せんごく》（苗字は「千石」とも）秀久《ひでひさ》は改易された。その後は、尾藤知宣（左衛門尉）が讃岐勢を率いることとなったが、この知宣もほどなく改易されてしまう。

この顚末について『戦国人名辞典』（高柳光寿・松平年一著）は、「天正十五年九州の役に出陣し、四月日向高城の島津軍が味方の宮部継順陣へ殺到したとき、赴援しなかったので七月所領を没収された」とする。日向高城《たかじょう》・根《ね》白坂《じろざか》の戦いでの行動を責められ、九州平定戦ののちに改易されたようである。尾藤知宣は仙石秀久のあとを任された急場拵《こしら》えの大将であり、麾下の軍勢を統率できなかった可能性もあろう。いずれにしろ、知宣も改易されることで、讃岐一国は欠国となる。(1)

秀吉は、天正十五年（一五八七）八月十日付の朱印状で、この讃岐を生駒親正《いこまちかまさ》（雅楽頭）に与える。(2)親正は九州平定戦で、筑前の要衝たる秋月氏の古処山城《こしょざんじょう》とその里城の荒平城を警衛し、後方の安定を支えた人物である。続けて、小早川隆景の移封によって欠国となった伊予には、福島正則《ふくしままさのり》（左衛門大夫）と戸田勝隆（民部少輔）が入封する。福島正則充ての知行充行朱印状は、九月五日付のものが確認されており、おそらく戸田勝隆に対しても同様の知行充行状が発給されたものと判断される。

福島正則は九州平定戦に際し、一二〇〇の軍勢を率いて先駆けのつとめを果たしている。また、秀吉の脇備《わきぞなえ》を命じられた戸田勝隆は、七五〇の軍勢を率いて九州に下っていた。秀吉の許《もと》で龍造寺家との交渉を担っており、博多・箱崎への凱旋後には、浅野長吉とともに肥前深堀城の接収を命じられた。この点、既述の通りである。

肥後国内の情勢不穏が伝えられるなかで、九州の状況をよく知る秀吉直臣に対し、瀬戸内沿岸に位置する讃岐・伊予が与えられたのである。これらの知行充行も九州を含む西国全体を視野に入れた政策の一環と考えるべきであろう。

「一揆」と「合戦」の間　九月七日には、肥後の騒擾が拡大しているとの報が、秀吉の許に届く。これをうけた秀吉は「肥後表の儀、陸奥守《（佐々成政）》国衆又は百姓已下への申し付け様、悪しく候や、一揆少々相催し、猥りなるの由申し越され候」と佐々成政を非難し、この騒擾を「一揆」と称している。踏み込んだ解釈とはなるが、これを「合戦」とは考えていないということであろう。

秀吉は翌八日付で、豊前の森吉成・黒田孝高に充てて、朱印状を発する。肥後には秀吉から朱印を与えられた国衆が数多く存在するとして、先に言及した史料である(3)（一六五頁参照）。ここで秀吉は「申し分、これ在るに於いては、言上せしむべく候、最前　御朱印の旨、相違無く候処、自然逆意を

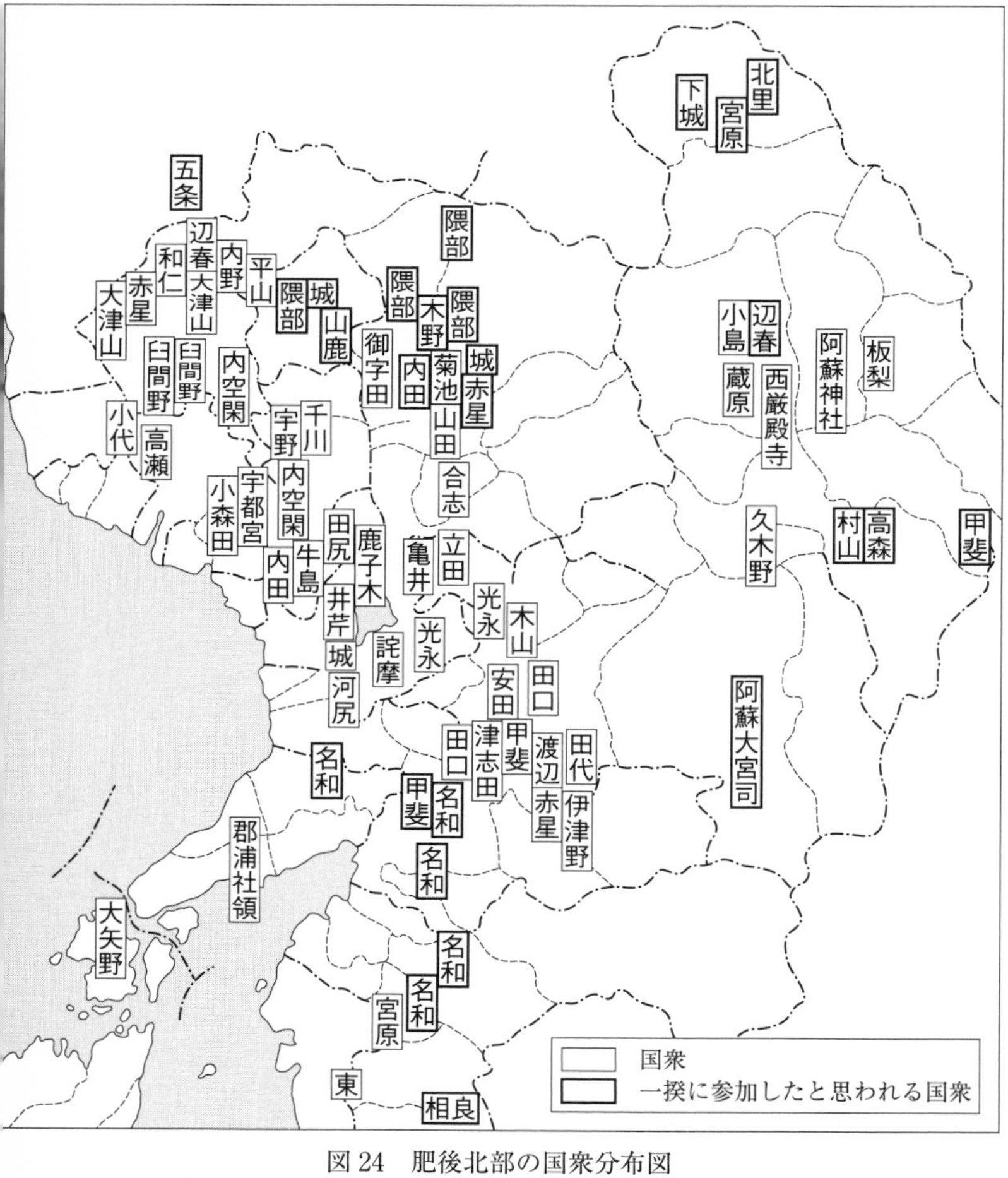

図 24　肥後北部の国衆分布図
（『新・熊本の歴史』4、熊本日日新聞社、1980 年をもとに作成）

企て候者、悉く先ずまず妻子どもを追い、御成敗を加えらるべきの条、此の面々に能々申し聞け、申す越すべく候なり」と命じる。秀吉の朱印状によって知行充行・領知安堵を保証されながら、「逆意」を企てた者は「御成敗」の対象となる。その点を充分に諒解して、弁明することがあれば言上させるように、との趣旨である。秀吉は吉成・孝高に実態究明を求めているが、十三日付朱印状にはすでに、

陸奥守（佐々成政）、天下の御下知に背き、国侍どもに御朱印の面、知行をも相渡さざるに付いて、堪忍成らざるの故、別心を構う儀に候、領知方糺明の儀も、先ず成り次第に申し付け、来年に至り検地致し、いかにも百姓をなてつけ、下々有り付き候様にと、度々　御意を加えられ候処、さも之無く、法度以下猥りなる故、一揆蜂起候、彼是以て是非なき次第に候

とみえている。(4) 騒擾勃発に至る過程も、かなり詳細に把握しているようであり、秀吉としては「国侍」や「百姓」を非難するより、むしろ指示に従わなかった成政を責めている。

一揆鎮圧に向けて　とはいえ、秀吉は一揆鎮圧を期して、北肥後に接する筑後の諸大名に、成政への加勢を命じる。久留米の小早川秀包《ひでかね》を総大将とし、これに安国寺恵瓊を軍監（目付）として附属させる。

小早川隆景には、後詰《ごづ》めとして筑後の久留米城を入るように指示した。さらに、豊前の黒田孝高・森吉成にも、確実な留主居を領国に置いて、隆景の下知に従うように命じている。それで不充分であれば、毛利《もうり》輝元《てるもと》を隆景の居城の筑前立花山城《たちばなやまじょう》に入れ、隆景を前線に遣わすことも想定されている。

秀包率いる筑後勢は、秀吉の命令が到着する以前に肥後に向かっているようであり、軍勢は南関から肥後国内に入る。肥後国内の不穏な動きが、七月段階で察知されたいたことが前提にあったのであろう。隆景の久留米入城も、九月五日のことと判断される。

拡がっていく揺り戻し　ところが、肥後の騒擾は、ほどなく肥前、さらには豊前にも波及する。肥前では、秀吉の命によって龍造寺政家《りゅうぞうじまさいえ》（民部大輔）や鍋島直茂《なべしまなおしげ》（飛騨守）が、軍勢を率いて肥後へ向かっていたが、この機に乗じて西郷純堯の子信尚（弾正）が、伊佐早（諫早）に攻め込んだ。正確な時日は不詳であるが、十月前半のことであろう。肥前深堀城の接収・破却に触れたところで述べたように、九州平定戦後、伊佐早の領主西郷氏は改易された（一八五頁参照）。これにより、伊佐早は龍造寺家晴（七郎左衛門尉）に与えられており、西郷信尚の蜂起は旧領奪還を目論んだものであった。

また、豊前でも、黒田孝高らの留守を突いて、上毛郡の緒方惟種や如法寺親武らが叛旗を翻す。騒擾が肥後以外にも波及したとの報をうけ、秀吉はさらに毛利輝元にも出勢を求める。上洛の準備を進めていた輝元は、急遽予定を変更し、九州への出勢を決する。当初、出陣の期日は九月十九日とされたが、準備に手間取ってしまい、十九日の出陣は果たされていない。吉田郡山出立の時日は不明ながら、輝元が下関に到着したのは九月二十八日のこととなる。ここから輝元は、豊前国内の騒擾を鎮圧すべく、吉川広家《きっかわひろいえ》を田川郡の岩石城に遣わす。こうした一方、九月上旬の戦況を聞いた秀吉は、隆景に油断なく手立てを講じるように命じるとともに、改年後における自らの九州再下向の可能性について言及する。

ところで、この九月上旬以降、小早川隆景充ての秀吉文書には、朱印状とともに再び御内書形式の判物が用いられている。両者は混在しており、明確な基準があったかどうか訝しいが、やはり留意しておくべきであろう。鎮圧に関わるほかの大名には一貫して朱印状が用いられており、その差異は歴然である。(5)

豊前・肥前の状況　さて、九州から凱旋した豊臣秀長《ひでなが》は、八月八日付で従二位権大納言に叙任され、以降は「大和大納言」「和州大納言」などと称される。(6)また、甥の秀次《ひでつぐ》も同様に、従三位権中納言に叙任され、「近江中納言」と称されていく。

九月後半の戦況をうけた十月十三日付の朱印状で、秀吉は「九州の儀は五畿内同前」として、騒擾のすみやかな鎮圧を期し、毛利一門の軍勢で鎮圧が難しければ、さらに秀長・秀次・宇喜多秀家《うきたひでいえ》・四国勢を増派すると告げている。「唐国までも仰せ付けらるべく」と、その覇権を海外にまで及ぼそうとする秀吉にとって、九州は五畿内と同様に重要な地域であり、一刻も早い鎮定が目指された。

ところで、秀吉は翌十四日付で、ほぼ同内容の朱印状を認め、(7)こちらを小西行長《こにしゆきなが》（摂津守）に帯同させて九州に下す。後援の準備も怠っていないという情報伝達を徹底させる意味合いもあろうが、行長にはさらに情報収集の要務が課せられていた。

さて、領国豊前での騒擾を知った黒田孝高や森吉成は、輝元の着陣に前後して、それぞれの領国に戻っている。「五畿内同前」たることを求められる九州で、これ以上に騒乱が拡がることは厳に避けなければならなかったのであろう。摩滅して充所が不明となっているが、十月十五日付の孝高書状に

「その表、御取り出での由、肝要に存じ候、壱州事岩石ニ付城申し付け、今日罷り帰られ候、吉川殿御着次第、岩石城□□申すべきと存じ候」とあり、森吉成（壱岐守）が田川郡の岩石城の護りを固め、小倉に戻っている。さらに、加勢として広家率いる吉川勢も豊前に入ったことがわかるが(8)、この点は既述の通りである。

また、修験道で知られる黒田領の上毛郡求菩提山《くぼてさん》には、この時に出された三カ条の禁制が残っている(9)。この「禁制」の発給者は黒田孝高のほか、輝元の重臣福原元俊と吉川広家である。ここから、豊前の騒擾の鎮圧には、黒田勢のほか毛利勢・吉川勢が従ったことがわかる。豊前では、黒田長政が緒方惟種や如法寺親武らを討ち取ったが、その後も築城郡城井谷《きいだに》に拠る宇都宮（城井）鎮房、上毛郡の野仲鎮兼などが、頑強に抵抗を続けていた。

一方、領国肥前伊佐早における異変をうけた龍造寺家は、その対応について直々に秀吉の指示を仰ぐこととなる。もとより、無断で兵を動かせば、騒擾への加担を疑われかねないからであろう。龍造寺政家および鍋島直茂の注進は、十月十二日付でおこなわれた。それぞれの注進状は十一月十五日、京都の秀吉の許に届けられる。秀吉はさっそくに返書を送り、「七郎左衛門尉（龍造寺家晴）に遣わされ候城・知行へ、在陣の留主をねらい、西郷打ち入るの由に候、彼の者条々曲者に候の間、急度討ち果たし、存分に申し付け、七郎左衛門尉に彼の知行相渡すべき事肝要に候」との指示を下した(10)。これに基づいて龍造寺政家は、伊佐早城主の龍造寺家晴を城地へ帰し、これに麾下の藤津郡衆などを付して、西郷勢に当らせた。両軍は扇畑梅津川の辺りで会戦し、敗れた西郷勢は島原半島方面に退いたという。

二　一揆・騒擾の沈静化

佐々成政糾弾の秀吉朱印状　久留米城で後詰めをおこなう小早川隆景は、天正十五年（一五八七）十月朔日段階における肥後の詳報を、大坂城の秀吉に告げている。これには軍監（目付）の恵瓊が収集した情報も付随していたようである。これらの報せをうけた秀吉は、十月二十一日付で佐々成政（陸奥守）を糾弾する朱印状を発給する。九州の諸大名を充所《あてどころ》とした全七カ条から成り、頭書に「肥後国に於いて陸奥守相届かざる所行に付いて仰せ出さるる条々」とある。ここで秀吉は、一揆の勃発はことごとく成政の失政に拠ると断ずる。隆景・恵瓊らの報告によって、失政をおこなった成政の罪過が確定したのであり、そこにもはや酌量の余地はない。

すなわち、本城たる熊本の城に充分な備えをおこなった上で、不要の城々を破却し、有力国衆からは人質を取って、肥後を成政に引き渡したにもかかわらず、成政は領国支配に失敗した。国衆への知行充行を、秀吉の指示通りにはおこなわず、検地を強行していたずらに在地社会を混乱させたことが騒擾勃発の原因であるとする。一揆の勃発は「是非なき次第」などではなく、成政は厳しく失政の責任を追及されることとなる。同じ十月二十一日付の恵瓊充て朱印状で秀吉は、「肥後国侍・同百姓以下、申し分これ在るに於いては、聞き届け言上を遂ぐべく候、聞こし召し届けられ、御下知を加えらるべく候なり」と述べている(11)。成政の罪状を具体的に糺明していくためであろう。

さらに秀吉は、大友義統《おおともよしむね》（左兵衛督）や相良頼房（宮内少輔）など、かつて島津氏と敵対した諸勢力に対しては、「最前の遺恨」を捨て、島津義弘《しまづよしひろ》（兵庫頭）と同心するよう求めている。肥前西郷氏の蜂起が旧領奪還を目指したものであったように、在地諸勢力のうちには、九州平定後の新たな秩序に抗おうとする者も多かったのであろう。秀吉は、島津家に対して直接には肥後一揆鎮圧を命じていないが、軍事動員を機に、島津家中が一揆勢に誘発されて、蜂起するような事態を回避するためであろう。当時、当主の義久《よしひさ》は上方に居たが、秀吉は伊集院幸侃《いじゅういんこうかん》を九州に下して、島津家中の統制を命じ、結果的には義弘が肥後に程近い大口まで出張っている。九州平定戦の成果を無にするような騒擾の拡大・拡散は、何としても食い止めなければならなかった。

小早川隆景の肥後入り　十月に入ると、隆景も久留米城を出て肥後国内に入る。後詰めでは不充分との判断がはたらいたのであろう。十一月十五日には、和仁親実・辺春親行らが籠もる玉名郡の田中城を包囲し、十二月五日にはここを陥落させる。隆景は、翌日付で毛利家中の冷泉元満に充てて書状を送っており、そこには、「当城の事、和仁父子其の外、彼の一類の者ども、悉く討ち果さるるの由、寔に都鄙の覚と申し、太慶此事に候、旁以って御辛労の故に候、有動表へ急度行に及ぶべきの条、弥御馳走肝要候」とある。(12) 田中城を攻め落した隆景らは、ついで山鹿郡の有動に進む。

有動には、隈部家の家老有動兼元（大隅守）の拠る城村城があり、ここには一揆の先駆けとなった隈部親永（但馬守）とその子親泰（式部大輔）も籠もっていた。隈部家の本拠菊池城はすでに陥落しており、親永は息子親泰とともに城村城に移っていたのである。

この間、輝元の使者として湯浅将宗（治部太輔）が、成政の拠る熊本城に遣わされる(13)。一揆終息後の善後策について談合するためであろうが、成政はここで熊本城の引き渡しを申し出たようである。十月二十一日付の「肥後国に於いて陸奥守相届かざる所行に付いて仰せ出さるる条々」の発布に象徴されるように、成政に対する処罰はすでに確定事項であり、成政としては弁解も叶わないと観念していたのであろう。

毛利勢のはたらき　天正十六年（一五八八）に改年したのちのものとなるが、正月二日付の冷泉元満充ての毛利輝元書状には、次のようにある。

奥州存分に依り、隈本《熊本》の儀、此の方より相抱え、然るべきの通、西堂より申し越され候、左候条、御方の儀、今少し当城在番、祝着たるべく候、検使の儀、軈がて指し下るべく候、然間一任一日も頓がて京都へ指し上り、重ねて　御下知次第、其の旨を存ずべく候、猶、趣隆景申さるべく候間、馳走肝要候(14)、

充所の冷泉元満はこのころ上方にいるようである。熊本（隈本）城の毛利家への引き渡しは、ひとまず安国寺恵瓊によって了承された。とはいえ、恵瓊の立場は軍監（目付）に過ぎず、最終的な判断は、秀吉が下すこととなる。なお、文書の後半にみえる「一任」も、一任斎の号をもつ恵瓊のことであり、輝元は恵瓊を上洛させて、秀吉の指示を仰ごうとしている。しかしながら、後述のように、恵瓊も容易には肥後をはなれることが出来ず、上洛もしばらくは果されなかった。いずれにしろ、当面は毛利勢が熊本城を預かることとなる。

輝元自身は天正十五年十二月の初めまでに、豊前馬ヶ岳城《うまたけじょう》に移ったようであり、以後は豊前国内の掃討戦を指揮する。既述のように、毛利勢・吉川勢が田川郡の岩石城や城井谷などに展開しており、十二月中旬には黒田孝高・長政《ながまさ》が野中氏の犬丸城を落城させ、豊前森領の田川郡の岩石城も陥落する。さらに、下毛郡の賀来城《かくじょう》・福島城が落ちたことで、最大の抵抗勢力であった宇都宮（城井）鎮房も降伏を申し出ることとなる。ちなみに、「広家年譜之事」には、「隆景肥後表奉り、広家事は豊前表仰せ付けられ、岩石・城井・賀来・福島の一揆等、残り無く討ち果たす」とある(15)。

収束へ向かう肥後国衆一揆　肥後では、十二月二十六日に隈部親永らが城村城を出て、隆景の陣中に降伏を願い出る。これを容れた隆景は、恵瓊に城の請け取りを命じる。蜂起の発端となった隈部親永が降ることで、肥後国衆一揆の組織的な抵抗も終焉を迎える。隆景は城々に兵を入れ、国内の秩序回復をはかる。改年後程なく隆景が冷泉元満（民部少輔）および粟屋四兵衛尉に充てて、次のような書状を発する。

　重畳申し入れ候、今度奥州存分、案外の儀と申しながら、今に於いては隈本其の外、堅固に相拘え、夜を日に継いで、西堂京都へ差し上せ候事、肝心迄に候間、其の短束大形ならず候、筑後・肥前衆人数等の儀、事請の条、先以って然かるべく候、南関には日野（左近允景幸）逗留候間、久代其の外、三・四百差し出し候、仍って輝元よりの御状到来候条、則ち之を付け進らせ候、某（其カ）元検使の儀、支度の間之在るべく条、兎角候へば、安国寺上国延引候間、去る頃以来の様子、淵底冷民御存知の事候条、此の刻、少し逗留有り、肥前・筑後衆仰せ談んぜられ、西堂隙明けらるべく候、兎角候はば、検使の衆着城たるべくの条、某《（其カ）》元の趣、能々仰せ含まれ、御あり付き候て、御帰なられ候はば肝要候、かす《（数）》にたらす《（足らず）》候へ共、粟四兵事も御滞留中は御伽致すべく候、さてさて尽期無き御辛労、更に以って申す計り無く候、初中後此度の御馳走御忘却無く候間、此節肝心候条、御精入れらるべく候、趣に依って我等事も久留米に至り罷り出で、程近く申し談んずへく候、恐々謹言、

正月　　　　隆景（花押）

左衛門佐

冷民

粟四兵　御陣所

〔「冷泉家文書」七三号・『山口県史　史料編・中世2』〕

隆景は今後のこと、おそらくは熊本城をはじめとする肥後の今後について、秀吉の意図を確認するため恵瓊を東上させようとするが、なかなか果たせず嘆息していると告げる。次に述べるように、軍監（目付）をつとめる恵瓊は、城々の請け取りなどをおこなっており、容易に前線をはなれることが出来なかったのであろう。隆景配下の軍勢も肥後の南関を守備し、輝元の判断次第でさらなる増派も見込まれている。充所の両名は上方にあり、恵瓊に代わって上使の肥後派遣を段取っているようである。

毛利勢などによる肥後在番　この隆景書状にもあるように、肥後国内の占領統治には、隆景指揮下

の毛利・小早川勢、および筑後・肥前の諸将が当たる。このころ、恵瓊が天草の国衆志岐鎮経（兵部大輔）充てた書状に、次のようなものがある。

一筆啓せしめ候、当国の儀、御下知を以て、去る秋以来、在国せしめ、一揆事、或いは討ち果たし、或いは赦免せしめ、下城申し付け、人質神文取り堅め候、然れば其元御人質の儀、当城に御座候、天下に対され御馳走の儀候、いよいよ別儀無き御忠貞肝要に候、奥州の儀、御用に就き召し上せられ候、軈て下国有るべく候、其の間の儀、毛利・小早川人数ならびに肥前・筑後の衆指し籠め候、其の表の儀、自然他国より申し候とも、当国なみの御分別専一に候、猶下国の砌、申し承るべく候、恐々謹言、

安国寺

正月廿日　恵瓊（花押）

志岐兵部大輔殿　御宿所

〔「志岐文書」第四二号・『熊本県史料　中世篇四』〕

ここから、佐々成政（陸奥守）が秀吉に召喚されたことがわかる。さらに、隆景は毛利・小早川勢らの肥後在番が、成政帰国までのあくまで暫定的な措置と考えている。一揆勃発について、何らかの責任は負うことにはなろうが、この段階では改易までは想定されていないようである。

さて、秀吉は天正十五年中に「検使の衆」を肥後に差し向けることを決したようであり、「御上使衆」「御先勢」などと称される諸勢が九州に向かう(16)。熊本城をはじめとする城々の請け取りを目的と

するのであろうが、「御先勢」とも称されることを考えると、軍勢の増派はもとより秀吉自身の九州再下向もいまだ可能性を残していたのかもしれない。こうした可能性は踏まえつつ、混乱を避けるため肥後に下される秀吉家臣団については、以下ひとまず「上使衆」として記述を進めていく。

三　肥後検地と小西・加藤領の成立

上使衆の肥後派遣　上使衆が肥後に向け上方を発するのは、天正十六年（一五八八）正月下旬のこととなる。正月十九日付の龍造寺政家充て秀吉朱印状には「蜂須賀阿波守（家政）・戸田民部少輔（勝隆）・生駒雅楽頭（親正）・福島左衛門太夫（正則）・浅野弾正少弼（長吉）・加藤主計頭（清正）・小西摂津守（行長）以下、其の外弐万余、明日廿日差し遣わされ候条」とある。このうち、小西行長は十月中旬に九州へ下って、十二月には上方に戻っていたが、ここでまた慌しく上使衆に加えられたことがわかる。

さて、小早川隆景が冷泉元満（民部少輔）らに充てた正月の書状では、久留米あたりまで罷り出ると述べていたが、上使衆の下向が遅れたためであろうか、隆景は出迎えと事前の談合をおこなうため、関門海峡を越え二月十六日に長府に入っている[17]。これを上方の冷泉元満らに告げた隆景の書状には、さらに「浅弾・蜂阿・福左・生雅・富（戸）民・賀（加）虎・小摂其外歴々下向候、九州静謐の儀、弥仰せ付けらるべきの由候、肥後分など能き様談合致すべきの旨に候、御人数の儀は、御下知に応ぜざる族候はば、御糺明あるべき為、遠国の条、兼日差し下され候」という件があり、一揆勢の鎮圧に当たった筑前・筑後・肥前・豊前の諸大名に代わり、この軍勢が肥後の治定を図ると述べている。これに抗う勢力がある場合には、さらに軍勢が西下することとなっていた。

佐々成政の上国と上使衆の肥後入国　上使衆との談合を終えた隆景が筑前へ戻り、浅野長吉らは肥後に向かう。二月二十九日付の書状で[18]、こうした経緯を上方の冷泉元満らに報じた隆景は、

長府へ罷り上り、一昨日帰城せしめ候、上衆も小倉御渡海に候、安国寺も案内者有るべき由候て、路次より各御同道候、奥州、鍋飛・積首座相い副えられ上国の条、御心安かるべく候、各御事、検地一篇に御下向候、自然御下知違背の輩に於いては、御成敗あるべきの由候、其の外、相易る儀無く候とて、安国寺先様へ参着候て、国中の衆申し談ぜらるべきの条、御心安かるべく候、

と述べている。ここから、佐々成政（陸奥守）がすでに上国したことがわかる。成政には鍋島直茂らが随行しているようであり、二月後半には摂津の尼崎に至っている。このころの秀吉は、成政の行動を「曲事」と詰《なじ》っているが、具体的な処断には至っていない。肥後に遣わした上使衆の復命を待って、最終的に処置を決定する心算だったようである。いずれにせよ、処分が決するまでの間、成政は尼崎に留め置かれることとなる。

ところで、先の書状で、隆景は二月二十七日に長府から「帰城」したこととする。隆景が帰った先が備後三原である可能性も残るが、北部九州の緊張状態はいまだ解消されておらず、ここではひとまず筑前立花山城と考えておく。いずれにしろ、隆景の在城は短期間であった。三月十六日までに、隆

景は肥後南関に出張っている。すなわち、四月二日付の隆景充て秀吉朱印状に「去月十六日の書状、今日聚楽に於いて披見を遂げ候、肥後表へ人数差し越しに付き、仰せ出さる如く、南関在陣の旨、聞こし召し候、浅野其の外者ども、無聊たるべく候間、相談候て、念を入れ、由断無く申し付けらるべく候」とあり、隆景は浅野長吉以下上使衆の相談に応じるため、再び肥後に入ったことがわかる(19)。

二万余の軍勢を支えるため、当面三〇〇〇石の兵粮が周到に手当される。この段階で、たとえば讃岐国内には「御料所として壱万石」などが設定されており(20)、兵粮は西国に設けられた同様の政権直轄地（豊臣蔵入地《くらいりち》）から集められたものと考えられる。輸送の差配を命じられたのは、豊前の森吉成・黒田孝高、ついで筑前の小早川隆景である。これが肥前の千栗《ちりく》で龍造寺政家に引き渡され、ここからは海路で熊本城にほど近くまで廻漕される。やはり肥前の千栗が輸送上の拠点として機能しており、九州平定戦における兵站補給ルートが、基本的に継承されたことがわかる。

肥後国内の安寧を実現し、保証する方途は、検地の実施にほかならない。秀吉は「其の国の儀、御置目など仰せ付けられるべき為、御上使遣わされ候条、陸奥守所行に依り、百姓など一揆を企てるの条、検地仰せ付けられ候」と述べている。したがって、先の隆景書状にみえる「御下知に応ぜざる族」には、具体的には検地の実施に反対・反抗する勢力をも含むのであろう。検地に反対する勢力が蜂起し、再び騒擾となるような場合、秀吉はさらに軍勢を差し向けることを想定していたのである。

肥後検地の実施　上使衆の到着を待って肥後国検地が開始される。後見として隆景が肥後南関まで出張っているが、検地の遂行主体は上方から下向した浅野長吉（弾正少弼）・蜂須賀家政《はちすかいえまさ》（阿波守）・

図 25　肥後国郡図
(『旧高旧領取調帳』九州編、近藤出版社、1979 年をもとに作成)

生駒親正（雅楽頭）・戸田勝隆（民部少輔）・福島正則（左衛門大夫）ら四国勢と小西行長（摂津守）・加藤清正《かとうきよまさ》（主計頭）、および豊前に領知を有する森吉成・黒田孝高となる。実施に当たっては各郡ごとに分担が決められており（相良領の球磨郡は除外）、相良統俊が遺した覚書には次のような記載がある。(21)

一、肥後御検地の御人数

浅弾（浅野長吉）御検地分

一、山本郡　五百五十丁

一、飽田郡　千町

一、詫摩々　千百丁

一、川尻　三百丁

生雅頭（生駒親正）御検地分

一、玉名郡　三千八百町

一、山鹿郡　五百五十丁

蟬（蜂）阿（蜂須賀家政）御検地分

一、菊地郡　千丁

一、合志郡　壱万八千丁

戸民（戸田勝隆）・黒勘（黒田孝高）・森壱（森吉成）御検地分

一、阿蘇郡　三千丁

一、益城郡　千五百
福左（福島正則）・加主（加藤清正）・小掃《ママ》（小西行長）御検地分
一、宇土郡　千丁
一、八代郡　三千八百丁
一、蘆北郡深水三河已下
相残る分　一、天草郡　三百五十丁
一、球磨郡、相良に下され、御検地之無し、

このうち、戸田勝隆・黒田孝高・森吉成の三名が連署し、三月十六日付で益城郡沼山津村に充てた「制札」が確認されている。検地の実施にともなうものであり、ここから検地が開始されたおよその時期を知ることができる。

肥前長崎の収公　ところで、この肥後検地が進められている最中、天正十六年（一五八八）卯月二日付で鍋島直茂（飛驒守）に充てた秀吉朱印状には「長崎廻り、近年伴天連知行せしむ分の事、御代官仰せ付けられ候間、取り沙汰致し、物成など運上すべく候なり」とある。(22)これまでイエズス会の教会領とされたものを秀吉が召し上げ、新たに鍋島直茂を当該地域の代官に任じたのである。

ここで少し時間を遡らせて、肥前伊佐早における騒擾とイエズス会の関係についてみておこう。肥後から豊前・肥前に拡がった騒擾を詳しく検分するため、秀吉は小西行長（摂津守）を九州に下す。行長が十月十四日付の秀吉朱印状を帯同していたことは、既述の通りである。この行長が大坂に戻る

のは十二月上旬のこととなる。秀吉は十二月十日付で、騒擾鎮圧に当たる諸大名・諸将に対し、徹底した殲滅を命じている。一連の十二月十日付文書では、毛利輝元と小早川隆景に充てられたもののみが朱印状ではなく、御内書形式の判物となっている。秀吉が輝元・隆景の両名を格別に扱っていたことは明らかであろう。ところで、この行長による秀吉への復命について、イエズス会のルイス・フロイスは次のような記述を残している。

アゴスチニヨ弥九郎殿が我等の味方であったことは、この際大なる助となった。関白殿が都に帰った後、弥九郎殿は下の海岸地方の監督者として艦隊を率いて当地方に来り、諫早の領内に起こった変動を知ったが、諫早がキリシタンとなる約束をしたため、ビセプロビンシャル（副管区長コエリヨ）が彼ならびに彼を援けた有馬殿の救護を請うたので、何も知らぬ風をなし、都に帰った後、諫早殿のことを適当に報告し、関白殿が満足するよう取り計らった。

〔一五八七年度フロイス日本年報・『日本年報』下〕

ここで「諫早」と称されるのは西郷信尚であり、肥前伊佐早（諫早）で旧領奪回の騒擾をおこした張本人にほかならない。フロイスは、この西郷信尚と有馬《ありま》晴信《はるのぶ》が伊佐早の騒乱に関わっていたとし、さらに信尚がキリシタンとなることを約束していたという。信尚の洗礼は、晴信の仲介であろう。行長は同じキリシタンとして、信尚や晴信のことを「適当」に報告して、秀吉を満足させたという。

イエズス会史料の常として、その記述を額面通りに信じることはできないが、晴信はこの騒乱のなかで、念願の高来郡神代の回復に成功したにもかかわらず、これ自体が政治問題化することもなかった。すなわち、フロイスの記述にも一定の信憑性が認められることとなり、そうであれば伊佐早の騒擾にはイエズス会が一定程度関わっていたことになる。

以上、必ずしも充分な史料的裏付けをもつものではないが、前に述べた天正十六年四月段階における長崎収公自体は事実であり、この背景に、肥前地域におけるイエズス会の影響力削減を期した秀吉の意図があったことは認めてよかろう。

肥後検地の終了と肥後国衆に対する糾弾　さて、肥後検地の終了時期については、森（毛利）吉成が五月十五日付で、増田長盛に充てた書状に「肥州御検地相済み」とみえることから、阿蘇郡や益城郡については五月中旬には終了したようである(23)。もとより、担当する郡の広狭などによって、終了の時期は前後すると考えられる。とはいえ、同じ五月十五日付で検地を実施した浅野長吉らが連署して、薩摩の新納《にいろ》忠元《ただもと》（武蔵入道）に充てた書状には、「肥後国悪徒など、少々北《逃》げ退き候の間、其元に之有るに於いては、急度御成敗なされ、天下に御注進尤もに存じ候、其の御国在々へも堅く仰せ付けらるべき事」とある。ここから推して、ほかの郡も阿蘇郡や益城郡に前後して検地を終えたのであろう。

ここで浅野長吉らは検地の実施に抗って肥後国外に逃亡した者たちの追求を命じ、隣国に対してその成敗と報告・上申を求めている。こうしたことを勘案すると、上使衆に課せられたのは、検地の遂行のみならず、国衆一揆の与同者の糾明、さらには騒擾自体の原因究明などに及んだものと推察される。実際に肥後から逃れた「伯耆次郎三郎」なる人物が、島津義弘の手勢に討たれており、その報告をうけた、次のような連署状が伝わっている。

御札拝見申し候、伯耆次郎三郎北《逃》げ退き候処、御精を入れらる故、討ち果たされ候て、則ち首持せ給い候、彼の手の者、悉く討ち捨てらるるの由、尤もに存じ候、連々　天下に対し、御粗略無き通相見え候、此の段、頓て　上聞に達すべく候、恐惶謹言、

加藤主計頭

五月廿一日　清正（花押）

福嶋左衛門大夫

正則（花押）

浅野弾正少弼

長吉（花押）

島津兵庫頭殿　御返報

〔大日本古文書『島津家文書』一八二一〕

この「伯耆次郎三郎」については、しばしば言及する「肥後国に於いて御朱印下され候国人の事」から始まる九月八日付秀吉朱印状に、その名を確認することができる。ところが、この朱印状では「伯耆次郎三郎　在大坂」とあって、伯耆顕孝（次郎三郎）は騒擾の勃発時に大坂にいたことが判明する。当時、国許にいたのは顕孝の弟顕輝であり、これが一揆勢に加担し、居城の宇土城に籠もって抗戦した。したがって、ここにみえる「伯耆次郎三郎」とは、顕孝本人ではなく、弟の顕輝である可能性が高い。

それはともかく、伯耆氏（苗字は「名和」とも）は宇土郡に勢力を張る国衆であり、そうした関係から、宇土郡・八代郡などの検地を担当した福嶋正則・加藤清正が連署者となったのであろう。残る浅野長吉は、「上使衆」の総帥的な立場から、連署に加わったものとみられる。島津義弘は、主将たる「伯耆次郎三郎」の頸こそ肥後の上使衆に届けているが、その配下は「悉く討ち捨て」ている。長吉らもこれを諒としている。国衆伯耆氏の家臣ではあったが、もはや「侍」として認められていないということであろう。

いずれにしろ、こうしたことを検地の事後処理と位置付けると、天正十六年（一五八八）五月中旬には、肥後国全体の検地もいちおうの完了をみたものとみてよかろう。しかしながら、検地後の肥後国をどうするのか、いまだ決定をみてはおらず、浅野長吉ら上使衆の肥後在番は、もうしばらく続くこととなる。この間、阿波蜂須賀家が担当した菊池郡に関連して、次のような書状が発せられる。

関白様、この度肥後国御検地のため、阿波守仰せ付けられ候、下向に付いて、菊池郡の内、出田村南福寺薬師領六反分の内、田畠の儀、阿波守に理り申し、先々の如く申し付けられ候、然る上は、天下の御検地の儀に候条、御国主仰せ付けられ候の間、薬師領の儀、異儀有るべからず候、其の為斯くの如くなり、

天正十六年　　　　　　　　　阿波守内

五月廿六日　　　　　　　　　森勘右衛門　判

〔「阿波国寺社古文書　乾」・宮川満『太閤検地論』第Ⅲ部〕

充所を欠く写しではあるが、出典（「阿波国寺社古文書」）から考えて、在地の出田村南福寺に充てられたものであろう。検地の実施に際して、南福寺は蜂須賀家政に、薬師領安堵を求めたようである。蜂須賀家はこれを諒として、しかるべき「国主」のもとで寺地も安堵されるであろうと約束している。

佐々成政の処断　ところで、検地を終えた上使衆から、肥後の状況がつぶさに報じられたのであろう。月が閏五月に改まると、秀吉は佐々成政の処断を決する。佐々家は失政を問われ、肥後の所領を改易され、成政自身は閏五月十四日に尼崎で切腹する。秀吉はこの当日閏五月十四日付で、「陸奥守前後悪逆の事」と題する朱印状を発する。充所として確認されるのは、小早川隆景・龍造寺政家・大友義統・島津義弘・立花統虎などの九州大名と、小西行長・加藤清正（この両名は連名の充所）および長谷川秀一（東郷侍従）となる。後述のように、行長と清正はこの日付で肥後を充行《あておこな》われるので、ほかの九州大名と同様とみてよかろう。(24)

この朱印状はかなりの長文であり、全六カ条に及ぶ。前半は、成政が柴田《しばた》勝家《かついえ》や織田《おだ》信雄《のぶお》・徳川《とくがわ》家康《いえやす》と与同して秀吉に刃向かったものの、許されて肥後一国を充行われた経緯がまとめられている。後半の四条目と五条目は、肥後における騒擾関連する内容なので、煩を嫌わず次に掲げる。

一、御開陣の刻、国人くまもとの城主・宇土城主・小代の城主かうへをゆるさせられ、堪忍分を下され、城主女子ともに大坂へ召し連れられ、国にやまひのなき様に、仰せ付けられ、其の外残る国人儀、人質を召し置かれ、妻子とも陸奥守これ有る在熊本に仰せ付けられ候処、国人隈部但馬豊後（大友家）と一味せしめ、日来如在無き者の儀に候間、本知の事は申すに及ばす、新知一倍下さる者の所へ、大坂へ一往の御届け申さず、陸奥守取り懸けるに付きて、隈部あたまをさり、陸奥守所へ走り入り候処、其の子式部少輔親につられ候とて、山賀の城へ引き入りこれ有り、国人ならびに一揆をおこし、熊本へとりかけ候て、陸奥守難儀に及び候間、小早川・龍造寺・立花左近を始め仰せ付けられ、くまもとへ通路、城へ兵粮入れさせら候へども、はか行かざるに付いて、毛利右馬頭仰せ付けられ、天正十六年正月中旬、寒天時分如何に思し召され候と雖も、右人数仰せ付けられ、肥後一国平均に罷り成り候事、

一、右の曲事、条々これ有ると雖も、其の儀をかへり見させられす、肥後国仰せ付けられ候に、月を一ヶ月とも相立たず、国に乱を出でかし候儀、殿下迄御面目を失われ候間、御糾明なしにも陸奥守腹を切らせらるべきと思し召され候へども、人の申し成しもこれ有るかと思し召され、浅野弾正・生駒雅楽頭・蜂須賀阿波守・戸田民部少輔・福島左衛門大夫・毛利壱岐守・加藤主計頭・黒田勘解由・小西摂津守仰せ付けられ、右者ども人数二三万召し連れ、肥後国へ上使として遣わされ、熊本にこれ有る陸奥守をは曲事に思し召され候間、先ず八代へ遣わされ、国の者どもをば、忠・不忠をわけ、悉く首を刎ぬべき由、仰せ遣わされ候処、又候か陸奥守上使にも相構わず、大坂へ越し候間、一書の如く条々曲事者候条、尼崎に追い籠め、番衆を付け置かれ、つくしへ遣わされ候上使、帰り次第におのおの国の者ども、成敗の仕り様をも、聞こし召され、其の上にて陸奥守をは国をはらわせられ候か、又は腹を切らせ候か年表二ヶ条に一ヶ条仰せ出さるべきと思し召され候処、肥後事は申すに及ばす、九州悉く相静まり、国人千余首を

刎ね、其の内にて大将分百ばかり大坂へもたせ上せ候、然れば喧嘩の相手、国の者ども首を刎ね、陸奥守相助けさせられ候へば、殿下御紛れかと、国々の者ども存じ候へば、如何と思し召され候間、不便《（不憫）》ながら、閏五月十四日陸奥守に腹をきらせられ候こと、

はじめの四条目については、これまでの記述で部分的に触れたので、ここではうしろの五条目を詳しくみていきたい。秀吉は、浅野長吉以下の上使衆に対し、まず八代を拠点にして肥後国衆の騒擾との関わりについて調べるように命じている。ところが、この間に、成政が上方へのぼったことがまた秀吉の不興をかったようである。しかしながら、先にみたように、成政の召喚は「御用に就き召し上せられ候」とされたものであり、いささか理解に苦しむ。ここではひとまず、上使衆の下向を待って上国すべきであったにもかかわらず、成政が独断で肥後を離れたことが問題になったと考えておく。それはさておき、最後に成政に切腹を命じた件が続く。

肥後をはじめとする国々で騒擾に加担した国衆とその配下が、一〇〇〇以上の数で成敗され、そのうちの大将分一〇〇ばかりの首は、大坂へ運ばれている。膨大な数の国衆をかかる厳罰に処した以上、成政を助命するようなことになっては、秀吉の「御紛れ」ともみなされかねないとの判断がはたらいた。「御紛れ」とは判断の乱れといった意味であろうか。

さらに、秀吉はこの騒擾あるいは混乱を「喧嘩」と表現しており注目される。秀吉からみると、一連の騒擾は「喧嘩」、すなわち私戦であった。これは公儀の戦ではなく、「喧嘩両成敗」の結果として、成政の切腹が決定したのである。

小西行長・加藤清正への肥後充行　こうして肥後（球磨郡を除く）は欠国となるが、秀吉は間髪をいれず、ここを小西行長と加藤清正に与える。この両人はすでに上使衆として肥後検地にも関わっており、その意味でこの知行充行は既定であったとみてよかろう。

検地の詳細は明らかではないが、従前地積として把握されていた在地の規模は、この検地によって石高のかたちで把握されることとなる。行長充てのものは確認されていないが、清正充てのものと同様だったとみてよかろう。

清正に与えられた閏五月十五日付の知行充行状は、「肥後国に於いて、領知方都合拾九万四千九百拾六石、目録別紙これ在り事、これを充て行われ訖んぬ、但し此の内弐万石、国侍に下さるべきの条、御朱印次第に相渡し、則ち其の方合宿致すべし、其のほか身充て全く領知せしむべく候なり」という内容であり[25]、次にしめす史料が別紙の「目録」にあたる。

肥後国領知方目録事

一、四万参千八百八拾五石　玉名郡内
一、壱万弐千百七拾六石六斗　山鹿郡
一、九千百九拾六石弐斗　山本郡
一、参万弐千百八拾四石弐斗　飽田郡
一、壱万弐千六百五拾五石　侘摩（詫摩）郡
一、壱万五千九百五拾石　菊池郡

一、弐万千五百四石　合志郡
一、四万八百四石八斗　阿蘇郡
一、六千五百六拾石壱斗　芦北郡
合せて拾九万四千九百拾六石
　この内
千石　此の内五百石今度御加増　小代伊勢守
参千石　此の内千石今度御加増　同　下総守
壱万六千石　国侍に下さる分
　重ねて御朱印次第に相渡し、則ち合宿致すべく候
拾七万五千石　其の方、身充て下さる分
　以上
天正十六年閏五月十五日　（秀吉朱印）
　加藤主計頭とのへ

〔「加藤清正家蔵文書」三六号・『熊本県史料　中世篇五』〕

先にみた相良統俊の覚書（二三七・二三八頁参照）から明らかなように、検地は国内の郡を単位として実施されており、検地の結果も郡ごとの高（郡高）としても把握される。目録にもこうした経緯が反映されており、きわめて整合的な内容となっている。

図26　加藤清正画像（大東急記念文庫所蔵）

郡高の合計として加藤清正の知行高が策定されるが、そこから二万石が小代親忠（伊勢守）以下の「国侍」に与えられることとなっており、彼らは清正への「合宿」を命じられる。「合宿」の「国侍」は秀吉の直臣ではあるものの、軍事においては定められた大名、この場合は清正の指揮下に属すことを求められる。

最終的に清正およびその家中に許されるのは「拾七万五千石」の領知となる。ちなみに、この目録では、玉名郡のみが「玉名郡内」とあって全郡の給付にはなっていない。これは、同じ日付で出された秀吉朱印状に、「肥後国玉名郡、高瀬津廻りの能き所に於いて二〇〇石を御蔵入として取り沙汰致し、運上すべく候なり」にある通り、玉名郡の高瀬津周辺に秀吉の「御《お》蔵入《くらいり》」が設定されたことによる。[26] 菊池川に面した高瀬津は、有明海にほど近い良好な川港であり、流通の拠点であった。秀吉はここを直轄支配しようと、清正領から外した。[27]

一方の小西領でも、基本的な状況は共通するとみてよかろう。行長には宇土・益城・八代・天草の各郡が与えられ、領知方目録事にはそれらの郡高が記載されていたと考えられる。これらの郡内に秀吉の「御蔵入」が設定されたか否か、にわかには判断できないが、行長には天草郡の「国侍」が合宿を命じられたようである。すなわち、同じく五月十五日付で、秀吉が天草の国衆大矢野種基（民部大輔）に充てた朱印状には、「肥後国天草郡内千七百五十五（石）の事、此の度の御恩地の上を以て、これを充て行いさせられ訖んぬ、全く領知せしめ、小西摂津守に合宿致し、忠節を抽んずべく候なり」とある。[28]

国衆の入れ替え　さらに、秀吉は北部九州の有力国衆を肥後に移し、代わりに肥後の国衆に対し筑前への所替えを命じることとなる。

長野三郎左衛門尉・原田五郎・草野中務大輔両三人の事、肥後国に至り差し遣わされ、替え地仰せ付けられ候、然りて右入れ替えとして、筑前国内に於いて八百町城十郎太郎、五百町伯耆左兵衛尉、合せて千参壱百町これを相渡す、則ち随逐せしむべく候なり、

天正十六

八月十二日　　（秀吉朱印）

羽柴筑前侍従とのへ

〔大日本古文書『小早川家文書』一七九号〕

ここで肥後に移される面々はいずれも、秀吉の九州西下以前は城持ちの国衆であった。長野鎮辰（三郎左衛門尉）は豊前馬ヶ岳城、原田信種（五郎）は筑前高祖城《たかすじょう》に拠った原田家に継嗣として迎えられた人物、最後の草野鎮永（中務大輔）は原田信種の実父であり、肥前鬼ヶ城城を中心に、現在の唐津湾一帯に勢力を張っていた。秀吉は彼らを肥後国内に移し、その一方で、肥後熊本城主の流れをひく城久基（十郎太郎）と宇土城主であった伯耆顕孝（左兵衛尉、前名は次郎三郎）を、筑前小早川領に移すという。

詳細は後考を俟たざるを得ないが、少なくとも城久基や伯耆顕孝については、国衆一揆勃発について何らかの責めを負わされたのであろう。筑前国内で従前の知行を保証するため、隆景充ての朱印状は発せられたが、その在地性を否定されることで、いずれの国衆たちも、その勢力を大きく減退させたことは否めない。

四　続く日向国内の混乱

肥後国衆一揆と島津家　先に肥後国衆「伯耆次郎三郎」に関わって、島津義弘充ての上使衆連署状について言及した（二四一頁参照）。この間、島津義弘が肥後国境の大口にまで出張っていたが、直接の鎮圧には参加していないようである。

騒擾の沈静化をうけて、島津勢も撤退を命じられる。帰陣を命じた二月十一日付の島津義弘充て秀吉朱印状写には「彼の国静謐の上は、帰陣有るべく候、日州知行分出入りの由、申し越し候、罷り上る節、是又仰せ付けらるべく候」とあり[29]、大口から飯野に戻った義弘には上洛すべく命がくだされる。秀吉は義弘の上洛を待って、日向国内の知行割りについての判断を下すという。郡名・郡境の理解をめぐる日向の混乱はなおも継続しており、秀吉は義弘の報告を聞いた上で決定を下すこととした。すなわち、義弘は、上洛前に混乱の収束に向けて、道筋をつけるべく迫られたのである。既述のように、日向国は庄内（都城）の北郷時久《ほんごうときひさ》、佐土原の島津豊久のほか、筑前にいた秋月種長《あきづきたねなが》、豊前から移封される高橋《たかはし》（一万田系）元種《もとたね》、さらにはかつて日向一国に覇を唱えた伊東家の祐兵らの諸氏によって分割されることになっていた。しかしながら、関係者相互の地域認識が大きく相違して、領域の決定には至っておらず、加えて、日向国内からの退去を受け容れない島津家中の抵抗もあり、混乱が長く続いていた。すなわち、隣国肥後が国衆らの騒擾で激しく動揺する間、日向ではいまだ島津側の国衆が城々の明け渡しに応じておらず、政権中枢からすれば依然大きな懸念材料であった。

豊臣秀長の重臣福智長通（三河守）は、島津義弘（兵庫頭）に充てて、次のような書状を発した。

尚以て、諸事御堅固に仰せ付けらるべき儀肝要候旨、能々心得として申し入るべき由に候、
以上、

真幸郡の儀、御息へ仰せ出され候、然れば諸県郡御存知あるべきよし候て、度々の御状、殊に伊雅楽（伊勢任世斎）ならびに伊右太入（伊集院幸侃）、段々承り候間、具に　大納言様（豊臣秀長）御意を得候の処、上意次第仰せ付け

らるべき由候て、安威五左を以て仰せ上げられ候、則ち　上聞に達せられ、御諚の趣、墨付きを以て申し上られ候条、案文の写し我等より、御分別の為之を進らすべきの由候間、先ず伊右太・雅楽へ御徳心の為、御目に懸け御理り申し候へども、弥御届けの為、此の如くに候、能々御存知候て、所々速やかに御違乱を止めらるべく、尤もに存じ候、毛頭秀長様、貴所に対せられ御粗略非ず候、懇ろ右太入へ申し渡し候、其れ以来かきりと御仁体も差し上らる御理りも之無く、御存分に任され御仕合わせ然るべからざる由候て、以ての外御腹立ちに候、御分別専一に存じ候、恐々謹言、

福三

九月十四日　長通判

嶋兵様

人々御中

〔『鹿児島県史料　旧記雑録後編』二―三七六号〕

島津久保（御息）に充行われた「真幸郡」は「諸県郡」にほかならないとする島津側の言い分を、秀吉にも告げたが裁定は変わらないので、「所々速やかに御違乱を止めらるべく、尤もに存じ候」と、「真幸院」以外からの迅速な撤収を求めている。文中に登場する伊勢任世斎（伊雅楽）および伊集院幸侃（伊右太入）は、当時ともに上方にある。幸侃は肥後の騒擾勃発に際し、国元に下って秀吉の指示を義弘に伝えたが、十六年四月にはすでに京に戻っている。福智長通はまず彼らに状況を伝え、さらに指示を徹底するため、義弘に書状を送ったようである。長通は文中で、秀長は義弘を篤く信頼し

ているものの「御存分に任され、御仕合わせ、然るべからざる由候て、以ての外御腹立ちに候」とも述べている。ここで、秀長が激しく立腹する所以《ゆえん》は、騒擾の日向国内への波及を恐れたからであろう。

島津義弘の限界　島津家中の統制は、上洛した義久に代わり、義弘がおこなっていた。義弘は天正十六年（一五八八）二月三日付で、北郷時久《ほんごうときひさ》（「一雲」と号す）・忠虎（讃岐守）父子に、起請文を発した(30)。そこには、義弘として北郷父子の意向を尊重すること、北郷側が逆心の侍に一味しないことなどを誓約しているが、なかでも「尤も肝要」な点として、北郷領に接することとなる伊東氏の間に「相談無く、私として」交渉をもたないことが定められており、注目される。義弘は、北郷父子が義久や自身の承諾なしに伊東と関係をもつことを、特に嫌ったようである。これはとりもなおさず、自身の家中統制力に不安を覚えていたからであろう。実際、飫肥《おび》に留まり続ける上原尚近（長門守、長門入道）も、結局は義弘の退去要請に応じることはなかった。

既述のように、義弘には二月十一日付の秀吉朱印状で、上洛要請が出されているが、その費用調達ができずにいた。義弘は四月二十一日付の書状を、在京の比志島国貞（紀伊守）・本田親貞（因幡守）に送り、出立遅延の理由を説明して「此元の様子、諸篇成り難き事、推量有るべく候、殊に老中一人も供、有るまじき由に候、其の上調一円事成らず候条」と述べつつ、「遅参候ては、かえって笑止たるべきかと存じ、今月廿六日に日取り致し、打ち立つべき由、老中衆へも申し渡し候と雖も、今日までは反銭・間別未だ相調わず候」と述懐している(31)。結局のところ、義弘の飯野出立は、計画から一カ月も遅れ、五月二十六日のこととなる。日向の混乱が解消されないということもあるが、同時に経費の捻出がうまくいかなかったためであろう。

島津義弘の上坂　一方の伊東祐兵は、四月二十五日付の書状を島津義弘に発して、上原尚近に飫肥城から退去させるよう求めており、埒が明かない場合は政権中枢に現状を訴えると述べている。既述のように、五月二十六日に居城飯野を発した義弘は、閏五月二十三日に泉州堺に着津する(32)。こののち大坂で秀吉に謁することになっていたが、あいにく細川幽斎《ほそかわゆうさい》が領国丹後に下向して不在であり、義弘の秀吉への拝謁は先送りされる。幽斎は、島津家の意向を秀吉に取り次ぐと同時に、島津家を指南する立場にあり、義弘が秀吉に拝謁するに上で欠くべからざる人物であった。

この間、秀長の重臣福智長通（三河守）が、閏五月晦日付の書状(33)を義弘に送っている。ここには、

随って、日向御知行方の儀、高橋・秋月・御同又七郎、去年以来の御違乱の由にて、高橋殿も上意を得られ、在大坂の儀に候、秀長御判を以て、上意仰せ付けられ候処に、旅の御仕合わせの由候て、以ての外腹立ち申され候、殊に飫肥に於いて、御朱印の御上使討ち果たされ候、段々　御前に於いて御取り沙汰有るべき由候、

とある。このころ、混乱によって領知に入部できない高橋（一万田系）元種は、秀吉の了承を得て在坂していたことがわかる。それはともかくとして、長通は日向の混乱が解決しないことに対する秀長の苛立ち・立腹を告げ、さらに飫肥で上使が殺害された件については、秀吉の御前で厳しく糾明されるであろうことを告げている。

秀吉は六月四日、大坂城で義弘を引見する。ここで日向における不始末を叱責されたかどうか判然

とはしないものの、「今月四日、御目見の事、成就致し、公家に御なし給うべき由、御直談を以て、仰せ出され候」と拝謁は滞りなくおこなわれ、義弘に「公家成り」の内示も与えられている。これからほどなくして、義弘は従五位下侍従に叙任されている。島津家の当主義久は永禄七年（一五六四）に正五位下・修理大夫に叙任され、さらに天正九年（一五八一）には従四位下に昇進していた。しかしながら義弘もこの七月には従四位下に叙せられており、位階の上で兄弟は並ぶこととなる。さらに、秀吉は義弘に「豊臣」の姓を許し「羽柴」の苗字を与えている。当主の義久を差し置いてなされたものであり、一連の義弘に対する厚遇は、秀吉による島津家に対する揺《ゆさぶ》りと考えてよかろう。

図27　島津忠恒画像（尚古集成館所蔵）

事態打開をはかる島津義久・義弘　引見を終えた義弘は、国許に残る息子の忠恒（仮名は又八郎、のちの「家久」）に対し、そこに至る細かな経緯を書き送っているが(34)、あわせて「日向図田帳」の捜索とすみやかな送達を命じている(35)。「日向図田帳」とは、鎌倉幕府の命に拠って作成されたもので、日向国内の寺社領や国衙領の地積や領主の名が記されていた。すなわち、島津家中には、この期に及んで、なお事態の巻き返しをはかる動きがあったのである。具体的には、島津家として有利なように領域、特に「諸県郡」の範囲を出来るだけ広く設定・確定しようとするものであった。しかしながら、肝心な証拠ともいうべき「日向図田帳」については、その行方もわからないままであり、島津家の思惑通りには進んでいない[36]。

こうしたなか、上原尚近がようやく飫肥から下城を決する。この経緯は『本藩人物誌』に「飫肥に籠城致し候処、龍伯様御下知に依り下城いたし候、此の時龍伯様より閏五月十一日の御書下され候」とある通りで、結局は義久（龍伯）の厳しい叱責の結果であった。この日付で義久が京都から発した書状には、上原尚近の飫肥籠城は「言語道断の曲事」「薩隅の為に悪しき儀」であって、「畢竟不忠の至りに候」と厳しく叱責する文言が確認される[37]。ちなみに、この三日後の閏五月十四日付で、秀吉が佐々成政（陸奥守）の仕置きを糾弾する「陸奥守前後悪逆の条々」が発給されている。島津家も、佐々成政と同様に統治責任を問われるのではないか、との深刻な不安が払拭されなかったのであろう。

第二章　新たなる政治・社会秩序

一　後陽成天皇の聚楽行幸

東国へ向かう秀吉の関心　北部九州の騒擾は、天正十五年（一五八七）のうちに、いちおうの終息をみせる。このころには、足利義昭《あしかがよしあき》も京都へ帰っており、正確な日時は不明であるが、帰洛を機に義昭は剃髪し、征夷大将軍職を辞したと考えられる。出家した義昭は道号を昌山、法号を道休とする。こうして名実ともに足利幕府は消滅する。天正十六年正月十三日、豊臣秀吉《とよとみひでよし》は昌山足利義昭をともなって参内し、義昭は一万石の知行を許されている。この一万石は生活の原資に充てられるもので、いわゆる堪忍分に当たるものであろう。

九州・西国の状況がひとまず安定化に向かうことで、秀吉の関心は東国に向かう。(38) 小田原北条家は「本能寺の変」ののち、当主北条氏直《ほうじょううじなお》が徳川家康《とくがわいえやす》の娘を正室に迎えていた。家康が秀吉に臣従すると、豊臣政権と北条家の間を仲介するという微妙な均衡状態を確保しつつ、秀吉は東国政策を具体的に進めていく。小田原北条家牽制の意味もあって、この時期の政権がとりわけ関心をもったのは、芦名・伊達・最上家らの勢力が拮抗し、これに上杉家も関わるという南奥羽であった。

会津の芦名家は、天正十五年三月に佐竹義重《さたけよししげ》の子義広《よしひろ》（義宣の弟）を家督に迎えて、秀吉への臣従を計る。また、出羽山形の最上義光《もがみよしあき》も、早い時期から秀吉に音問を通じていた。伊達家はこうした勢力と対抗関係にあったが、伊達政宗《だてまさむね》も次第に秀吉との交渉に踏み出していく。天正十五年の後半には、伊達政宗も秀吉への使節を上洛させる。使節派遣は、とりもなおさず秀吉への服従を意味するものであり、政権は関係諸勢力の和議・和談へ向けて圧力をかけていく。

南奥羽の諸勢力が豊臣政権への服属を進めていくことで、孤立化を余儀なくされた北条家は、領国全域の防衛体制を整えつつ、家康らを通じて秀吉との直接的な和睦を模索する。翌十六年二月、北条氏直は側近（笠原康明）を上洛させ、服従する旨を申し入れた。当然、秀吉はこれを受け容れたようである。領界確定など具体的な条件については容易に折り合わなかったものの、十六年はじめの段階で、北条家が服属の意向を示したことの政治的意味は絶大であった。九州では一揆終息後の肥後で、一国検地が開始されるころである。

後陽成天皇の聚楽行幸　前述のような経緯を踏まえ、豊臣政権内部には、関東・奥羽地域の服属も完了したとの認識が生じる。実際には不確定な要素が多すぎたわけであるが、それはあくまで結果論に過ぎない。

天正十六年（一五八八）四月、秀吉は後陽成《ごようぜい》天皇の聚楽《じゅらく》への行幸を仰ぐ。天皇行幸はすでに計画されていたが、懸案であった東国から諸使節が上洛するという事態は、この段階においてようやく国内の安寧が達成されたことを意味する。天皇の聚楽行幸は、既述した足利幕府の消滅と天下静謐《せいひつ》の実現をうけ、公武を束ねる関白秀吉が天皇を支えるという新体制の確立を内外に喧伝するものであった(39)。

四月十四日から十八日に及ぶ行幸の間、秀吉は四月十五日付で後陽成天皇に京中の地子銀《じしぎん》を進上し、京中地子米《じしまい》のうち三〇〇石が正親町上皇に、五〇〇石が「関白領」として六宮（のちの八条宮智仁親王）に献じられた(40)。このほか、秀吉は諸公家・諸門跡に対する知行加増をおこなって、五摂家を含む公家・門跡の奉公のありようを規定する。摂関家以下の公家衆には「家道」「家の道」をもって奉公することを求めている。

武家の政権である以上、「武威」が重んじられたことはいうまでもないが、同時に豊臣政権は公家社会が担ってきた「学文」についても国家統治上、必要不可欠な要素と位置付けていたのである。公家・門跡が奉公を怠るような場合には「叡慮」、すなわち天皇の意思次第に処分すべきことを告げている。ただし、この「叡慮」は必ずしも実際の天皇の意思を意味するわけではない。それはあくまで、関白秀吉の推戴する「叡慮」である。

諸大名の起請文提出　禁裏御料を進上し、諸公家・諸門跡に知行加増をおこなったのと同じ四月十五日付で、秀吉は聚楽行幸に出仕した諸大名から起請文を徴する(41)。ここで、諸大名は秀吉によって再興された禁裏御料所、公家・門跡領を子々孫々まで維持すること、「関白殿」の命《めい》には何事であろうとも服従することなどを誓約している。誓約の内容自体は同じであったが、誓詞は差出者を異にする二通が提出された。一通目は内大臣織田信雄《おだのぶお》、権大納言徳川家康、権大納言豊臣秀長《ひでなが》、権中納言豊臣秀次《ひでつぐ》、参議左近衛中将宇喜多秀家《うきたひでいえ》、右近衛権少将前田利家《まえだとしいえ》の六人であり、もう一通には津侍従織田信兼（信長実弟、「信包」とも）、丹波少将豊臣秀勝《ひでかつ》、三河少将結城秀康《ゆうきひでやす》ら二三名が署名している。

二通の誓詞の充所は「金吾殿」、のちの小早川秀秋《こばやかわひであき》（当時は秀俊）である。秀吉は正室北政所の甥にあたる秀秋を猶子としており、一時期、後継者に考えていたといわれる。そうした可能性を前提としつつ、より重要な点は、年少の次世代に属す人物を充所《あてどころ》に選んだことである。一連の誓約が「当分」のものではなく、「子々孫々」にまで及ぶ永続的なものであることを具現化したといえよう。

上杉景勝・毛利輝元の上洛　越後平定に追われていた上杉景勝《うえすぎかげかつ》は上洛の時期が遅れ、五月上旬の入京となる。景勝はすでに従四位下左近衛権少将に叙任されていたが、このたびの上洛により、五月二十三日付で正四位下参議に昇任する。毛利輝元《もうりてるもと》以下の毛利一門も、肥後一揆の勃発と北部九州への波及がなければ、聚楽行幸にあわせて上洛を果たしていたのであろう。

しかしながら、既述のように、輝元・隆景・広家らは騒擾の鎮圧にも関わってきた。結果的に輝元が居城吉田郡山に凱旋するのは、閏五月のこととなる。その後、輝元は上洛の準備を進め、七月には初めての上洛を果たす。ここで輝元は七月二十五日付で、景勝と同じ正四位下参議に叙任される。

小田原北条氏もすでに使節を上洛させており、政権は北条氏も服属の方向にあると考えていた。上洛を果たした北条家家臣の笠原康明は、三月には小田原に帰着しており、すでに豊臣政権との間に和睦が成立したように認識されていた。ところが、北関東での紛争も収まらず、北条家は聚楽行幸に際して、使者すら派遣しなかった。結果、秀吉は態度を硬化させ、北条氏直を娘婿とする家康は大いに事態を憂う。家康は北条氏政《うじまさ》・氏直父子に、起請文を差しだした上で、当月中に一門のしかるべき人物を上洛させるように促した。これをうけて八月には、氏政の実弟氏規《うじのり》が実際に上洛している。真意はともかくとして、こうした対応は北条氏による臣従の表明と理解された。秀吉も朱印状で、北条氏が上意に従う旨「懇望」してきたので、ほどなく秀吉の「御上使」が派遣され、東国の仕置《しお》きに従うであろうと述べている。

二　自力救済の否定

「刀狩り」令　叡慮の受け容れを拒んだ島津家を服従させ、秀吉自らが「国分《くにわ》け」「国割《くにわ》り」を実施したにもかかわらず、新たな大名領で大規模な騒擾が勃発し、これがさらに広い範囲に波及した。いちおうの収束をみたとはいえ、こうした想定外の事態を、秀吉およびその周辺は深刻に受け止めざるを得なかった。その象徴な対応もいうべきものが、いわゆる「刀狩」令（「条々」）と「賊船停止令」「海賊停止令」（「定」）である。ともに天正十六年（一五八八）七月（八）日付で諸大名に発せられたものであり、これらの条規に基づいて秀吉は、諸国の「百姓」が武具を所持することを禁じ、また海上における領主権力の統制力強化をはかった。

「刀狩」という政策自体は、秀吉のそれに限ってみても、これが初例というわけではない。既述のように、秀吉は天正十三年、和泉・紀州平定戦の過程で、一揆の首謀者らを殲滅する一方で、「地百姓」については武装解除のうえ助命していた。また、同じ年の四月二十二日付で、さらに整序された条目を発している(42)。この条目は三カ条にわたるが、まず和泉・紀伊の「土民百姓」はことごとく首を刎ねて成敗すべきであるが、特に「寛宥」の上、居村に立ち返ることを許している。ついで、雑賀《さいか》一揆の拠点となった名草郡太田村についても、一揆を主導した「悪逆東梁（棟）奴原」以外は助命するとし、

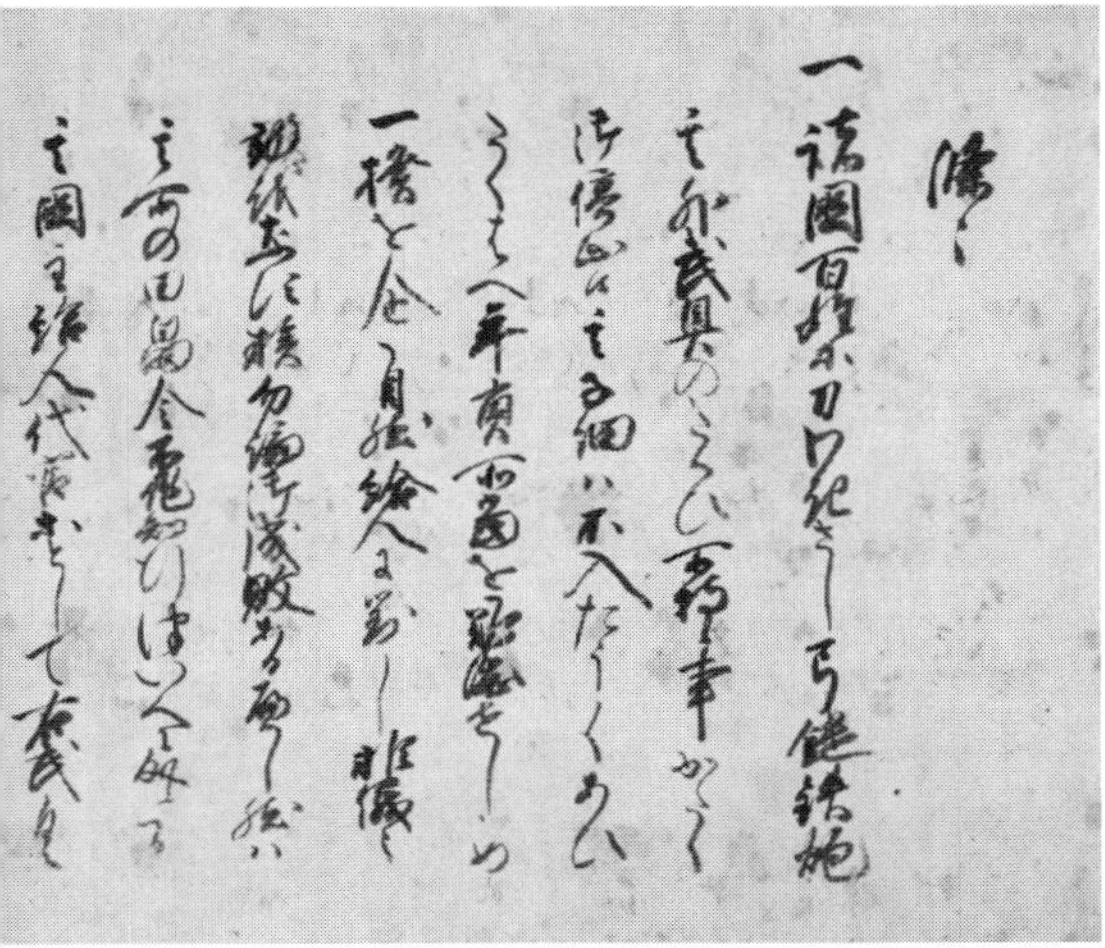

最後の箇条で次のように述べていた。

一、在々百姓など、自今以後、弓箭・鑓・鉄炮・腰刀など停止せしめ訖わんぬ、然る上は鋤・鍬など農具を嗜み、耕作を専らとすべきものなり、

百姓一般については助命するが、さまざまな武具所持を「停止」し、農耕に専念することを命じたものである(43)。このように、秀吉は和泉・紀州平定戦の過程で、在地社会における武具所持を禁じており、その後も同様の政策は山城や大和などの畿内諸国で確認され、「百姓」のみならず「寺僧」なども武具所持を禁じられていた(44)。

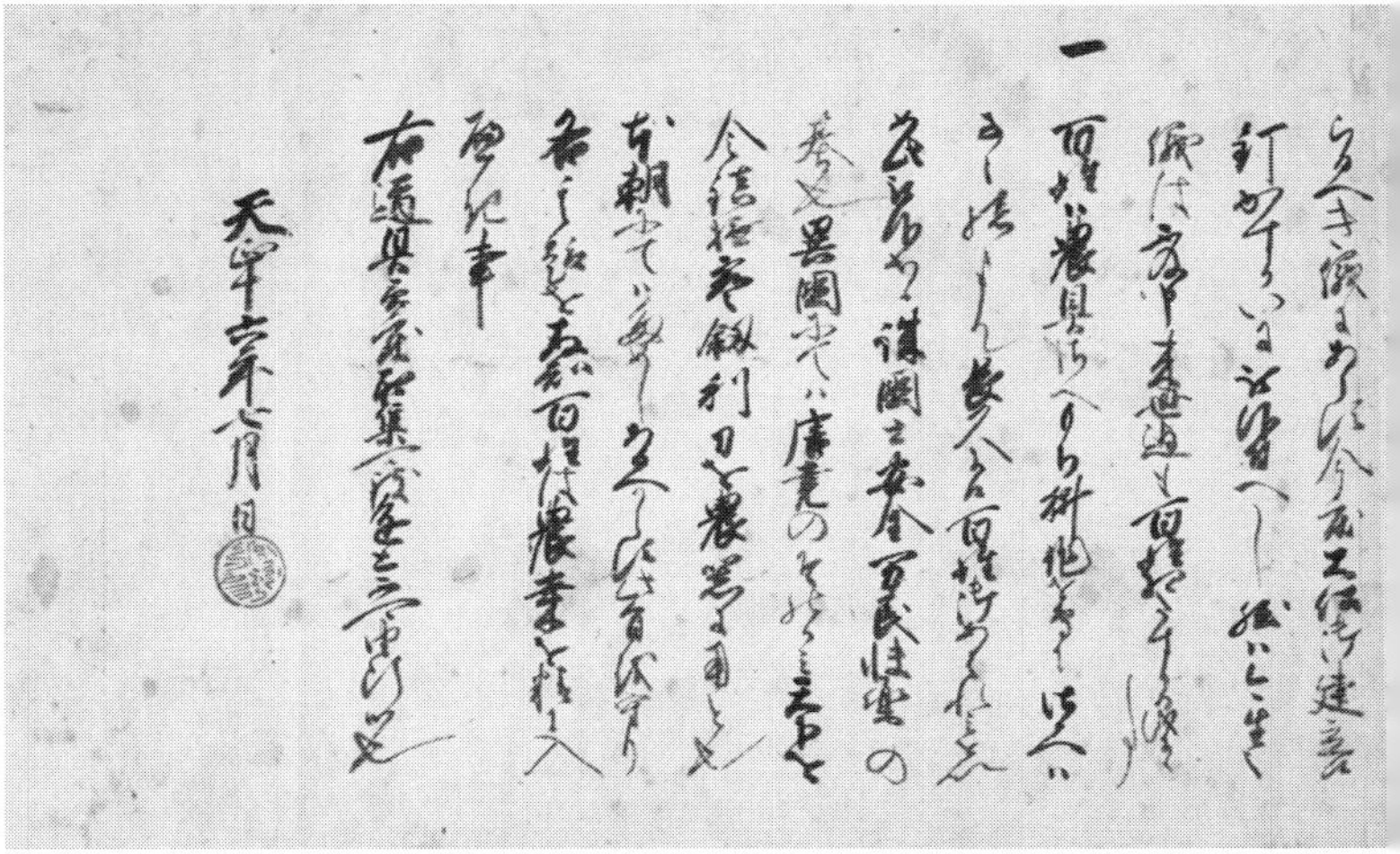

図 28　刀狩り令（「島津家文書」、東京大学史料編纂所所蔵）

北部九州の騒擾後に実施された肥後検地の完了をうけ、秀吉は天正十六年七月（八）日付で、「条々」を発令する。いわゆる「刀狩り」令として知られるものである。

条々

一、諸国百姓など、刀・わきさし《脇指》・弓・鑓・鉄炮其の外、武具のたくひ所持候事、かたく御停止候、其の子細は入らざるたうく《道具》あひたくわへ《相蓄え》、年貢・所当を難渋せしめ、一揆を企て、自然給人に対し、非儀の動きをなす族、勿論御成敗あるへし、然れば、其の所の田畠不作せしめ、知行ついへ《潰え》に成り候間、其の国主・給人・代官などとして、右の武具悉く取りあつめ《集め》、進上致すべき事、

一、右、取りをかるへき刀・わきさし《脇指》、ついへ《潰え》させらるべき儀にあらず、今度大仏御建立候釘・かすかい《鎹》に仰せ付けらるべし、

然れば今生の儀は申すに及ばず、来世迄も百姓相たすかる（助かる）儀に候事、
一、百姓は農具さへもち、耕作を専らに仕り候へば、子々孫々まで長久に候、百姓御あわれみを以て、此くの如く仰せ出され候、誠に国土安全、万民快楽の基なり、異国にては唐堯のそのかみ、天下を鎮撫せしめ、宝劔利刀を農器に用うとなり、本朝にては、ためしあるべからず、此の旨を守り、各其の趣を存知、百姓は農桑を精に入るべき事、
右、道具急度取り集め、進上致すべし、由断すべからず候なり、

天正十六年七月　日

〔大日本古文書『島津家文書』三五三号〕

年貢などの対捍（拒否）や一揆などの非儀を防ぐため、秀吉は「国主・給人・代官」などに「諸国百姓」などから武具を徴収させ、進上するように命じる。しかしながら、それらの武具は決して潰えにはならず、釘や鎹《かすがい》などとなって大仏殿建立の資材とされる。これによって「百姓」の後生が約束されるという。

新たなる理念　さて、「条々」の最後の箇条において、秀吉は中華の古典に触れている。『孔子家語』の「致思第八」に、孔子の問いに導かれた弟子の顔回が、自らの望みを述べるという件がある。
回願はくは明王聖主を得て、之を輔相して、其の五教を敷き、之を導くに礼楽を以てし、民をして城郭を修めず、溝池越えざらしめ、剣戟を鋳て以て農器と為し、牛馬を原藪に放ち、室家に離曠の思い無く、千歳戦闘の患へ無くば（以下略）

顔回の願いは、名君に仕え、仁義礼智信という五つの教えを広め、民を礼楽の教えで導くことであった。民には築城や堀溝の工事をさせず、武器を鋳つぶして農具に換え、牛馬を原野に放し、家族が荒野でさまよい離散する悲劇をなくし、永遠に戦争の惨禍をなくしたい、というものであった。実はこの前段に、「回聞く、薫蕕は器を同じくして蔵せず、堯桀は国を共にして治めずと。其の類の異るを以てなり」という件がある。香草（薫）と悪臭のある草（蕕）とは、同じ器には入れない。もちろん香草に悪臭がうつってしまうからである。聖王の堯は悪王の桀がいる限り、国を治めることはない。それは両者が全く異質のものだからだ、といった意味合いとなる。

こうしたことから、聖王の堯が「剣戟を鋳て以て農器と為し」た、と理解されることになったのであろう。それはそれとして、日本には秀吉以前に、そうした善政を敷いたためしはなかったという。加えて、堯が武具を農具に鋳直すことで、いわば「現世利益」をはかったのに対し、秀吉はさらにこれを超越し、武具を大仏殿建立の資材とすることで「百姓」の「後生安楽」や「子孫繁栄」までを謳っている。

秀吉の理念は、明らかに中華の理想を凌駕しようとした。既述のように、秀吉は九州箱崎の陣中に対馬宗氏を引見し、朝鮮国王の来日・参洛を実現するように命じている。朝鮮王朝が長く倭寇勢力に苦しんだことを考えると、あとで触れる「賊船停止令」ないし「海賊停止令」も、同様に東アジア海域の安寧に深く関わる問題として理解すべきであり、秀吉の関心はすでに中華世界を射程におさめていたともいえよう（後述二六七〜二七〇頁参照）。その意味で、すでに「大陸出兵」を抱負として語っていたことの意味は大きい。

「刀狩り」令の布達をめぐって　この「条々」は、武具の徴収・徴発と、その進上を命じたものである。充所の明示はないものの、「其の国主・給人・代官」などが武具進上の主体に想定されたことに間違いはなかろう。この「条々」、すなわち「刀狩り」令が、どの範囲に布達されたのかについてはさまざまな議論があるものの、本文に充所を欠く以上、そうした考察にも自ずと限界があろう。とはいえ、史料の残存状況からみて、おもに九州の諸大名に充てられたことは間違いない。発令が九州平定および広域に波及した騒擾の終息後であることを考えると、秀吉のもとで新たに「其の国主・給人・代官」などの立場を認められた面々を対象に、「百姓」などからの武具徴収・挑発とその進上を命じたとみなされよう。

こうした趣旨に則って、立花家や加藤（清正）家などの新たに大名家として取り立てられた家はもとより、小早川隆景《たかかげ》や加藤嘉明など新たな知行地を加増・転封された家などに、この「刀狩り」令が発布されたのではなかろうか。加藤嘉明は天正十四年（一五八六）十一月に、淡路国内で一万五〇〇〇石を与えられ、志知城に入っている。それまでの領知高は三〇〇〇石であったという。その後は、脇坂安治《わきさかやすはる》とともに淡路衆として九州平定戦に従っている。また、小早川隆景も、伊予から筑前および筑後・肥前の一部に転封し、島津《しまづ》義久《よしひさ》の場合は薩摩一国を充行《あておこな》われるが、これも従前の領知を「安堵」されたものではなく、原理的はあくまで新たな「充行」である。豊後の大友義統《おおともよしむね》についても同様であろう。

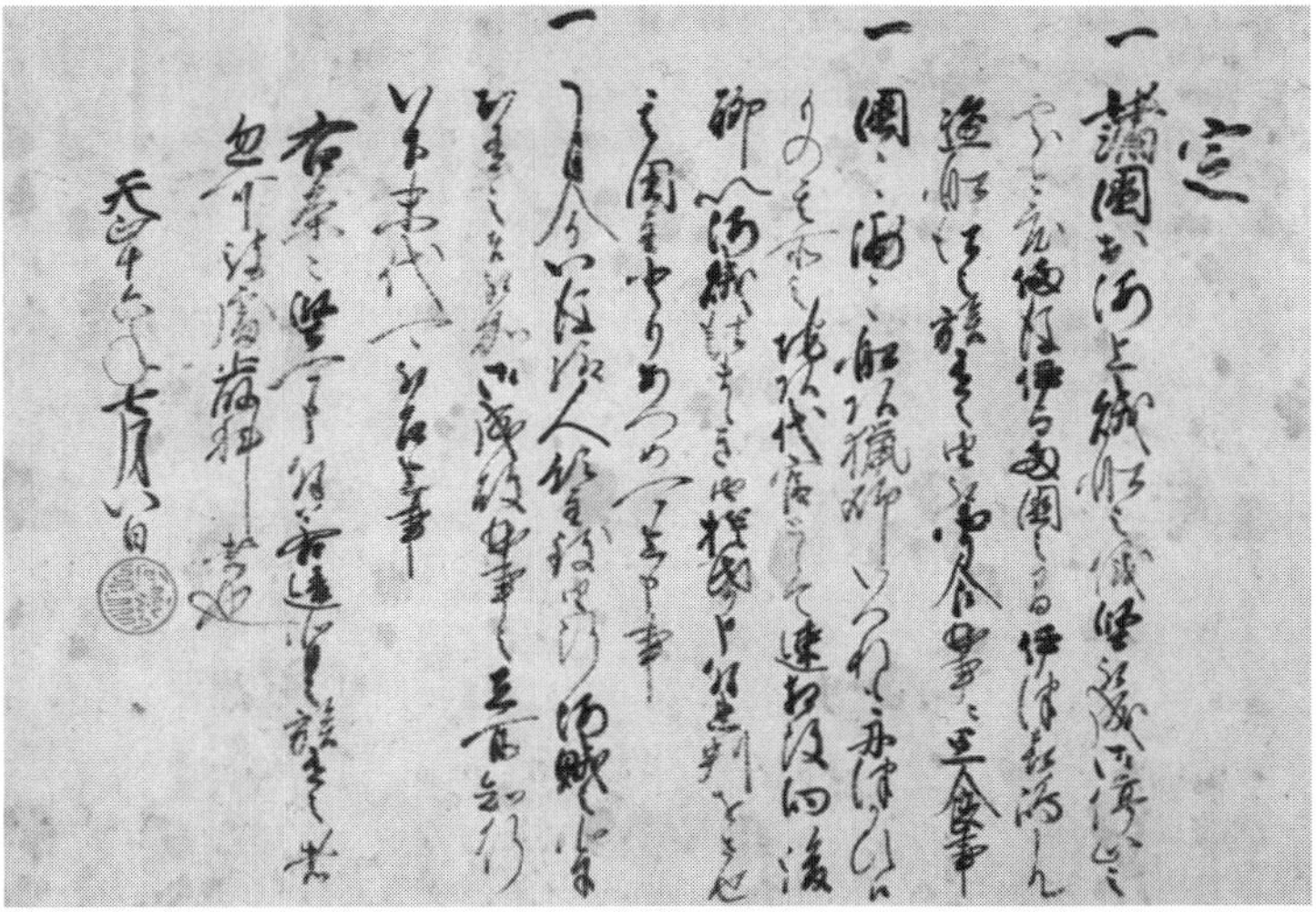

図 29　海賊停止令（「島津家文書」、東京大学史料編纂所所蔵）

「賊船」行為の停止　さらに秀吉は、この「刀狩り」の「条々」と同じ七月八日付で、「賊船」停止の「定」を発布している。[45] やはり「島津家文書」として伝わるものを、次に例示しておく。

定

一、諸国海上に於いて、賊船の儀、堅く御停止成らるるの処、今度備後・伊与両国の間、いつきしまにて、盗船仕るの族これ有る由、聞こし食され、曲事に思し食す事、

一、国々浦々、船頭・猟師、いつれも舟つかい候もの、其所の地頭・代官として、速やかに相改め、向後聊か以て、海賊仕るましき由、誓紙申し付け、連判をさせ、其の国主取りあつめ、上げ申すべき事、

一、自今以後、給人・領主由断致し、海賊

の輩これ有るに於いては、御成敗加えられ、曲事の在所、知行以下末代召し上げらるべき事、
右条々、堅く申し付くべし、若し違背の族これ有らば、忽ち罪科に処せらるべき者なり、
天正十六年七月八日　（秀吉朱印）
〔大日本古文書『島津家文書』三五二号〕

この「定」も、秀吉の朱印が据えられるものの、いずれも充所は書かれてはいない。とはいえ、やはり実質的な充所としては「其の国主」を想定すべきであろう。「賊船停止令」や「海賊停止令」などと通称されるものの、主眼となるのは二カ条目であり、「船頭・猟（漁）師」など諸国の海事関係者から誓詞を取って、進上させることを命じている。

大名の責務と権限　誓詞徴収と進上の責務は「其の国主」、すなわち大名に課されており、さらに彼ら大名のもとで「給人・領主」が「海賊」の出現を統制するよう義務付けられている。この点について、非常に示唆的な史料がある。

能島の事、此の中海賊仕るの由、聞こし召され候、言語道断の曲事、是非無き次第に候間、成敗の儀、此の方より仰せ付けらるべく候と雖も、其の方持ち分に候間、急度申し付けらるべく候、但し、申し分これ有らば、村上掃部早々大坂へ罷り上り、申し上ぐべく候、其の方として成敗ならず候はば、御人数遣わされ、仰せ付けらるべく候なり、
九月八日　（秀吉朱印）
小早川左衛門佐とのへ

〔「小早川文書」・名古屋市博物館編『豊臣秀吉文書集』二一九五号〕

伊予国に属す「能島」が、小早川隆景の「持ち分」とあることから、九州平定戦以前のおそらく天正十四年（一五八六）のものと考えられよう。海賊行為を犯した能島の村上元吉（掃部頭）について、秀吉直々に成敗を加えるべきであるが、隆景の「持ち分」であることから、処断は隆景に任せるという。ただし、元吉に弁明があるなら、すみやかに大坂に上るように命じ、また隆景が対処できなければ秀吉の軍勢を能島に遣わすともいう。すなわち、「海賊」行為取り締まりの責任や断罪の権限が、大名に委ねられていたという事実は明確である。後半の付帯文言も、そうした原則を前提とするものにほかならない。「賊船」の停止を謳ったこの「定」は、こうした原則を敷衍《ふえん》したものといえよう。

「船手」と「船頭」「猟師」　ところで、ここまで述べてきたように、秀吉は従えた国々の海事勢力を必要に応じて「舟手」、あるいはそれに準ずるものとして、組織・編成し軍事動員してきた。したがって、ここで誓詞提出を求められる「船頭・猟（漁）師」とは、そうした組織化や編成から外れた階層となる。その意味で、「刀狩り」令にみえる「諸国百姓」などに相応する。

さらに、「船頭」とは、主として商業・流通に関わる海事関係者、「猟（漁）師」は文字通り漁撈を生業とする者を指すのであろう。いうまでもなく、船を取り上げてしまえば生業をつとめることができなくなり、武家として編成されなかった「船頭・猟（漁）師」からは、誓詞を出させるにとどまった。この点は「刀狩り」令との大きな差異となるが、基本的な理念は共通する。

充所を欠く以上、こちらもどの範囲に布達されたのかの検討には限界があるものの、「刀狩り」令とほぼ重なるようである。すなわち、この段階で新たに大名に取り立てられたり、領知の加増を受けたりして「其の国主」となった面々に対して、管下領民の「賊船」停止を命じる「定」が発せられたものと考えたい。

天正十六年（一五八八）七月八日という同日付で発令された「刀狩」令と「賊船停止」令は、北部九州で勃発・波及した騒擾をうけ、「百姓」「船頭」「漁師」が自力救済をおこなう上での基盤を、否定ないし制限するものであった(46)。同時に、管下の領民を支配・統制する大名・領主の責務を宣明したものであり、その意味で天正十五年六月十八日付の「覚」や六月十九日に発給された「定」（いわゆる「伴天連追放令《バテレンついほうれい》」）などの延長線上に位置付けるべきものと考える。

三　日向国割りの確定

「日向図田帳」に固執する島津家　天正十六年（一五八八）六月四日、島津義弘《よしひろ》は大坂城で秀吉への謁見を果たす。この点、既述した通りであるが、いまだ日向における国割りは決着しておらず、島津家は依然自らに有利な証拠調べを続けており、とりわけ「日向図田帳」に固執していた。行方がわからなくなった「図田帳」をめぐって、上方と領国とで探索のやりとりが続く。こうしたやりとりの一環として、六月二十日付で、国許の上井秀秋（次郎左衛門尉）が、上方の伊勢貞真（初名は「貞序」、のちに「貞世」とも名乗る。官途名は「伊勢守」で、当時は「任世斎」と号している）に充てた書状がある(47)。

ここでも話題の中心は、やはり「諸県郡」の境界設定にあった。島津家中では、「日向図田帳」はいったん上方に運ばれたものの、すでに持ち帰られ、国許で行方が知れなくなった、との認識があった。もとより、「日向図田帳」が見い出されるのが最善であるが、それに準ずるものでも構わないとのことで、「古《いにしえ》之日記」はもとより、堂宮の棟札や神事読み立てなどに至るまでを調査し、「諸県郡」の境界確定に資する証拠探しに汲々としている[48]。

文書の後半も「諸県郡」に関わるが、いささか趣を異にしており、この問題の行く末について、島津家中がどのように認識していたのかについて触れている。この部分については、書状の内容を紹介して具体的に検討していく。

一、又七殿御為然るべき様に、諸県郡境の儀、大納言様・藤堂与より書状差し下し候、内に驚き申し候へども、彼の郡境の証拠人・証文之無く候へば、力に及ばず候、去りながら、古図田帳其の方へ御座候の間、其の日記を以て、武庫様御上洛候て、仰せ分けられ候はば、如何様御理り増さすべしと存じ候らいき、就中其の比、貴所よりの御書面に、大納言様御書・藤堂与の状をも、石田殿へ見せ、御申し候へば、御気遣い入るまじき由、石治少輔仰せらる由、承り候、げにも成軒(成就軒)上洛の時、諸県一郡の儀、異儀有るべからざるの由候間、其の首尾相違無なき段、案中の由申し候処に、今に於いて、諸県郡入り組みの儀、出合い候か、笑止に存じ候、何と様にも、貴所御才覚廻らすべき事、目出べく候、

いささか込み入った内容となっているので、ひとまず順を追ってみていく。まず、豊臣秀長（大納

言様）およびその家臣藤堂高虎《とうどうたかとら》（与右衛門尉）の書状に言及する。書状の内容は「諸県郡」の郡境を、佐土原の島津豊久（又七郎）の「御為然るべき」ように設定するという趣旨であった。既述のように、九州平定ののち、佐土原は義久・義弘の弟家久《いえひさ》に安堵されたが、まもなく没したため、子の豊久がその跡を継承した。佐土原領は、鹿児島島津領とは別に設定されているが、佐土原領の「御為」に引きつけて郡境を設定するとは、おそらく鹿児島島津家の思惑とは違うかたちを意味するのであろう。佐土原領が広めに設定されれば、それだけ鹿児島領が狭くなることはいうまでもない。秀長らのこうした判断は、第Ⅱ部の第三章で言及した綾新右衛門尉の調整した「目録」に拠る結論であろうか（二〇四頁参照）。

義弘上洛前の段階で、鹿児島島津家としては、ほかにしかるべき証拠人・証文もないが、「日向図田帳」を根拠に、義弘（兵庫頭＝武庫様）が上方で弁明すれば、何とか事態を打開できるとの心証をもっていたようである。あわせて、件の書状を石田三成《いしだみつなり》にみせたところ、三成から「気遣」は無用である旨、返答があったという。やりとりをした「其比」が、具体的にいつごろかを確定することは困難であるが、義弘の上洛前のことになるので、閏五月の末から六月はじめごろのことであろうか。

さらに、石田三成の関与については、遡って言及がある。ここに「成軒（成就軒）上洛の時」とあるが、この書状の書き出しに「白尾五兵差し出し候日向図田帳、去る歳成就軒上洛の時、是を題目に随身なされ候、帰国の時、彼の日記持ち来たられず候事、如何と成軒へ相尋ね申し候へば、彼の本書の事は、宗圓老慥かに請け取り置かれ候間、聊かも心遣い有るまじき由、申され候」という件がある。ここから

「白尾五兵」なる人物から差し出された「日向図田帳」を去る歳すなわち天正十五年に、島津家中の成就軒が上洛の折りに携行し、「宗圓老」したことがわかる。「成軒《（成就軒）》上洛の時」とはこうした経緯をいう。「日向図田帳」の存在を踏まえてであろうか、その折に石田三成から「諸県一郡の儀、異議有るべからず」との言質をもらったという。島津氏の主張が受け入れられるであろうとの意味であろうが、「諸県郡」問題の帰結について、三成は一貫して鹿児島の島津家を支持し、さらに楽観的に見通しをもっていたことがわかる。

日向国割りの最終段階　ところが、屢述のように、肝心の「日向図田帳」はその所在がわからなくなっており、三成の目論見に反して「諸県郡」問題は紛糾し、状況は鹿児島の島津家にとって不利な方向へと進む。したがって、さすがの石田三成とても、後ろ盾として万全な存在とはみなされておらず、国許としては、伊勢貞真（任世斎）の「御才覚」に期待するしかないと結んでいる。

その後の状況も詳細は不明であるが、八月に入ると日向国の知行割りも最終的な段階を迎える。やや変則的ながら、天正十六年（一五八八）八月四日付で、佐土原の島津豊久（又七郎）充て、および高橋元種《たかはしもとたね》（九郎）充ての目録が発給され、その翌五日付で島津豊久、高橋元種充ての知行充行状および伊東祐兵らほかの諸大名に対する知行充行状および別紙目録が出されている。

これまで九州国分けに際して発せられた充行状・目録は、基本的に国単位ないしは郡単位であった。しかしながら、次にみるように、日向国における充行状・目録は地積表示となっている。[49]本来ならば他国と同様に、日向でも検地を実施して、郡域を確定し、郡高を策定すべきだったのであろうが、肥

図 30　日向国大名領図
（『宮崎県史』通史編・近世上、2005 年をもとに作成）

後における一揆の肥前や豊前への騒擾の波及という事態をうけて、政権は慎重にならざるを得ず、検地の実施は見送られることとなった。充行状・目録が地積表記をとるのは、こうした政権の妥協的態度の反映と考えられよう。(50) さらに、ここに至る混乱の基ともいうべき「諸県郡」の位置付けを、明確化しようとする試みが認められる。

島津豊久の佐土原領　まず、島津豊久に与えられた秀吉の知行充行状および知行目録を例示しておこう。ちなみに、この佐土原領は那珂郡・児湯郡に設置されており、「諸県郡」は含まれていない。

日向国所々に於いて、知行方都合九百七拾九町、目録別紙に之在り、事充行われ畢んぬ、全く領知せしめ、弥忠功を抽んずべく候なり

天正十六年
八月五日　御朱印
島津又七郎とのへ

〔「永吉島津家文書」四二号・『鹿児島県史料　旧記雑録拾遺』家わけ九〕

知行方目録事

一、参百町　都於郡院
一、八拾町　三納
一、八拾町　佐土原

（中略）

一、参拾町　妻万
一、参拾町　平群
　合　九百七拾九町
天正十六年八月四日　（秀吉朱印）
　島津又七郎とのへ
〔「永吉島津家文書」五七号・『鹿児島県史料　旧記雑録拾遺』家わけ九〕

伊東祐兵の飫肥領　飫肥《おび》の伊東祐兵（民部大輔）については、八月五日付の充行状に「日向国所々に於いて、知行方都合千七百卅六町、目録別紙に之在り、事、充行われ畢んぬ、全く領知せしめ、弥忠功を抽んずべく候なり」とある。別紙目録についても次のような具合で、島津豊久充てのものと同様なものとなっている。

日向国内地行方（知行）目録
一、百町　南（本郷南方）方
一、百町　北（本郷北方）方
一、四十町　郡司方
（中略）
一、七百町　飫肥
一、三百町　南郷

合 千七百三十六町

天正十六年八月五日　御朱判

伊東民部太輔とのへ

〔「伊東文書」三一七号・『日向古文書集成』〕

飫肥領は宮崎郡および那珂郡内に設定されるが、佐土原領と同様、目録にもとりたてて郡付をともなってはいない。

諸県郡の島津義弘領　ついで、「諸県郡」に関わる事例についてみていく。九州平定の直後「真幸院」を含む地域は島津久保に許されることとなっていたが、最終的に「諸県郡」のこの地域を充行われたのは、島津義弘であった。

日向国諸県郡に於いて、知行方千四百四町、目録別紙に之有り、事、充て行い畢んぬ、全く領知せしめ、忠功を抽んずべく候なり、

天正十六

八月五日　（秀吉花押）

羽柴薩摩侍従とのへ

〔大日本古文書『島津家文書』三八二号〕

既述のように、義弘は上洛して侍従への任官を果たしたが、加えて「羽柴」苗字を許されたことから、「羽柴薩摩侍従」と称されることとなる。続けて、島津義弘に充てられたこの目録をみておこう。

日向国知行方目録
一、五百五拾町　日向国諸県郡　真幸院
一、九拾町　同　救仁院
一、百六十町　同　救仁郷
（中略）
一、拾七町　同　い井田
都合千四百四町
天正拾六年八月五日　（豊臣秀吉朱印）
羽柴薩摩侍従とのへ
〔大日本古文書『島津家文書』三八三号〕

義弘の領知は全域が「諸県郡」に属すが、全編にわたって郡付をともなっている。島津家側は、島津久保に充行われた「日向国真幸院付き一郡」を「諸県郡」のこととして、一円的に「諸県郡」を領知することを目指したが、結果としてこれが果たされることはなかった。しかしながら、「諸県郡」の救仁院・救仁郷が、島津義弘に充行われている点は注目される。この地域は、志布志・大崎と俗称されるところであり、かつての福智長通の書状でも「飫肥郡」として位置付けられ、島津家中の「御構」がたびたび糾弾された経緯をもつ。

既述のように、「飫肥郡」とある以上、当初は飫肥城に入る伊東祐兵に付される計画であったと考えられるが、最終的には義弘に与えられており、島津側の主張がある程度認められたようである。あるいは、問題の「日向図田帳」が最終局面で「発見」され、島津側の主張を支えたのであろうか。いずれにしろ、救仁院・救仁郷の島津氏への給付という事実から、最終的な知行目録の充行に至るプロセスも、既定的な事実に向けて事態が直線的・一方的に進んだわけではなく、ある程度の曲折が存在したとみなすことができよう[51]。

秋月種長の高鍋（財部）領　結果的に、「諸県郡」の東部は、秋月種長や高橋元種に与えられている。秋月種長は、前年の天正十五年（一五八七）段階で「日向国高鍋城を仰せ付けられ候条、同じく其の廻り明き所分の事、充て行われ畢んぬ」という内容の朱印状を得ていた。高鍋城は、目録の冒頭にみえる新納院（児湯郡）に所在する。また、次の櫛間（串間）は那珂郡に属しており、一円的な領知構成とはなっていない。

日向国知行方目録

一、三百町　　新納院
一、四百町　　櫛間
　　以上　七百町
一、拾弐町　諸県郡之内　かねさき
一、拾弐町　同　いわち野

（中略）

一、拾六町　　同　　三ケミやう

以上　百九拾八町九段

都合　八百九拾八町九段

天正十六年八月五日　（豊臣秀吉朱印）

秋月三郎とのへ

〔「秋月文書」一四七号・『日向古文書集成』〕

先に述べたように、秋月種長領は児湯郡・那珂郡にも設定されるが、例示のように「諸県郡」についてのみ郡付がみられ、さらに「諸県郡」の領域のみの地積が、いったん別に合算されている。一連の知行目録のなかで「諸県郡」のもつ特異性が改めて注目されよう。逆に「諸県郡」以外について郡付をともなわないのは、この期に及んで他郡で境域のズレや郡名の異同など「諸県郡」で生じた問題が惹起することを回避したものと推定される。

高橋元種の県領　高橋元種（九郎）に充てられた充行状・目録についても、次にみるように同様の特徴が確認できる。

日向国所々に於いて、知行方千七百八拾七町、目録別紙にこれ有り、事、充て行い訖んぬ、全く領知せしめ、弥忠功を抽んずべく候なり

天正十六年

八月五日　　　御朱印

高橋九郎とのへ

〔「高橋家伝来武家書状集」三号・『宮崎県史　史料編・近世一』〕

知行方目録事

一、参百町　日向国内　土持院

一、無田　高知尾

一、四拾町　門川

（中略）

一、四拾町　大島

一、六拾町　源藤

以上、千六百拾八町

一、六町　諸県郡内　塚原

一、八拾町　同　本庄

（中略）

一、拾六町　同　竹田

一、拾六町　同　もりなか

以上、百六拾九町
都合、千七百八拾七町
天正十六年八月四日　御朱印
高橋九郎とのへ

〔「高橋家伝来武家書状集」四号・『宮崎県史　史料編・近世一』〕

以上、確定した日向の領知構造を整理すると、佐土原の島津豊久領以外の領国は、一円性を許されないかたちで設定された点を特徴としてあげることができよう。臼杵郡県を城地とする高橋元種は諸県郡内にも領知を許され、同様に児湯郡の高鍋を本拠とする秋月種長も諸県郡内に領知をもち、さらに日向最南端の那珂郡櫛間（串間）を与えられている。すなわち、島津家が固執した「諸県郡」の一円支配は認められず、郡の東部が高橋・秋月領となることで、義弘領と佐土原の豊久領との間に、楔を打ち込むようなかたちとなる。

なお、合計「千七百八拾七町」となった高橋領は、日向の四大名のなかでも最大の領知となる。秋月種長の領知が実弟である高橋（一万田系）元種のそれに及ばなかったのは、秋月家がいったん秀吉への臣従を決しながら、戸次川《へつぎがわ》合戦ののち再び島津方に転じて、秀吉に抗ったという経緯が禍したものであろう。

「諸県郡」の大半は島津領とはなるものの、その一円支配を認めなかったのは、この日向国割りの最大の眼目であったためとみてよい。さらに、「諸県郡」の内には、当知行を認められた庄内（都城）の北郷領が含まれており、島津領として一枚岩だったわけではない。

こうして、日向の国割りがいちおう完了したことをうけて、島津義久は帰国を許されている。秀吉やその周辺も、肥後の国衆一揆以来の騒擾がようやく一段落したと認識したのであろう。天正十六年（一五八八）九月十四日に、義久は泉州堺を発って国許に下る。しかしながら、当時の島津領国は、削減された肥後や日向に給地を得ていた家臣を多く抱え、領国運営は困難の極致にあった。帰国した義久は家中統制を進めつつ、領国の立て直しに苦慮する。叡慮を奉じる秀吉に対し、九州の「戦国大名」として抗い破れた島津義久は「近世大名」として新たな難局に向うこととなる。

〔注〕
（1）改易後の尾藤知宣については、大口勇次郎・五味文彦編『日本史史話2　近世』（山川出版社、一九九三年）の「1信長と秀吉・家康の時代」（山本博文執筆）に「二君に仕える武士たち」として紹介がある。
（2）「生駒家宝簡集」（『新編香川叢書』史料編（二）、一九八一年）。
（3）福岡市博物館編『黒田家文書』第一巻九一号。
（4）福岡市博物館編『黒田家文書』第一巻九二号。
（5）数は限られるものの、毛利輝元の場合も、たとえば十二月十日付の秀吉文書は御内書形式の判物となっている（「徳山毛利文書」名古屋市博物館編『豊臣秀吉文書集』二三九九号）。
（6）同日付で徳川家康も従二位権大納言に叙任しており、豊臣秀吉は異父弟の秀長と義弟（妹婿）の家康を自らの次席に据え、政権を支えさせる体制を構想している。

（7）　十月十四日付の秀吉朱印状を帯同して戦況を実見した小西行長は十二月十日までに大坂に戻り、九州の状況を秀吉に報告する。これをうけて、秀吉は十二月十日付の軍令を下す。
（8）　北九州市「波多野文書」。
（9）　豊前市「求菩提山文書」。
（10）　「直茂公譜考補　五坤」（『佐賀県近世史料』第一編・第一巻）。
（11）　大日本古文書『小早川家文書』四四七号。
（12）　「冷泉家文書」二七号（『山口県史　史料編・中世2』）。
（13）　十二月八日付の湯浅将宗（治部大輔）充て隆景書状に「輝元為御使、至隈本可被成御出之由候、先度も日向御越打続乍御太儀御越肝要候、委細者藤四并粟四兵可申候、恐々謹言」とある（『萩藩閥閲録』巻一〇四ノ一　湯浅権兵衛分）。
（14）　「冷泉家文書」七四号（『山口県史　史料編・中世2』）。
（15）　大日本古文書『吉川家文書』九八二号。
（16）　たとえば、正月五日付の秀吉判物には「御先勢」とされ（大日本古文書『小早川家文書』四九一号）、また正月十九日付の秀吉判物では「御上使」という表現が用いられている）大日本古文書『小早川家文書』四九八号）。
（17）　「冷泉家文書」一一五号（『山口県史　史料編・中世2』）。
（18）　「冷泉家文書」七五号（『山口県史　史料編・中世2』）。
（19）　大日本古文書『小早川家文書』四三七号。
（20）　「生駒家宝簡集」（『新編香川叢書』史料編（二）・一九八一年）。
（21）　「成恒文書」（『大分県史料』第八巻）。
（22）　名古屋市博物館編『豊臣秀吉文書集』二四五四号。

(23)「日下文書」(『新熊本市史　史料編・第三巻・近世Ⅰ』所収)。
(24)こうしてみると、長谷川秀一のみが異質な存在となる。秀一も九州出兵には参陣しているが、佐々成政との関係性については判然としない。あるいは「陸奥守前後悪逆の事」が言及する「御糾明なしにも陸奥守腹を切らせるべきと思し召し候へども、人の申し成しもこれ有るかと思し召され」に関連するものかと考えられるが、詳細については後考を俟ちたい。
(25)「富山市郷土博物館所蔵文書」(名古屋市博物館編『豊臣秀吉文書集』二五一四号)。
(26)「阿部氏家蔵豊太閤朱印写」(名古屋市博物館編『豊臣秀吉文書集』二五一六号)。
(27)代官は加藤清正がつとめる。先に肥後芦北郡には「御蔵入」が存在し、ここを相良家中の深水長智が代官支配したのではないかと述べた。しかしながら、この清正充ての目録では芦北郡については一円給付となっており、整合しない。この点については後考を俟ちたい。
(28)「大矢野氏旧蔵文書」(『苓北町史』史料編・中世文書第一二五号)。
(29)『鹿児島県史料　旧記雑録後編』二—四二二号。
(30)『鹿児島県史料　旧記雑録後編』二—四一九号。
(31)『鹿児島県史料　旧記雑録後編』二—四四三号。
(32)この間の行程、および上洛後の状況は、島津忠恒充て六月六日付島津義弘書状(大日本古文書『島津家文書』一四九三号)。
(33)『鹿児島県史料　旧記雑録後編』二—四七〇号。
(34)『鹿児島県史料　旧記雑録後編』二—四七一号。
(35)「日向図田帳」は現在「島津家文書」に写が伝世している(大日本古文書『島津家文書』一六五号)。これによれば、確かに「真幸院　三百二十丁」は「諸県郡」の内にあり、島津家側の主張を大きく下支えすることになる。

(36)　六月二十日付の伊勢貞真（任世斎）充て上井秀秋（次郎左衛門尉）書状（『鹿児島県史料　旧記雑録後編』二—四七五号）によれば、この図田帳は「白尾五兵」なる人物が差し出したもので、天正十五年に「成就軒」が上洛した折に携行し、「宗圓老」に託したものとされる。もとより、日向の領域決定に寄与すべき島津側資料としてである。ところが、京都の宗圓のもとにあると思われていたこの「日向図田帳」がいかなる事情かによってか、紛失してしまう。島津側にとって事態巻き返しの切り札ともいうべき「日向図田帳」が、天正十五年に成就院によって上方に携行された後、どのように扱われたのかは不詳である。ここまでの交渉の場に活用された様子も、管見された史料からはつかめない。こうした点、非常に訝しいのではあるが、ここに至り改めて「紛失」という事実が確認されたようである。

(37)　『鹿児島県史料　旧記雑録後編』二—四六五号。

(38)　東国の状況については、粟野俊之『織豊政権と東国大名』吉川弘文館、二〇〇一年、竹井英文『織豊政権と東国社会』吉川弘文館、二〇一二年、黒田基樹『小田原合戦と北条氏』吉川弘文館、二〇一三年などを参照。

(39)　拙稿「豊臣政権論」（岩波講座『日本歴史』第一〇巻・近世1、二〇一四年）。

(40)　宮内庁所蔵「桂宮御判持物御朱印文書類」。山口和夫「統一政権の成立と朝廷の近世化」（山本博文編『新しい近世史1　国家と秩序』新人物往来社、一九九六年、のち増補して山口和夫『近世日本政治史と朝廷』吉川弘文館、二〇一七年に収録）。「関白領」が六宮に与えられたことは、この段階で皇弟六宮が関白職を継承する人物として想定されていたことを意味している。秀吉は五摂家の対立を巧みに利用して、関白職を襲った。六宮を自らの後継に指名することで、秀吉は関白職がすでに藤原摂関家の家職ではなく、こののちも五摂家の手元には戻らないことを明確に示したのである。

(41)　前田育徳会尊経閣文庫所蔵・大村由己「聚楽第行幸記」（『群書類従』帝王部所収）。

(42)　東京大学史料編纂所所蔵影写本「太田文書」。

(43) 同様に一揆の終息にふれた本願寺の『宇野主水日記』には、「二十二日に詫び言済みて、五十人生害させられて、各其の外は悉くたすけらるる也、……道具共をも悉く取りて出たる也、鉄砲筒・腰刀をば悉くとられたる也」とあり、「百姓」は武具所持そのものを「停止」させられたことがわかる。

(44) 藤木久志『豊臣平和令と戦国社会』(東京大学出版会、一九八五年)、とくにその第三章を参照のこと。刀狩り令をめぐる研究の現状と課題については、武井弘一「新たな刀狩り論へ」(稲葉継陽・清水克行編『村と民衆の戦国時代史―藤木久志の歴史学―』勉誠出版、二〇二二年)が詳述する。

(45) 日付については、「刀狩り」令に合わせて、遡及させたという指摘もある(矢部健太郎「天正十六年七月八日付秀吉朱印状二種の公布状況―「刀狩令」「海賊停止令」の作成過程と目的―」『国学院雑誌』一二二巻一一号、二〇二一年)。

(46) この点、村井章介「中世の自力救済をめぐって―研究状況と今後の課題―」(『歴史学研究』一九八六年度大会報告)が示唆的である。

(47) 『鹿児島県史料　旧記雑録後編』二―四七五号。長く上方にあった伊勢貞真が、帰国する「横源」らに上井秀秋充ての書状を託したという経緯があり、この文書はその返書である。上井秀秋は覚兼の実弟で、叔父三河守親秋の家を継ぎ、宿老の地位にあった。

(48) たとえば、白鳥般若寺の棟札に「諸県」の二文字がありさえすれば、という記述がある。白鳥般若寺(現・えびの市)は真幸院のまさに中心に位置しており、ここの堂宮の棟札に「諸県」と明示してあれば、「真幸院付一郡」とは紛れもなく「諸県郡」全域をさすことになるという想いである。

(49) 天正十一年以降、秀吉は例外的に貫高表記の充行状なども出されるが、基本的に秀吉の知行充行状は石高表記であった。とはいえ、九州平定後には検地の実施をしばらく留保するかたちで、大名の与力となる「国侍」らに対しては、たとえば「五百町」といったかたちでの地積表記の充行状を出している。さらに、秀吉はここに至ってさらに上位の、秋月・高橋・伊東・島津といった諸大名に対しても地積表記の知行充行状を発給することとなる。

(50) 日向国における石高制導入は、おそらく天正十九年の「御前帳」徴収が契機であったと推察される。「御前帳」とは、文字通り貴人に提出される帳簿をさすが、ここでは当該年に天皇へ進上するため国郡別に、その石高を集計し調整した記録をいう。「御前帳」は郡単位に一国分が調整されており、日向国においても石高が算定されたとみてよい。ちなみに、ここで算定された領知高によって朝鮮出兵の軍役高が算出されることとなる。

この点に関して、編纂史料ではあるが、『日向記』には「朝鮮国において、祐兵主少人数にして、大功成り難きことを憤りたまい、高二万八千石の領地を検地して、高を増さんことを秀吉公へ願い奉られければ、……文禄二年癸巳十月十日より検地始まり、同十二月十日に成就して、高三万六千石検地す」との記事があり、文禄の役に際しての領知高（すなわち「御前帳」高）が二万八〇〇〇石であったことが判明する。おそらく、ほかの日向大名にも領知高が石高として算定されたと考えられるが、文禄の役に際しての軍役数は四大名の合計で二〇〇〇とされており、それぞれの大名の軍役数が把握できないため、この段階の領知高は推定できない。

(51) 日向真幸院をはじめとする地域の給付対象が、従前の久保から義弘に変更された点について、私見を述べておく。屢述したように、ここでみた「諸県郡」問題は天正十五年五月二十五日付の島津久保充て秀吉朱印状にみえる「日向国真幸院付一郡の事、充て行い訖んぬ」なる文言に端を発する。久保から義弘への変更は、地域紛争における久保の責任追及という側面もあろうが、より本質的な要請は件の朱印充行状の失効にあったのではなかろうか。しかし、不用意な訂正は朱印状そのものの権威、そのことはとりもなおさず秀吉という存在そのものの権威の失墜につながるため、政権は充所を替えることで従前の朱印状の内容を白紙に戻したのではなかろうか。

終章　「御朱印」体制の成立

天正十六年（一五八八）八月、日向国の諸大名に、秀吉の朱印が据えられた知行充行状・知行方目録が与えられる。地積表示ではあったが、これによって豊臣政権下における九州の領知構造が確定し、ひとまずの「九州一統」が達成される。

天正十三年七月に関白に任官した豊臣秀吉《とよとみひでよし》は、「綸命」に従わない島津義久《しまづよしひさ》を「成敗」すべく、十五年三月自ら軍勢を催し九州にくだる。戊辰戦争になぞらえれば、これはまさに「官軍」といってもよい。秀吉は降参した島津義久に天正十五年五月九日付の御内書を与える。ここで義久に薩摩一国を充行《あておこな》うが、同時に「叡慮」を守り、「忠功を抽んずる」よう命じた。すなわち、九州を舞台に発動された武力行使は、一貫して秀吉が天皇の意を帯するというかたちをとったのである。

その後、秀吉は義久の実弟義弘《よしひろ》や甥の久保（義弘嫡子）、さらに伊集院幸侃《いじゅういんこうかん》ら一部の一門・重臣に対して、知行充行の朱印状を与える。かりに血縁があったとしても、原理的に彼らは義久の臣下であり、これは島津家の主従関係に干渉するものといわざるを得ない。勝者ゆえに可能な強制であったともいえようが、こうした措置は合戦に敗れた島津家に限られたものではない。秀吉は、相良頼房の家老であった深水長智を直轄領の代官に取り立て、大友義統《おおともよしむね》の臣立花統虎を大名として独立させ、さらに龍造寺家の重鎮鍋島直茂《なべしまなおしげ》にも別知行を充行っている。合戦における勝敗の結果と、大名家への干渉との間に関係はなさそうである。

そこで、改めて天正十五年五月九日付の秀吉御内書の冒頭にみえる「日本六十余州の儀、改めて進止すべきの旨、仰せ出さるるの条」という件に注目したい。秀吉は、天皇から日本全土を「進止」すなわち支配するよう正式に命じられ、これに基づいて武力発動をおこなった。戦闘が終結すると、秀吉は九州の国分《くにわ》け・国割《くにわ》りを実施するが、この知行充行《あておこない》も天皇から委譲された「進止」権に拠ったとみるべきであろう。従前の主従制原理を超える権限を帯びて、秀吉は大名家の主従関係に楔《くさび》を打ち込んだのである。

さらに指摘すべきは、秀吉方に与《くみ》して戦った国衆《くにしゅう》に対する措置である。秀吉は、これらの国衆に朱印状を与え、その知行を認めた（「直朱印」）。多くの場合、秀吉は彼ら国衆の在地性を尊重し、新たに配置した大名に与力（寄騎）として付した。小禄であったとしても、秀吉からの朱印状を得て知行を許された以上、秀吉の直臣として原理的には大名と同格の存在となる。与力（寄騎）とされた国衆は、大名との間に主従関係はないものの、軍事動員など場合によって、その指揮下に属してはたらくことになる。

豊臣政権下、九州大名は、一方で主従関係に楔を打ち込まれて家権力の分節化を余儀なくされ、また一方で、領国内部に主従関係をともなわない在地性の強い国衆を包含することとなる。いずれにしろ、領主権力は、内部での相互牽制を余儀なくされ、権力としての自律性は大きく制限されていく。「九州一統」の結果、秀吉はこうした領主権力の再編・統合を実現したのである。

さらに、この新たな体制が「秀吉朱印状」というかたちで具現化されたことに注目したい。本編でもしばしば言及したが、秀吉は正式に服属した大名に対してはそれまでの「判物」を改め「朱印状」を発給するようになる。もとより一部の例外はあるものの、その原則は否定されるものではない。そうした認識を踏まえつつ、肥後での騒擾が勃発した際、秀吉が当初の段階で下した指示を、改めてみておこう。九月八日付の森吉成《もりよしなり》（壱岐守）・黒田《くろだ》孝高《よしたか》（勘解由）充て朱印状（二二一頁参照）で、秀吉は「肥後国に於いて、御朱印下され候国人の事」として、肥後国衆の名を列記し、その上で「右の者ども、申し分之在るに於いては、言上せしむべく候、最前　御朱印の旨、相違無く候処、自然逆意を企て候者は、悉く先ずまず妻子どもを追い、御成敗を加えらるべきの条、此の面々に能くよく申し聞け、申し越すべく候なり」と結んでいる。

ここから、秀吉から直朱印を得ることの意味が明確となる。秀吉は、彼らに申し分があれば、それを聞くので言上するように、と指示する。騒擾惹起について、ある種の発言権が認められているわけであり、国衆も「公儀」権力の末端に位置付けられているといってよい。それゆえにというべきか、万一、直朱印をうけながら騒擾に加担していれば、すみやかに成敗されることとなる。体制に省かれ、除外された者が「逆意」を企てることは、是非無いこととともいえるが、秀吉の朱印状を得て「公儀」に連なった者が「逆意」をもつことは、決して許されなかった。秀吉の直朱印を得て領知を許されることは、とりもなおさず、「公儀」の構成者たることを意味する。

天皇から日本全国の「進止」権を委譲された秀吉は、この権限を自らの朱印状発給というかたちで遂行したのである。秀吉は、織田家内部の覇権争いに勝利したころから、盛んに朱印状を用いるようになる。同じ印章ではあるが、関白任官のころを境に、朱印状のもつ意味合いが変容したと考えることも可能であろう。未だこなれない表現にはなるが、こうして確認される「公儀」の体制を、ここで「御朱印」体制と措定しておきたい。

「九州一統」ののち、関白秀吉の権威は東国にも向けられる。天正十七年、奥州探題という立場を楯に、会津侵攻の正当化を主張する伊達《だて》政宗《まさむね》に対し、秀吉側近の施薬院《やくいん》全宗《ぜんそう》は次のように応じている（七月二十一日付片倉小十郎景綱充て書状〔大日本古文書『伊達家文書』四二八号〕）。

今度、会津に於いて一戦に及ばれ、御本意に属さるるの趣、飛脚を以て仰せ上られ候、芦名方事、連れづれ御礼申し上げ、御存知の仁に候、私の儀を以て、打ち果たされ候段、御機色然るべからず候、天気を以て、一天下の儀　仰せ付けられ、関白職に任ぜらるるの上は、前々と相替わり、京儀を経られず候ばば、御越度たるべく候条、御使者差し上げられ、御断りならるべく候や、其の段に及ばす候か、御分別次第に候、御目に懸けられ候間、残らず愚意申し入る儀に候、

すでに、秀吉と交誼《こうぎ》を結ぶ芦名氏を「私の儀」で、討ち果たすとは何事かと、秀吉は大いに立腹する。天皇の意向（「天気」）によって、「一天下」の支配を委ねられた秀吉が関白職に就いた以上、京儀（京の意向、すなわち秀吉の意向）を経ないものは、すべて「越度《おちど》」であるという。

ここで、関東・奥羽について細かく述べる余裕はないが、すべてが秀吉の思惑通りに進んだわけではない。むしろ試行錯誤の連続であったといってよい。「静謐」を求める根拠も、東国では「無事」「惣無事」の論理が動員されるが、通底する理念はやはり「叡慮」であったと考えたい。すなわち、「叡慮」を帯した関白秀吉の国内統一は天正十八年にいちおう達成され、その成果として翌十九年の「御前帳」「郡図」調整をみる。「御前帳」とは、文字通り貴人に提出される帳簿を指すが、ここでは当該年に天皇へ進上するため、国郡別にその石高を集計し、調整した記録をいう。ちなみに、知行目録が地積表示であった日向国に石高制が導入されるのも、この天正十九年の「御前帳」徴収が契機であったと推察される。

参考文献

一、刊行史料集

東京大学史料編纂所編『大日本古文書』家わけ第二　浅野家文書、一九〇六年
東京大学史料編纂所編『大日本古文書』家わけ第五　相良家文書、一九一七・一八年
東京大学史料編纂所編『大日本古文書』家わけ第八　毛利家文書、一九二〇～二四年
東京大学史料編纂所編『大日本古文書』家わけ第九　吉川家文書、一九二五～三二年
東京大学史料編纂所編『大日本古文書』家わけ第十一　小早川家文書、一九二七年
東京大学史料編纂所編『大日本古文書』家わけ第十六　島津家文書、一九四二年～
京都大学文学部国史研究室編『平戸松浦家資料』一九五一年
東京大学史料編纂所編『上井覚兼日記』上・中・下（『大日本古記録』）、一九五四～五七年
佐賀県立図書館編『佐賀県史料集成』古文書編・第三巻、佐賀県、一九五八年
『熊本県史料』中世篇一～五、熊本県、一九六一～六六年
新城常三編『近世初頭九州紀行記集』九州史料刊行会、一九六七年
田北　学編『増補訂正編年大友史料』第二七～二九、一九六八年
奥野高広・岩沢愿彦校注『信長公記』（『角川文庫』）、角川書店、一九六九年
宮崎県編『日向古文書集成』宮崎県、一九七三年

「大友家文書」（『大分県史料』第四部・諸家文書補遺二）、大分県、一九七四年
中尾正美『鍋島藩深堀資料集成』深堀史跡保存会、一九七四年
『三藐院記』（『史料纂集』）、続群書類従完成会、一九七五年
松田毅一・川崎桃太編訳『フロイス日本史』中央公論社、一九七七年
辻善之助・竹内理三編『多聞院日記』四・五（『増補続史料大成』）、臨川書店、一九七八年
川添昭二他編『筑前博多史料豊前覚書』文献出版、一九八〇年
「大友家文書録」（『大分県史料』第二部・補遺）、大分県、一九八一年
鹿児島県維新史料編纂所編『鹿児島県史料　旧記雑録後編』二・三、鹿児島県、一九八二・八三年
奥野高広『増訂織田信長文書の研究』吉川弘文館、一九八八年
『兵庫県史』史料編・近世一、兵庫県、一九八九年
『宮崎県史』史料編・近世一、宮崎県、一九九一年
佐賀県立図書館編『佐賀県近世史料』第一編・第一巻、佐賀県、一九九三年
大分県教育庁文化課編『大友宗麟』資料集・第一～五巻（『大分県先哲叢書』）、大分県、一九九三・九四年
松田毅一監修『十六・七世紀　イエズス会日本報告集』第Ⅲ期、同朋舎出版、一九九四～九七年
史料翻刻「貝塚御座所日記」（一）～（六）、『寺内町研究』一～六号、一九九五～二〇〇二年
福岡市博物館編『黒田家文書』第一巻、福岡市博物館、一九九八年
広渡正利編著『大蔵姓原田氏編年史料』文献出版、二〇〇〇年
『山口県史』史料編・中世2・3、山口県、二〇〇一・〇四年
鹿児島県維新史料編纂所編『鹿児島県史料　旧記雑録拾遺』家わけ九、鹿児島県、二〇〇二年

『新修福岡市史』資料編・近世一（領主と藩政）、福岡市、二〇一一年
浅利尚民・内池英樹編『石谷家文書―将軍側近のみた戦国乱世―』吉川弘文館、二〇一五年
名古屋市博物館編『豊臣秀吉文書集』一～刊行中、吉川弘文館、二〇一五年～

二、編著書・論文

参謀本部編『日本戦史　九州役』元真社、一九一一年
岩沢愿彦「秀吉の唐入りに関する文書」『日本歴史』一六三号、一九六二年
川副　博『龍造寺隆信』（『日本の武将』四五）、人物往来社、一九六七年
木村忠夫「高橋鑑種考」『日本歴史』二四〇号、一九六八年
芥川龍男『豊後大友氏』（『戦国史叢書』九）、新人物往来社、一九七二年
三木　靖『薩摩島津氏』（『戦国史叢書』一〇）、新人物往来社、一九七二年
松田毅一『大村純忠伝―付・日葡交渉小史―』教文館、一九七八年
福川一徳「伊予法華津氏研究序説」『伊予史談』二三四号、一九七九年
外山幹夫『大村純忠』静山社、一九八一年
木村忠夫編『九州大名の研究』（『戦国大名論集』七）、吉川弘文館、一九八三年
福島金治編『島津氏の研究』（『戦国大名論集』一六）、吉川弘文館、一九八三年
藤木久志『豊臣平和令と戦国社会』、東京大学出版会、一九八五年
芥川龍男編『大友宗麟のすべて』新人物往来社、一九八六年
三木　靖編『島津義弘のすべて』新人物往来社、一九八六年

『大分県史』中世篇三、大分県、一九八七年
播磨良紀「太田城水攻めと原刀狩令」津田秀夫先生古稀記念会編『封建社会と近代』同朋舎出版、一九八九年
山本博文『幕藩制の成立と近世の国制』校倉書房、一九九〇年
福川一徳「元亀―天正年間の大友・毛利氏の戦い」『軍事史学』一〇四号、一九九一年
谷口研語『流浪の戦国貴族　近衛前久』(『中公新書』一二一三)、中央公論新社、一九九四年
中野　等『豊臣政権の対外侵略と太閤検地』校倉書房、一九九六年
山本博文『島津義弘の賭け』読売新聞社、一九九七年
『宮崎県史』通史編・中世、宮崎県、一九九八年
中野　等「豊臣政権と国郡制」『宮崎県地域史研究』第一二・一三合併号、一九九九年
堀本一繁「肥前勝尾城主筑紫氏に関する基礎的考察」鳥栖市教育委員会編『戦国の城と城下町―鳥栖の町づくりと歴史・文化講座―』鳥栖市、一九九九年
清水紘一『織豊政権とキリシタン』岩田書院、二〇〇一年
中野　等『立花宗茂』(『人物叢書』)、吉川弘文館、二〇〇一年
藤田達生『日本近世国家成立史の研究』校倉書房、二〇〇一年
橋本政宣『近世公家社会の研究』吉川弘文館、二〇〇二年
『都城市史』通史編・中世近世、都城市、二〇〇五年
寒川　旭『秀吉を襲った大地震』(『平凡社新書』五〇四)、平凡社、二〇一〇年
黒嶋　敏「織田信長と島津義久」『日本歴史』七四一号、二〇一〇年
尾下成敏「九州停戦令をめぐる政治過程」『史林』第九三編第一号、二〇一〇年

神田千里「伴天連追放令に関する一考察―ルイス・フロイス文書を中心に―」『東洋大学文学部紀要』第六五集・史学科編第三七号、二〇一一年
藤井讓治『天皇と天下人』(『天皇の歴史』五)、講談社、二〇一一年
尾下成敏「豊臣政権の九州平定策をめぐって」『日本史研究』五八五号、二〇一一年
桐野作人『さつま人国誌』戦国・近世編一～三、南日本新聞社、二〇一一～一七年
中野等・穴井綾香『近世大名立花家』(『柳川の歴史』四)、柳川市、二〇一二年
尾下成敏「天正期豊臣政権下の小早川氏と肥前所領主」『京都橘大学研究紀要』第三九号、二〇一二年
藤井讓治「阿波出兵をめぐる羽柴秀吉書状の年代比定」『織豊期研究』一六号、二〇一四年
中野　等「豊臣政権論」大津透他編『岩波講座日本歴史』第一〇巻・近世一、岩波書店、二〇一四年
山内治朋「豊臣期戸田勝隆の南伊予入封と支配―入封期における役割を中心に―」『戦国史研究』六九号、二〇一五年
尾下成敏「信長在世期の御次秀勝をめぐって」『愛知県史研究』一九号、二〇一五年
谷口克広『織田信長の外交』祥伝社、二〇一五年
尾下成敏「秀吉統治下の長浜領をめぐる政治過程」『日本歴史』八二一号、二〇一六年
金子　拓『織田信長―不器用すぎた天下人―』河出書房新社、二〇一七年
山口和夫『近世日本政治史と朝廷』吉川弘文館、二〇一七年
藤井讓治編『織豊期主要人物居所集成』第二版、思文閣出版、二〇一七年
新名一仁『島津四兄弟の九州統一戦』星海社、二〇一七年
中野　等『太閤検地』(『中公新書』二五五七)、中央公論新社、二〇一九年

新名一仁編著『現代語訳上井覚兼日記』一〜刊行中、ヒムカ出版、二〇二〇年〜
新名一仁『「不屈の両殿」島津義久・義弘』（『角川新書』K—三六七）、KADOKAWA、二〇二一年
八木直樹『戦国大名大友氏の権力構造』戎光祥出版、二〇二一年
矢部健太郎「天正十六年七月八日付秀吉朱印状二種の公布状況」『国学院雑誌』一二二巻一一号、二〇二一年
稲葉継陽・清水克行編『村と民衆の戦国時代史—藤木久志の歴史学—』（『アジア遊学』二六七）、勉誠出版、二〇二二年
中野　等『黒田孝高』（『人物叢書』）、吉川弘文館、二〇二二年
中村知裕「永禄・天正期九州の争乱と秋月種実」『古文書研究』九五号、二〇二三号
福島金治『九州・琉球の戦国史』（『地域から見た戦国一五〇年』九）、ミネルヴァ書房、二〇二三号
新名一仁編著『戦国武将列伝』一一・九州編、戎光祥出版、二〇二三年
岡寺　良編『九州の名城を歩く』福岡編、吉川弘文館、二〇二三年
岡寺良・中山圭・浦井直幸編『九州の名城を歩く』熊本・大分編、吉川弘文館二〇二三年
岡寺良・竹中克繁・吉本明弘編『九州の名城を歩く』宮崎・鹿児島編、吉川弘文館、二〇二三年
岡寺良・渕ノ上隆介・林隆広編『九州の名城を歩く』佐賀・長崎編、吉川弘文館、二〇二三年

あとがき

二〇二四年三月末をもって九州大学を定年退職する。のっけから私事にわたって恐縮であるが、この事実は小著執筆に至るほとんど唯一の前提である。退職後もしばらくは研究活動を継続するのであろうが、柄にもなく何かけじめをつけるべきではないかと考えた。具体的には「定年」を期した書物の出版である。構想の過程では、ほかの主題もいくつか考えたが、結局は九州・西国を舞台にした豊臣政権（ないしは中央政権）と地域権力の対立・対決とその止揚の過程を叙述することとした。

九州大学という環境のなかで、歴史学という学問に触れて、ひそかに研究者を志し、幸いにもそこで学究生活を許されてきた。今まさに九州大学を去ろうとする身にとって、「豊臣政権」と「九州」という研究対象の交差上にある、この主題が最も相応しいのではないかと考えたからである。

詳細は本編で述べた通りであるが、天正十三年三月、関白に任官した豊臣（羽柴）秀吉は、「叡慮」を帯して自ら軍勢を率いて九州に下り、島津義久を屈服させる。その後、筑前の博多・箱崎に滞陣し、さまざまな仕置きをおこなう。余談ながら、九州大学は現在の伊都キャンパスに移転するまで、この箱崎地区（現・福岡市東区）を拠点としていた。

秀吉はここで「伴天連追放令」を発し、また対馬の宗氏を介して朝鮮国王に服従を促し、親しく九州の国分け・国割りをおこなっている。しかしながら、九州・西国には九州・西国の、そこに至る経緯があり、地域的な事情も重なって必ずしも秀吉の意図通りに進んだわけではない。さらに、開陣後には肥後で国衆の一揆が勃発し、騒擾は北部九州の各地に波及する。騒擾鎮圧ののち、秀吉は「刀狩り」や「賊船停止」などを発令する。その後、天正十六年八月に至って日向国内にようやく知行充行の秀吉朱印状が下される。

豊臣政権あるいは秀吉が九州を舞台に実施したこれらの政策それぞれについては、いずれも政権の本質を考えていく上で特異かつ重要な位置を占める。そうした評価の反映として、それぞれの政策については個々に厚い研究史を有している。課題は深く追究され、豊かな研究成果をうみだしてきたが、これらの政策が個々単発的に発令・実施されたとは考えられない。一連の政策は相互に独立したものというより、有機的な連関のなかで考え位置づけていくべきではなかろうか。

おぼろげながら、このような関心に導かれ、一連の過程を「関白秀吉の九州一統」と定義して、歴史的過程の面的な把握を試みた。加えて、地域のいわゆる「中世史」と「近世史」の接合を意識したのであるが、限られた時間と筆者の非力ゆえに研究史、とりわけ戦国史のそれについて充分に咀嚼することができなかった。この点、大方の寛恕を乞い、他日を期したい。

少し古い話になるが、拙著『立花宗茂』(人物叢書)の刊行を機に、小林清治先生(福島大学名誉教授)に親しくしていただいた。立花家は九州柳川の大名というイメージが強いが、「関ヶ原」の合戦後に改易された宗茂は陸奥赤館（のちの棚倉）に領知を与えられ、その身上を回復する。拙著では陸奥時代の宗茂に触れるところもあり、これが小林先生の歓心を惹いたようである。もとより、ここで小林先生のお名前をあげたのは懐旧譚のためではない。周知のように、小林先生には「奥羽仕置」に関わる多くのお仕事があり、筆者も多大な学恩を賜った。同時に「奥羽仕置」の研究に比して、「九州仕置」「九州平定」の研究史は如何にも薄く、忸怩たる想いを禁じ得なかった。小著が小林先生のお仕事に並ぶなどとは露ほども思ってはいないが、「九州仕置」「九州平定」研究拡充の礎石にでもなれば本望である。

前書（『太閤検地』中公新書二五五七）の「おわりに」にも記したように、二〇一八年四月から所属する大学院比較社会文化研究院の部局長（地球社会統合科学府長を兼ねる）に就いた。任期三年間に及び、最後の一年はコロナ禍に苦しめられた。これも今となっては忘れがたい思い出である。部局長という神経をすり減らす激務のなか、いや激務であるがゆえ「一年一冊」の目標を公言し、二年近い遅れはあったものの、何とかそれを達成することができた。研究院長退任後は部局の皆さんのご理解を得、長期研修制度を利用して一年間の「自由」を獲得した。この間、所属・担当する大学院（比較社会文化研究科・比較社会文化研究院）の歴史をまとめ、さらに『柳川市史』の一冊（『柳川の歴史6　近世柳川の武家文化』）を著した。最近の著作二冊は、全く専門外の仕事であったが、それなりに刺激的で、学びも多かった。

とはいえ、例によって例の如く、『近世柳川の武家文化』には思った以上に時間がかかってしまい、その分、この「定年」本に費やしうる時間や精神的余裕は漸減していった。不充分な内容ではあるが、途中で諦めることなく、何とかかたちになったのは吉川弘文館編集部の斎藤信子さんの周到な計画と叱咤激励、伊藤俊之さんの献身的な編集作業のおかげである。この場をかりて、お二人には深甚の謝意を申し上げたい。また、定年を間近に控えた筆者のさまざまな我が侭を暖かく許容していただいた前現部局執行部の松井康浩先生・大野正夫先生・荒谷邦雄先生・伊藤幸司先生、研究院歴史資料情報講座の先生方にはこれまでのご厚誼に対し篤く御礼を申し上げたい。

二〇二四年一月

再校ゲラを真っ赤にしつつ

中　野　　等

著者略歴

一九五八年　福岡県嘉穂郡に生まれる
一九八五年　九州大学大学院文学研究科博士後期課程中退
現在　九州大学名誉教授、福岡市博物館総館長

〔主要著書〕
『豊臣政権の対外侵略と太閤検地』（校倉書房、一九九六年）
『文禄・慶長の役』（吉川弘文館、二〇〇八年）
『石田三成伝』（吉川弘文館、二〇一七年）
『太閤検地』（中央公論新社、二〇一九年）
『黒田孝高』（吉川弘文館、二〇二二年）

関白秀吉の九州一統

二〇二四年（令和六）三月十日　第一刷発行
二〇二四年（令和六）九月二十日　第二刷発行

著　者　中野《なかの》　等《ひとし》
発行者　吉川道郎
発行所　株式会社 吉川弘文館
郵便番号一一三—〇〇三三
東京都文京区本郷七丁目二番八号
電話〇三—三八一三—九一五一〈代表〉
振替口座〇〇一〇〇—五—二四四番
https://www.yoshikawa-k.co.jp/
印刷＝株式会社 三秀舎
製本＝株式会社 ブックアート
装幀＝河村　誠

ISBN978-4-642-02985-8